Adam / Geißler / Held (Hg.)
Die Nonstop-Gesellschaft
und ihr Preis

EDITION
UNIVERSITAS

Die Nonstop-Gesellschaft und ihr Preis

Vom Zeitmißbrauch zur Zeitkultur

Herausgegeben von
Barbara Adam, Karlheinz A. Geißler, Martin Held

Mit Beiträgen von
Barbara Adam · Karlheinz A. Geißler
Martin Held · Gunther Hildebrandt · Sabine Hofmeister
Wolfgang König · Klaus Kümmerer · Michael Müller
Dirk-Ingmar Müller-Wohlfeil · Hans G. Nutzinger
Astrid Orthey · Wolf-Ulrich von Osten · Jenny Shaw
Christine von Weizsäcker · Ingrid Westlund
Jürgen Zulley

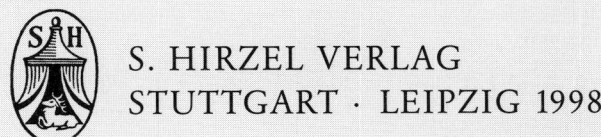

S. HIRZEL VERLAG
STUTTGART · LEIPZIG 1998

Die vorliegende Publikation ist Teil des Tutzinger Projekts „Ökologie der Zeit". Das Buch schließt direkt an die beiden ebenfalls in der Edition Universitas erschienenen Bände „Ökologie der Zeit – Vom Finden der rechten Zeitmaße" sowie „Von Rhythmen und Eigenzeiten – Perspektiven einer Ökologie der Zeit" an.
Wir danken der Schweisfurth-Stiftung, München, und der Deutschen Bundesstiftung Umwelt, Osnabrück, für die finanzielle Förderung.
Information zum Projekt:
Dr. Martin Held, Evangelische Akademie Tutzing, Schloßstraße 2 + 4, 82327 Tutzing

Die Deutsche Bibliothek – CIP-Einheitsaufnahme

Die **Nonstop-Gesellschaft und ihr Preis** : vom Zeitmißbrauch zur Zeitkultur / hrsg. von Barbara Adam … Mit Beitr. von Barbara Adam … – Stuttgart : Hirzel, 1998
(Edition Universitas)
ISBN 3-7776-0796-7

© 1998 S. Hirzel Verlag,
Birkenwaldstraße 44, 70191 Stuttgart
Printed in the Federal Republic of Germany
Satz und Druck: J. F. Steinkopf Druck GmbH, Stuttgart

Inhalt

Karlheinz A. Geißler

Editorial

Immer und überall – und was dann?

„Lücken sind dazu da, geschlossen zu werden", so das Zweite Deutsche Fernsehen (ZDF) bei seiner werbenden Ankündigung, rund um die Uhr zu senden. Ganz anderer Meinung hingegen war Christian Morgenstern. Für ihn war gerade die Lücke unverzichtbar, um den Durchblick zu behalten:

> „Es war einmal ein Lattenzaun
> mit Zwischenraum, hindurchzuschaun".

Gäbe es keine Lücken, stünden wir vor Bretterwänden, die die Perspektive extrem einschränken. Das ist der notwendige Preis der Lückenlosigkeit. Auch dieser ist bei Morgenstern benannt:

> „Der Zaun indessen stand ganz dumm,
> mit Latten ohne was herum.
> Ein Anblick gräßlich und gemein.
> Drum zog ihn der Senat auch ein".

So sensibel gegenüber ästhetisch belästigender Lückenlosigkeit ist heute kein Senat mehr. Ganz im Gegenteil, die Regierenden fördern mit ihrer Politik jene Naht- und Pausenlosigkeit, über die Morgenstern in seinem Gedicht klagt. Dominiert von ökonomischem Gedankengut, ist ihnen das „Nonstop" zum anzustrebenden Ideal geworden.

Daß unser Leben immer schneller wird, das ist der Gegenstand vieler Klagen. Nach glaubhaften statistischen Ergebnissen fühlt sich über die Hälfte der deutschen Bevölkerung häufig unter Zeitdruck. Die Devise heißt, alles muß immer schneller gehen. Telefonieren statt miteinander reden, faxen statt Briefe schreiben, fahren statt laufen und fliegen statt fahren. „Mach schnell" ist die am meisten gebrauchte Formel von Eltern gegenüber ihren Kindern – und Ärger kommt auf, wenn's „irgendwo und irgendwann" mal langsamer geht, als man dies erwartet hat. Erfolgreich ist jenes Produkt, das schneller auf dem Markt ist und das verspricht, seine Funktionen beschleunigter als das vorherige zu realisieren, und erfolgreicher, sowie gesellschaftlich geachteter, sind jene Personen, die schneller als andere sind. Selbst Naturprozesse, von denen Marx und Engels noch meinten, sie ließen sich nicht beschleunigen, geraten unter den Druck der Geschwindigkeit. Die Landwirtschaft und hier speziell die Fleischproduktion zeigt dies deutlich – und die Gentechnologie sorgt für eine weitere Steigerung dieser Dynamik.

Das Belastende dieser Beschleunigungsdrift, das sich in dem erlebbaren gesellschaftlichen und individuellen Zeitdruck seinen Ausdruck verschafft, ist jedoch nicht die Tatsache der Beschleunigung selbst, sondern der Sachverhalt, daß diese überall und immer geschieht. Das räumlich und das zeitlich beschleunigungsorientierte Nonstop überfordert unsere psychischen, unsere sozialen und unsere ökologischen (und immer häufiger auch unsere ökonomischen) Systeme.

Der Grund für dieses „Diktat der Tempomacher" liegt in der Koppelung von Zeit und Geld. Der „Geist des Kapitalismus", von Max Weber unübertroffen beschrieben, begreift Zeit als eine ausbeutbare Ressource: Mit der Formel „Zeit ist Geld" hat Benjamin Franklin seine ausführlichen Ermahnungen zum Zeitsparen und zur Zeitkontrolle quasi mathematisch begründet. Aus dieser Sichtweise ist es folgerichtig, immer schneller zu werden, d. h. schneller zu produzieren, schneller zu konsumieren, schneller zu kommunizieren, sich schneller zu bewegen und auch schneller zu essen (von anderen lebenswichtigen Dingen ganz abgesehen, die auch unter diesen Zeitdruck geraten). „Schlaf schneller, Genosse" galt noch als Formulierung mit ironischer Distanz zu diesem Beschleunigungsdruck, während heute die Bahn AG für ihre neue Schlafwagengeneration bar jeglicher Ironie mit dem Slogan „Schneller schlafen" wirbt.

„Zeit" wird instrumentalisiert und zwar für den Gelderwerb. Sie wird zur Ware. Sie hat keinen Eigenwert mehr, sie hat nur jenen Wert, den ihr das Geld verleiht. Das Geld kennt kein „Genug", und die Zeit, die an das Geld gekoppelt ist, ebensowenig. Wir sparen daher immer schneller immer mehr Zeit, die wir dann dazu verwenden, noch schneller noch mehr Zeit zu sparen. Dies aber funktioniert nur um den Preis räumlicher und zeitlicher Expansion.

Im herrschenden Prinzip des „Immer und Überall" ist diese realisiert. Die Erhöhung der Geschwindigkeiten in den Arbeits- und Lebensvollzügen geht in statistisch eindeutig nachweisbarer Art und Weise mit einer Zunahme der räumlichen Mobilität einher. Wir fahren also nicht nur immer schneller, sondern, weil wir immer schneller fahren, auch immer weiter. Die Ruhelosigkeit einer solchen Gesellschaft drückt sich bei deren Mitgliedern in dem Bedürfnis aus, möglichst überall sein zu wollen, und weil dies nicht realisierbar ist, möglichst überall erreichbar sein zu wollen. „Globalisierung" heißt die Attraktivitätsformel, mit der wir uns und besonders unsere Nachrichten in kürzester Zeit an fast jeden beliebigen Ort dieser Welt transportieren. „Mobil sein ist alles" suggeriert uns die Werbung. Die weißen Stellen auf der Landkarte, die gibt es seit längerem nicht mehr, und Löwen, vor denen man an diesen leeren Stellen immer gewarnt wurde (hic sunt leones!), die gibt es inzwischen überall – wenn nicht im zoologischen Garten, dann im täglichen Tierfilm des Fernsehprogrammes.

Wird der Raum durch das Prinzip des „Überall" lückenlos besetzt, so die Zeit durch die Pausenlosigkeit des „Immer". Die Erfindung des elektrischen Lichtes hat die Nacht erleuchtet. Die wochentagsunabhängigen Supermärkte haben die Markttage, die ehemals die Wochen und Monate strukturierten, abgelöst. Die Veränderung der Ladenöffnungszeiten laden zum Dauerkonsum ein. Die Freizeitindustrie und das Telebanking haben den Sonntag säkularisiert. Die beschleunigten Transportmöglichkeiten setzen die Jahreszeiten außer Kraft und dies u.a. mit der Folge, daß Weihnachtsgeschenke das ganze Jahr über zum Verkauf angeboten werden und daß sich so mancher Tourist im Hochsommer „Stille Nacht, heilige Nacht" von der Kapelle am Urlaubsort erbittet. Warum auch nicht, wenn frischer Spargel im Dezember zu erwerben ist. Ständig, das scheint das Ideal zu sein, soll alles zur Verfügung stehen, unabhängig von Tageszeiten, von Wochentagen und Jahreszeiten, und abgelöst von der sozialen und der natürlichen Rhythmizität des Lebendigen. Wir fangen nicht mehr an, wir hören nicht mehr auf, wir tun immer möglichst alles zur gleichen Zeit.

Dies alles wird als Fortschritt gefeiert, zumindest akzeptiert. Und es ist auch einer, weil er uns z. B. von Hunger, Dunkelheit und erzwungener Seßhaftigkeit befreit, und weil er uns viele Möglichkeiten des Handelns eröffnet, die früheren Generationen verschlossen blieben. Aber diese Entwicklung hat einen spürbaren, bisher jedoch zu wenig beachteten Preis. Wenn es um die Gestaltung unserer Zukunft geht, dann ist dieser Preis in die Kalkulation mit einzubeziehen. Das Nonstop-Prinzip setzt unsere naturverbundenen und unsere sozialen Balancesysteme außer Kraft. Es zerstört viele Zeitformen, es ebnet die Zeitlandschaften ein.

Verlieren wir – so ist zu fragen – durch das „Immer und Überall" permanenter Beschleunigungen und Höchstgeschwindigkeit die entscheidenden Rahmenkomponenten für eine gelingende individuelle Zeitstrukturierung? Werden wir zu Orientierungswaisen im Kontinuum der Zeit, gekennzeichnet von der Notwendigkeit, die Zeit damit zu verbringen, daß wir permanent über sie entscheiden? Löst sich nach der Ortsbindung (Globalisierung des Raumes) auch die Bindung an die Zeit auf? Es scheint paradox zu sein: Je mehr Freiheit wir haben, über Zeitordnung selbst entscheiden zu können, um so weniger Zeit haben wir. Und genau diese Dynamik verschärft sich in der Nonstop-Gesellschaft, obgleich uns das Gegenteil immer wieder suggeriert wird.

Wenn wir dem Preis der Nonstop-Gesellschaft nachgehen, erkennen wir einen bisher zu wenig beachteten inneren Zusammenhang: Unsere individuellen Probleme des Zeitdrucks, der Hetze, des Nie-zu-Ende-Kommens hängen unmittelbar mit den sozialen und ökologischen Problemen zusammen, mit unserer nicht-nachhaltigen Art zu leben und zu wirtschaften. Wir können aber von den Zeitmaßen der Natur lernen, denn wir sind selbst Teil dieser Natur.

Den aufgezeigten Entwicklungen sind wir nicht hilflos ausgeliefert. Es gibt heute mehr Wissen denn je über Rhythmen der Natur und des menschlichen Lebens. Wir wissen, daß alle Gesellschaften, wollen sie nicht ihre Existenz aufs Spiel setzen, Orte und Zeiten der Aktivität und der Ruhe benötigen, ebenso alle Lebewesen. Schlaflosigkeit führt zum raschen Tod, und permanente Helligkeit gilt als eine der grausamsten Foltermethoden. Wir brauchen die Dämmerung – sonst dämmert's uns nicht mehr. Wir benötigen Übergänge von einem Zustand zum anderen, die Rhythmik von Aktivität und Ruhe, von Helligkeit und Dunkel, von Werden und Vergehen, von Aufstieg und Abstieg, von Dauerhaftem und Neuem. Die rhythmisch geordnete Vielfalt von Zeitformen macht das aus, was man „Zeitkultur" nennen könnte und diese wiederum ist die Bedingung für Kultur überhaupt. Friedrich Nietzsche hat daran erinnert, daß es zuallererst darum geht, den Menschen die Ruhe wiederzugeben, jene „Ruhe, Einfachheit und Größe, ohne welche keine Cultur werden und bestehen kann". Denn – so Goethe – „Unbedingte Tätigkeit macht zuletzt bankerott".

Karlheinz A. Geißler und Barbara Adam

Alles zu jeder Zeit und überall
Die Nonstop-Gesellschaft und ihr Preis

Nonstop wollen wir fliegen, nonstop sollen die Maschinen und die Geräte in den Betrieben laufen, nonstop wollen und sollen wir erreichbar sein, und nonstop können wir auch an das dafür notwendige Geld (falls man es hat). Dies alles wird als Fortschritt gefeiert, zumindest akzeptiert. Aber diese Entwicklung hat einen spürbaren, bisher jedoch noch zu wenig beachteten Preis. Wenn es um die Gestaltung unserer Zukunft geht, dann ist dieser Preis in die Kalkulation mit einzubeziehen. Denn das Nonstop-Prinzip setzt unsere naturverbundenen und unsere sozialen Balancesysteme außer Kraft.

Der Weg zur Nonstop-Gesellschaft kann als ein zur Hochgeschwindigkeitsstrecke ausgebauter, ehemals gewundener schmaler Pfad beschrieben werden, bei dem man sich den Einschränkungen innerer und äußerer Natur zu entziehen versuchte. Die teilweise gelungene Unabhängigkeit von der Natur haben wir durch zunehmende Abhängigkeit von den selbst geschaffenen technischen Hilfsmitteln erkauft. So sind wir (scheinbar) weitgehend unabhängig von den Zeitmaßen (den Zyklen, den Rhythmen) der Natur, dafür jedoch abhängig von der Uhrzeit und von unseren Terminkalendern. Bei aller Flexibilität, bei aller Deregulierung und Individualisierung ist der Mensch nicht so frei und souverän gegenüber der Natur und gegenüber sozialen Zusammenhängen, wie er es wähnt. So ist er in einer flexibilisierten Umgebung immer dringender auf Wecker angewiesen, die die soziale und die natürliche Entrhythmisierung prothetisch kompensieren. Er kann sich nicht selbst wecken – auf diese Naturtatsache wird er dadurch immer wieder aufmerksam gemacht; und manch aggressiver Impuls gegen die unschuldige Zeitapparatur mag dieser kränkenden Erkenntnis geschuldet sein. Hegel hat dies erkannt und generalisiert:

Prof. Dr. rer. pol. **Karlheinz A. Geißler,** geb. 1944 in Deuerling/Oberpfalz. Studium der Philosophie, der Ökonomie und der Pädagogik. Forschungs- und Lehrtätigkeiten an unterschiedlichen Universitäten im In- und Ausland. Z. Zt. Professor für Wirtschafts- und Sozialpädagogik an der Universität der Bundeswehr München. Zahlreiche Buchpublikationen u. a.: Anfangssituationen, 7. Auflage, Weinheim 1997; Zeit – Verweile doch, du bist so schön, 2. Auflage 1997, Weinheim. Mitinitiator des Tutzinger Projektes „Ökologie der Zeit" und Mitherausgeber der Veröffentlichungen aus diesem Projekt.

Prof. Dr. Karlheinz A. Geißler, Schlechinger Weg 13, 81669 München

Dr. **Barbara Adam,** geb 1945 in Bayrischzell/Obb.; Studium der Sozialpädagogik, München; 1967 Umzug nach England, 2 Kinder; ehrenamtliche Tätigkeiten. 1980 zweites Studium: Soziologie und Philosophie an der Universität Wales, 1983 Promotion (B. Sc. Econ), 1987 Ph. D. in Social Theory; danach Hochschullehrerin an der Open University, Polytechnic of Wales; und jetzt an der University of Wales, Cardiff im Fachbereich Social Theory and Women's Studies. Seit 1992 Founder Editor der interdisziplinären Zeitschrift „Time & Society". 1994–96 Research Fellow im „Global Environmental Change Project" der Britischen ESRC; Mitglied im Tutzinger Projekt „Ökologie der Zeit". Buchveröffentlichungen: Time and Social Theory, Cambridge 1990; Timewatch. The Social Analysis of Time, Cambridge 1995; Timescapes in Modernity, London 1997.

Dr. Barbara Adam, School of Social and Administrative Studies, University of Wales Cardiff, 62 Park Place, Cardiff CF1 3AS, Wales/UK

„In der Maschine hebt der Mensch diese seine formale Tätigkeit auf und läßt sie ganz für ihn arbeiten. Aber jener Betrug, den er gegen die Natur ausübt, rächt sich gegen ihn selbst; was er ihr abgewinnt, je mehr er sie unterjocht, desto niedriger wird er selbst."[1]

Die immer größer werdende Zahl jener Geräte, die wir erfinden, entwickeln und gebrauchen, zeigt doch auch, daß die Menschen eben *nicht anpassungsfähig* sind. Weil sie gegenüber der inneren und äußeren Natur gleich-gültig und deshalb rücksichtslos sind, müssen sie die Bedingungen für die Anpassung an das Leben und seine Dynamik immer wieder selbst (durch Technik z. B.) herstellen. Wer nicht ausschlafen will oder

13 darf, braucht eben Weckapparaturen, und wir brauchen sie auch dann, wenn wir den Sonnenaufgang nicht mehr erleben und den krähenden Hahn nicht mehr hören können. Wer keine natürlichen Zeitmuster, keine kosmischen Zyklen mehr kennt und erfährt, braucht die Regelmäßigkeit der Programmstruktur der Fernsehsender mit ihren Serien und ihren festen Nachrichtenzeiten, um sich im Zeitlichen lokalisieren zu können. Und eben diese technischen Apparaturen entfremden die Menschen weiter davon, sich als Teil der Natur zu verstehen. Dies wiederum schwächt ihre naturbezogene Regulationskraft und provoziert weitere technische Ersatzlösungen.

Postmoderne Zeiten

„Bankgeschäfte rund um die Uhr – ein kleiner, kurzer Tastendruck, und alles geht viel schneller. Unabhängig von Schalterzeiten, Wochenenden oder Feiertagen können Sie am heimischen PC Theaterkarten reservieren, die Börsenkurse abfragen oder sogar für den nächsten Urlaub die Last-Minute-Angebote abrufen und sofort buchen. Ganz ohne Ladenschlußzeiten können Sie sich die schönsten Angebote aus dem Versandhandel per Mausklick bestellen. Alles in Sekundenschnelle und ohne einen Schritt vor die Haustür zu machen."

Eine solch schöne Welt offeriert uns die Deutsche Telekom und dies mit dem Versprechen, „an die Welt von morgen" (digitalen) Anschluß zu finden. „Anspruchsvoller Service rund um die Uhr" wird uns beim Aktienhandel, in den Autobahnraststätten und neuerdings sogar beim Heiraten im Kurort Bad Brückenau versprochen, das sich mit einem diesbezüglichen Angebot als „Heiratsparadies" zu profilieren versucht.

„All around the clock" kann jetzt auch, dank der Erfindung eines geeigneten Nachtsichtgerätes, die Aussaat des Möhrensamens im Dunkeln erfolgen. Und dies mit Arbeitskräften, die von Firmen mit so bezeichnenden Namen wie „Tempo-Rent" jederzeit ausgeliehen werden können.

Mobile Zeiten allerorten und auch allerarten. „Der Just-in-time Arbeiter", so die Erfolgsmeldung im Wirtschaftsteil der Süddeutschen Zeitung, ist auf dem Vormarsch. Wenn er denn mal gerade nicht gebraucht wird, steht ihm das Erlebnis-Fernsehen zur Verfügung, dessen sog. „Nachtlücken" jetzt endlich auch geschlossen wurden. Immer ist was los. Aber: Was ist eigentlich los? Sind wir dabei, zu einem Volk von Bettflüchtern zu werden? Suchen wir das sehnlichst erhoffte Glück jetzt im Dunkeln, nachdem wir es im Hellen nicht gefunden haben? Oder ist das Glück bereits bei uns eingekehrt; etwa in Gestalt einer Uhr mit Nachtweckautomatik, optischer Empfangskontrolle, internem Zeitspeicher und einer Präzisionsgarantie von einer Sekunde in einer Million Jahren? „Meine Ruh ist hin, mein Herz ist schwer, ich finde sie nimmer und nimmer mehr", sang einst das am Spinnrad sitzende Gretchen. Tempi passati. Vorbei, es geht uns allen inzwischen so, nur singen wir weniger und schon gar nicht am Spinnrad.

Tina und Marc stehen heute mehr auf „Rock around the clock"; selbstverständlich mit dem griffbereiten Mobiltelefon in der Tasche. Haben wir bei diesem Fortschritt, der schon lange kein Fort-Schreiten, sondern eher ein Fort-Rennen ist, gewonnen oder haben wir verloren? Eine Antwort kann nicht mit der schlichten Kategorisierung von „ja" und „nein" geschehen. Zweifelsohne, es ist anders geworden – aber ob es besser geworden ist, das bleibt ungewiß.

Der offensichtlichste Unterschied zwischen dem, was war und dem, was ist, besteht in der Annahme, daß die Rhythmen von Tag und Nacht, Sommer und Winter, Arbeit und Ruhe unnötige Hindernisse für menschliche Bedürfnisse und wirtschaftliches Handeln darstellen. Als Nonstop-Ideal findet diese Einstellung in unserer heutigen Zeit ihren Ausdruck: *Alles möglichst immer und möglichst überall.* Dieses Prinzip der Wahrnehmung von Zeit und der Einstellung zur Zeit, die am Ende des Mittelalters in Mitteleuropa entstand, hat mit der globalen Industrialisierung ihren bisherigen Zenit erreicht. In einer erstaunlichen Metamorphose wurde aus einer göttlichen Gabe eine Handelsware.[2]

Die Dynamik zum Nonstop

Als gottgegebenes Maß des Lebens, des Werdens und des Vergehens war Zeit immer auch Zeitlichkeit, war sie Endlichkeit und war sie das Veränderliche zwischen Ursprung und Untergang, Geburt und Tod. Die Zukunft hingegen war der göttliche Bereich der Ewigkeit, die Phase nach dem irdischen Leben, die Zeit der über- oder unterirdischen Existenz. Erst als die Zeit von der Lebenswelt und deren Prozessen entkoppelt und von Inhalten entleert wurde, konnte sie (in der Form von Uhren und Kalender) zu einer räumlich-quantitativen Ressource wer-

15　den: von Menschen gestaltet und von Menschen verwaltet. Dies beschreibt Rifkin:

> „Wir beherrschen die Periodizitäten der Natur. Wir zähmen, zügeln und dressieren. Wir brennen den alten Rhythmen des Universums unsere zeitlichen Vorstellungen auf, in der Hoffnung, die Zeit in unsere Gewalt zu bringen – das unfaßbare Phänomen, das sich unserem Zugriff immer zu entziehen scheint".[3]

Diese radikale „Befreiung" von den Zeitmaßen der Natur ging und geht auch heute nicht ohne Verlust vonstatten. Der Mensch bleibt mit seinen Zeitmaßen alleine, er muß auf seine eigene Kraft vertrauen und macht sich dadurch verantwortlich für die Zeitordnungen und deren Veränderungen. Solche Früchte der Freiheit belasten ihn mit der Notwendigkeit, Zeit kontrollieren zu müssen und der jeweiligen Zeitordnung ihren Sinn zu geben. Und dieser Sinn wird im Überschreiten des Gegenwärtigen gesucht, in dem, was wir „Fortschritt" nennen.

Dieser Fortschritt ist die Zeitvorstellung der Neuzeit, mit ihm ist das Beschleunigungsprinzip grundgelegt. Er produziert den Zeitmangel, weil er immer schneller geschehen könnte, als er real geschieht und *nur* wenn er schneller geschieht, gilt er als Fortschritt. „Zeit", so Reinhard Koselleck in einer Studie über die Entstehung der Neuzeit, „bleibt nicht nur die Form, in der sich alle Geschichten abspielen, sie gewinnt selber eine geschichtliche Qualität. Nicht mehr in der Zeit vollzieht sich dann Geschichte. Die Zeit wird dynamisiert zu einer Kraft der Geschichte selber".[4] An die Stelle der rhythmisch gestalteten Produktivität der natürlichen und der kosmischen Natur trat die selbstgeschaffene Produktivität der Zeitordnung industriell organisierter Arbeit und die von demonstrativer Zerstreuung und Konsum. R. Sandgruber beschreibt die auffällige Veränderung – quasi die ersten (Tanz-)Schritte – zur Nonstop-Gesellschaft am Beispiel der adligen Festkultur:

> „Die höfische Gesellschaft der Barockzeit hat das Fest zum zentralen Bestandteil ihrer auf demonstrativen Konsum aufgebauten Lebensordnung und Herrschaftsstabilisierung gemacht. Dabei zeichnete sich eine entscheidende Zeitverschiebung ab. Noch in der Renaissance waren die Feste bei Tageslicht gefeiert worden. Nun begannen sie nach Sonnenuntergang: Um acht oder neun das Theater, um Mitternacht ein Souper [...] und danach Tanz bis zum Morgengrauen. Und wenn in der Dämmerung die Ka-

rossen vom Hofe heimkehrten, begegneten sie in den Gassen den Bürgern, die sich an ihre Arbeit begaben. Zu feiern, während die arbeitende Bevölkerung ruhte, und sich zur Ruhe zu begeben, wenn die Handwerker und Bürger ihren Arbeitstag begannen, das unterstrich und demonstrierte die sozialen Privilegien. Dazu eröffnete die Nacht Gegenwelten, die die festen Formen lösten".[5]

Diese Privilegien sind inzwischen demokratisiert. Der steigende Umsatz unserer nächtlichen Erlebnisgastronomie zeigt es deutlich.

Der am Beginn der Neuzeit regierende Kaiser Karl V. hatte sich richtungsweisend den Wahlspruch „Plus ultra", immer weiter, gegeben und für ihn ging ja auch, als erstem Herrscher dieser Welt, innerhalb seines Reiches die Sonne nie unter. Wenn es denn einmal einen Heiligen des Nonstop-Prinzips geben wird – Karl V. böte sich an. Sein Motto ist heute das von uns allen, denn der Wahlspruch des Kaisers ist zum Tenor der unvermeidlichen und jährlich wiederkehrenden Silvesterreden bundesrepublikanischer Kanzler geworden.

Technik und Ökonomie setzten den Takt – die mechanische Wiederkehr des Gleichen – an die Stelle der rhythmischen Gliederung des Werdens und Vergehens der Kreisläufe der Natur. Nicht mehr natur- und aufgabenbezogene Rhythmik bestimmen das Leben, sondern die Eigendynamik des Ökonomischen und des Mechanischen. Zeit und Zeiteinteilung wurden an das abstrakte Medium „Geld" gekoppelt. Durch die Anbindung der Uhrenzeit an Geld entwickelte sich die Zeit zur Ware. Sie konnte damit als Währung gehandelt werden und wurde somit zu einem zentralen Faktor im ökonomischen Kalkül.

Dies bringt eine Verschiebung der Wertigkeit von „Zeit" mit sich: Zeit, die nicht in Geld verwandelt werden kann, scheint wertlos. Sie fällt in den Schattenbereich der industriellen Welt.

Das hatte tiefgreifende Folgen für den individuellen und den gesellschaftlichen Umgang mit der lebenden Mitwelt und im Hinblick auf die Einstellung gegenüber den Rhythmen von Natur und Kosmos. Wenn Zeit nämlich Geld kostet, dann wird aus Ruhezeiten und aus Pausen unproduktive Zeit, dann bedeuten diese „verlorenes" Geld. Daher mußte und muß die Langsamkeit der Geldwert schöpfenden Schnelligkeit weichen. So wird im Namen von Effizienz, Deregulierung, Flexibilität und gleitender Arbeitszeit heutzutage rund um die Uhr produziert, informiert und konsumiert, wird pausenlos verwaltet und gestaltet, wird nonstop angeboten, gehandelt und verkauft. Mit Gas und dann mit Elektrizität wurde und wird die Dunkelheit gezähmt und die Rhythmik

> *„Das Schönste an Tokio ist McDonald's*
> *das Schönste an Stockholm ist McDonald's*
> *das Schönste an Florenz ist McDonald's*
> *Peking und Moskau haben bis jetzt noch nichts Schönes"*
> *Andy Warhol*

(Das war vor 15 Jahren so. Jetzt ist es auch in Moskau und Peking sehr „schön".)

der Jahreszeiten dem abstrakten Schema der entleerten Zeit unterworfen. Arbeit und Erholung, Konsum und Verständigung werden inzwischen zunehmend so gestaltet, daß sie zu jeder Zeit nicht nur möglich sind, sondern auch fleißig getätigt werden. Das Ideal einer solcherart monetarisierten Gesellschaft ist dann erreicht, wenn keine Zeit mehr existiert, in der kein Geld verdient oder ausgegeben wird. Wir bewegen uns in diese Richtung.

Dieser Dynamik verdanken wir die weitverbreitete Schichtarbeit, die Globalisierung von Handel und Geldwirtschaft, den Reiseverkehr über die Zeitzonen hinweg, die saisonunabhängigen Gewächshauspflanzungen, die Temperatur-homogenisierenden Klimaanlagen, die weltweite Vernetzung unserer Kommunikationsmöglichkeiten und die ortsunabhängige Abrufbarkeit mittels Mobiltelefon. Wir befinden uns inzwischen mehrheitlich in der Situation des Faust, der nach dem Abschluß seines Paktes mit dem Mephisto bekennt: „Nur rastlos betätige sich der Mann". Dies jedoch mit dem nicht zu vernachlässigenden Unterschied, daß der Schnellbetrieb heute nicht mehr geschlechtsexklusiv abläuft.

Die zunehmende Beherrschung biologischer Zeitmuster, durch die Gentechnologie an einem vorläufigen Höhepunkt angelangt, hat die Abhängigkeit des Menschen von der Natur zwar reduziert (teilweise jedoch nur illusorisch), die Abhängigkeiten generell aber nicht. Souverän der Zeit war der Mensch noch nie, und jene Unabhängigkeit, die er gegenüber der Natur gewann, hat er an die Ökonomie (besser: ans Geld) wieder verloren. Das Problem, das wir heute als das der wachsenden Zeitnot erfahren, ist nicht in erster Linie der Sachverhalt, daß Zeit Geld ist, sondern, daß Zeit immer mehr Geld ist, bis schließlich *alle Zeit* auf deren Monetarisierung hin organisiert wird. Das heißt, daß wir über die enger werdende Koppelung von Zeit an Geld die Individualisie-

rungs- und Standardisierungsdynamiken zugleich vorantreiben. Dies *18*
wird bei einem Blick in die Geschichte der Zeitkontrolle offenkundig.
Freiheiten werden mit Zwängen „erkauft".

Der (Alp-)Traum von Sicherheit und Kontrolle

Modernisierung besteht auch und im besonderen in der Erweiterung
der Kontrolle gegenüber der Natur, gegenüber der sozialen Welt und gegenüber dem eigenen Ich. Diese Dynamik unseres temporalen Kon-
trollbewußtseins ist eng verknüpft (und dies wechselwirksam) mit der
Geschichte der Entwicklung von Zeitmeßgeräten. Mit der Erfindung
des mechanischen Uhrwerks um 1300 wurden zuerst in den stark wachsenden Städten Oberitaliens und Nordfrankreichs, später dann in jenen
Gebieten, die heute zu Deutschland zählen, die ersten Uhren an den
Türmen für die Stadtbevölkerung angebracht. Dies zur zeitlichen
Orientierung und damit auch zur Fremd- sowie zur Selbstkontrolle.[6]
Und da die Minutenzeiger noch nicht erfunden waren, mit einer, aus
heutiger Sicht, großzügigen Freiheit für Eigenzeiten. In der Gegenwart
gibt es keine Uhrtürme mehr und jene, die man noch sieht, existieren
aus denkmalschützerischen und/oder sentimentalen Gründen. Dafür
haben fast alle Menschen ihre Uhr am Handgelenk, im Auto, in der
Küche und den Wecker am Bett. Es gibt Millionen unterschiedlichster
Uhren, und unsere Individualität veräußerlichen wir bevorzugt durch
die Qualität jener Zeitmesser, die wir am Unterarm tragen. Die Uhr ist
Teil der expressiven Individualität und je nach Mode, Geldbeutel und
Karriere legen wir uns neue, andere Uhren zu.

Dies ist unter Aspekten gesellschaftlich zunehmender Individualisierung ein Fortschritt. Was dabei verloren gegangen ist, ist die *sichtbare* soziale Orientierungsfunktion jener Uhren, die an den Türmen der
Städte befestigt waren. Jedoch bedeutet dies nicht, daß die Uhr kein soziales Orientierungsmuster mehr ist, im Gegenteil, sie ist es mehr denn
je – durch und mit der flächendeckenden Individualisierung. Nachdem
alle ihre Uhr haben, gibt es keine Abweichung mehr von der Uhr. Sie
bestimmt unser gesamtes Leben, und nicht nur das soziale. Dies ist ubi-
quitäre zeitbezogene Modernisierung durch und mit Individualisierung
und Standardisierung.

Wir unterscheiden uns heute durch unsere jeweils spezifischen
Formen des Umgangs mit der herrschenden Zeitnot (das nennen wir
„Individualisierung"). Jedoch ist die Wahrnehmung der Welt und ihrer

19 zeitlichen Abläufe weitgehend auf Uhrenzeiten hin synchronisiert (das bedeutet „Standardisierung" oder, mit einem etwas aus der Mode gekommenen Begriff, „Kollektivierung"). Alle sind wir aufgerufen und alle rufen wir uns unentwegt selber dazu auf, die Zeit zu ordnen, sie zu systematisieren, sie zu berechnen, um sie (und uns) berechenbarer und beherrschbarer zu machen. „Rationalisierung" ist der Begriff für diese Großaktion. Foucault hat die disziplinäre Gewalt solcher Normalität, die uns heute formt und bestimmt, detailliert herausgearbeitet. Der ehemalige Fremdzwang wurde zum Selbstzwang. Das schlechte Gewissen, mit dem wir heute – wenn wir es uns denn überhaupt zu leisten getrauen – nichts tun, zeugt davon.

Waren bis vor wenigen Jahrhunderten Zeit und Zukunft in den Händen der Götter, so werden sie heute als Herausforderung zur menschlichen Einflußnahme verstanden. Es gilt, sie zu programmieren und zu kontrollieren, zu sichern und vorwegzunehmen. Gewollt und ungewollt wird die Zukunft kolonisiert, schöpfen wir grenzenlos aus der Zeit anderer und bestimmen dadurch die Entscheidungsmöglichkeiten, nicht nur die der nächsten Generationen, sondern auch die der Nachfolger über Jahrzehnte und Jahrhunderte hinweg.

Kulturgeschichtlich gesehen reicht das Bedürfnis, die Zeit auf Zukunft hin zu kontrollieren, bis in die Vorgeschichte der Menschheit zurück. Die Überwinterung (Konservierung) von Nahrungsmitteln, das Anlegen von Vorräten, die Veräußerlichung der Lebenswelt in Gemälden, die Bestattung der Toten sowie die Ausführung von Ritualen, das Aufrechterhalten von Mythen und die Errichtung von Megalithen, Tempeln und Pyramiden sind sichtbare Zeichen der Einflußnahme auf die Zukunft.[7] Durch die Huldigung der Götter versuchte man deren Handlungen zu beeinflussen, durch die Bestattung der Toten nahm man Einfluß auf die Welt nach dem Tode und die zukünftigen Handlungen der Ahnen. Beide Traditionen sind der Versuch, in die zeitlose Überwelt der Götter und Ahnen einzugreifen. Aber solche praktisch gewordene Zukunftsvorstellungen und diese Zeitwahrnehmungen unterscheiden sich entscheidend von jenen der Moderne mit ihrem Verlangen nach und ihrer Erwartung von Sicherheit und Kontrolle.

Die Wissenschaften, die Techniken, die Staatsmänner und die Sinn- und Weltbildproduzenten erfüllten und erfüllen heute die Träume im Hinblick auf eine Reduktion der Ungewißheit gegenüber dem Kommenden, und sie produzieren jedoch immer zugleich neue Unsicherheiten.[8] Dieser Entwicklung haben wir u.a. die Geldwirtschaft, das

Versicherungswesen und die vertraglichen Vereinbarungen im Bereich der Arbeitstätigkeiten zu verdanken. Zukunft wird auch hier als erstreckte Gegenwart verstanden, aber – und dies ist ein gravierender Unterschied – nicht um die Zukunft als Gabe der Götter durch Gaben an Götter zu beeinflussen, sondern um sie als profitable Ressource für's „Jetzt" zu sichern.

Wir kolonisieren die Zukunft heute wie nie zuvor. Sie wird in die Gegenwart transportiert. Damit belasten wir unsere heutige Gegenwart sowie die Gegenwart und die Zukunft nachfolgender Generationen. Wir leben zeitlich (und räumlich) parasitär gegenüber denen, die nach uns kommen. Wir leben vom Eingemachten.

Voraussetzung für die folgenreich umgesetzte Idee von Sicherheit und Zeitkontrolle war die Loslösung der Zeit aus ihren zyklischen und ihren gebrauchswertbezogenen Zusammenhängen und ihre Anbindung an die kapitalistische Wertlogik. Das Kapital ist gegenüber der Natur, gegenüber den biologischen Rhythmen und den kosmischen Zyklen gleichgültig. Dem Geld ist es egal, ob es in der Nacht oder am Tag, am Montag oder am Sonntag verdient wird. So kann der Traum von der Befreiung von Raum und Zeit zum vielfach plakatierten Werbeslogan fürs Telebanking herunterkommen. Es ist die konsequente Entwicklung einer vom Kapitalismus in Gang gesetzten Koppelung von Zeit und Geld, die in der Realisierung des Prinzips von „Immer und Überall" ihr Ziel hat.

Was sich aber für das Geld als Traum herausstellt, ist letztlich für die Subjekte ein Alptraum. Die Befreiung von Raum und Zeit macht die Individuen ortlos (heimatlos) und zeitlos und macht sie notwendigerweise auch maß-los. Verlassen und getrennt von äußerer und innerer Natur veröden und vereinsamen sie in ihrem materiellen Wohlstand und sind zu steter Zeithetze verdammt.

Der Wirtschaftshistoriker Karl Polanyi stützt diese Argumentation in seiner berühmten Schrift „The Great Transformation". Die Idee eines „selbstregulierten Marktes", die unsere gesamte Politik über die Dominanz der Wirtschaftspolitik beeinflußt, ist eine „krasse Utopie": „Eine solche Institution konnte über längere Zeiträume nicht bestehen, ohne die menschliche und natürliche Substanz der Gesellschaft zu vernichten; sie hätte den Menschen physisch zerstört und seine Umwelt in eine Wildnis verwandelt [...]".[9]

Einen Ort haben heißt, nicht überall sein, und Zeit haben heißt, nicht für alles Zeit haben. Der vorherrschende gesellschaftliche Trend zeigt jedoch (noch) in eine andere Richtung.

21 **Pausenloser Fortschritt**

„Mobil sein ist alles", so das Motto einer weltumspannenden Ökonomie, die durch die neuesten Kommunikationsmöglichkeiten ihre Realisierung fand. Die sekundenschnelle Ortsveränderung von Informationen, die jeden Ort der Welt in kurzer Zeit erreicht, macht diese Welt zum „globalen Dorf". Mit „Globalisierung" wird dieser Prozeß weltweiter Präsenz und die Dynamik der Erschließung aller ausbeutbarer Ressourcen des Erdballs beschrieben. Die Ruhelosigkeit einer solchen Gesellschaft drückt sich bei ihren Mitgliedern in dem Bedürfnis aus, möglichst überall zu sein, und weil das nicht realisierbar ist, wenigstens überall erreichbar zu sein bzw. jeden zu jeder Zeit erreichen zu können. Die Ortsbindung wird aufgelöst zugunsten ständiger Bewegung – zumindest auf der Datenautobahn. Aber nicht nur dort: „Wenn Sie auf grenzenlosen Raum abfahren ..." ja, dann kaufen Sie sich ein Auto der Firma XY – so die Werbung, die man morgens im Briefkasten finden kann.

In dieser Welt der Exterritorialisierung, in der man immer schneller zu jeder Zeit an jedem Ort sein kann, wird das Gefühl von Heimweh und von Fernweh durch das von materieller und ideeller Heimatlosigkeit ersetzt. Die Zeit verliert ihre Bindung an den Ort. Beschleunigung katapultiert uns vom Ort in den Raum, und dieser kennt keine erfahrbaren Zäsuren, an denen wir Zeitstrukturen festmachen könnten. Das Subjekt hat keine Anhaltspunkte, keinen Ort im Raum und auch keinen mehr in der Zeit, um sich als identisch oder als verändert zu erfahren.

Wird der Raum durch das Prinzip des „Überall" erobert, so die Zeit durch das des „Immer". Das Nonstop ist heute das profitable Ideal beim Flugverkehr, beim Fernsehkonsum, bei den Maschinenlaufzeiten in den Produktionsanlagen, beim Warenverkauf, im Dienstleistungsbereich. Lebensmittel können wir inzwischen an den Tankstellen rund um die Uhr einkaufen, der Bancomat liefert dazu und für vieles andere das nötige Geld zu jeder Tages- und Nachtzeit – und am Wochenende ebenso. Erdbeeren gibt's saisonunabhängig genauso wie Pfingstrosen das ganze Jahr über und auch die Börsengeschäfte kennen keine zeitlichen und örtlichen Grenzen mehr. Wir fangen kaum mehr an, wir hören immer weniger auf und *idealisieren* den Zustand möglichst alles zu jeder Zeit zur Verfügung zu haben.

In einer solchen *Welt der Endloszeiten* wird die Zeit zu einer subjektiven steuerungsfähigen Größe, bei der jede Einschränkung dieser Steuerungsmöglichkeiten als Verlust erfahren wird. Diese Situation entlastet uns aber nur scheinbar vom Zeitdruck. Vielmehr erhält und vermehrt sie ihn, da wir permanent Entscheidungen über die Zeitverwendung treffen müssen und immer öfters in die Situation kommen, dabei auf vieles, was auch möglich wäre, verzichten zu müssen. Zeitverdichtung ist das subjektive Gefühl, das uns schließlich alle eint.

Die Nonstop-Gesellschaft ist die Gesellschaft des „homo disponibilis", mit relativ viel Freizeit aber ohne wirklich „freie Zeit". Goethe hat's vorausahnend beschrieben: „Der Tag verzehrte, was der Tag gewann". Der Alptraum der Flexibilisierung.

Das sich frei und selbstbestimmt wähnende Individuum ist von der Last gezeichnet, permanent über das „Wo" und das „Wann", den Ort und die Zeit, entscheiden zu müssen. Die alltäglich zu erlebende Flucht aus dieser Zumutung in noch mehr Beschleunigung, noch mehr Mobilität, gleicht der furchtsamen Reaktion von Verirrten, die sich durch die Erhöhung der Laufgeschwindigkeit aus ihrer prekären Situation zu befreien hoffen. Nicht dem Sisyphos, dem Bild der Sinnlosigkeit des modernen Fortschrittsdenkens, gleicht solch beschleunigtes Dasein, sondern dem ruhelosen Hamster in seinem Tretrad. Den modernen Gesellschaften ist die Steigerungsdynamik der Herrschaft über Raum und Zeit wie ein Wasserzeichen eingepreßt, und diesem kann man mit noch weiter zu steigender Dynamik nicht entfliehen. Zumindest eine Ahnung davon hatte die Deutsche Verkehrswacht, als sie dem Nonstop unserer auto-mobilen Republik durch Plakate am Rande unserer Hochgeschwindigkeitsstraßen mit der Aufschrift „Pausen machen munter" folgenlosen Einhalt zu gebieten versuchte. Hilflos müssen solche oder ähnliche Aktionen notwendigerweise dann bleiben, wenn sie, wie bei der „Arbeitspause" in der jüngsten Geschichte eindrucksvoll nachzuweisen, Zustände administrativ wiederherzustellen versuchen, die vorher aus ihrem natürlichen Rhythmus gerissen wurden.

Flexibilisierung und Deregulierung

Durch jene Dynamiken, für die wir die positiv besetzten Begriffe „Flexibilisierung", „Deregulierung" und „Individualisierung" verwenden, wird die zeitliche Orientierung an traditionsreiche Zeitstrukturen gelockert. Damit wird die Bindung an äußere, subjektübergreifende qualitative Zeitgeber verringert. Die Freiheiten, die hierdurch erreicht werden, gehen jedoch mit verpflichtenden Zwängen einher. So kann der „Kampf mit der Zeit", den wir täglich führen, nicht gewonnen wer-

23 den. Die alten Zeitkonflikte werden im besten Fall durch neue ersetzt, im weniger guten Fall durch sie ergänzt. Die Individuen werden gezwungen, selbst darüber zu entscheiden, an welchen Zeitmaßen sie ihr Leben ausrichten, sie werden zu Zeitbastlern und Zeitingenieuren ihres eigenen Alltags. Unser Leben besteht ja immer weniger aus Anpassungsleistungen an die Zeitvorgaben der Natur und auch nicht an diejenigen einflußreicher Personen und sozialer Organisationen, dafür immer mehr aus komplizierten Entscheidungs- und Abstimmungsprozessen im Hinblick auf zeitliche Koordinationsnotwendigkeiten. Das „kostet" Zeit – manchmal mehr Zeit als wir durch Arbeitszeitverkürzung und Beschleunigung „gewinnen". So kommt es dann zu dem lästigen Zustand, daß man immer mehr Zeit braucht, um immer mehr Zeit zu haben. Auch dies ist ein Fortschritt, der nur halb so groß ist, wie er zuerst aussieht. Die Freiheiten nämlich, die in der Lockerung von der Anbindung an die zeitlichen Vorgaben enthalten sind, die können dann nicht genutzt werden, wenn die Individuen nur die abstrakte Freiheit der Wahl ihrer Zeit-Maßstäbe haben; für die Entscheidung, an welchen sie sich schließlich orientieren, aber keine Kriterien besitzen. Sie wissen: Morgen geht gestern nicht weiter. Aber Sie wissen nicht: Wie soll's weitergehen?

Aus Untersuchungen, so z. B. bei Beschäftigten im Einzelhandel[10], läßt sich erkennen, daß die Flexibilisierungen in der Zeitorganisation zu Überkomplexität und bei den Individuen in der Folge zu Überforderungssituationen im Arbeitsprozeß führen. Dies insbesondere dann, wenn die direkten und persönlichen Kontrollen durch indirekte z. B. apparative Formen und durch die Verlagerung von Detailaufgaben in die Selbstverantwortung der Arbeitenden erfolgt. Solche Selbstverantwortung ist kein Gewinn an Freiheit. Im Gegenteil. Sie ist eine zusätzliche persönliche und zeitliche Belastung, bei der die Selbstkontrolle als anstrengende Aufgabe zum Arbeitsvolumen noch hinzukommt. Selbstverantwortung wird zur Selbstbelastung und schließlich zur Selbstüberforderung.

Die Flexibilisierung der Arbeitszeiten macht es notwendig, die Lebensführung generell auf solche Verhältnisse zuzuschneiden, d. h. kontinuierlich an die unstetigen zeitlichen Arbeitsverhältnisse anzupassen. Routine, die ja zeitlich entlastet, fällt zunehmend weg. Aufwendige Balancearbeit nimmt in entsprechend großem Umfang zu. Die Alltagsarbeit wird zu einer komplizierten Optimierungsaufgabe. Dies kostet Zeit und manchmal sehr viel Zeit, weil die entsprechenden entlastenden Möglichkeiten (z. B. Delegation) nicht zur Verfügung stehen.

Die Lebensführung, wird zu einer Form zweckgerichteter Arbeit.[11] Da 24
sich die Arbeitsbedingungen immer rascher ändern, muß dieser Anpassungsprozeß im Bereich der alltäglichen Lebensführung auch immer
schneller geschehen. Dies aber benötigt wieder erheblich erhöhten Zeitaufwand. Die Inanspruchnahme der Freiheitsgrade flexibler Verhältnisse erfordert daher einen mehrseitigen, gesteigerten Energieaufwand
(und Zeitaufwand), durch den Freiheitsgrade wieder zunichte gemacht
bzw. eingeschränkt werden. So z. B. kosten jene technologischen Errungenschaften, die „Zeit zu sparen" versprechen, wiederum Zeit und
sie erhöhen, um sich von ihnen zu befreien, jene Mobilität, die sie
durch ihre Anschaffung vordergründig reduzieren. (Wer heutzutage
nicht erreichbar sein will, muß weit, sehr weit wegfahren.)

Unser Weg in die Dienstleistungsgesellschaft bedeutet deshalb
auch, daß wir zunehmend für jene Zeitsparorganisationen und Technologien Dienste leisten müssen, die wir geschaffen haben, damit sie uns
zu Diensten sind. Genau in diesem widersprüchlichen und paradoxen
Phänomen liegt ein problematischer Effekt der Nonstop-Flexibilisie-
rung. Alle sind auf der Suche nach der (auch durch Arbeitszeitverkürzung vermeintlich) „gewonnenen Zeit". Und diese Suchenden können
sich nur schwer untereinander im Hinblick auf gemeinsame Interessen
koordinieren, denn das „kostet" wiederum Zeit. Zusätzlich erschwert
wird ein solcher Prozeß gemeinsamer Interessenskoordination und kol-
lektiven Handelns durch die mit dem Schlagwort der „Deregulierung"
besetzten Tendenzen der Erosion eines gesellschaftlichen und sozialen
Zeitkoordinatensystems (z. B. arbeitsfreies Wochenende). Ein solches
ist jedoch unverzichtbar, wenn soziales Leben erhalten bzw. entwickelt
werden soll. Nur unter der Bedingung, daß es Zeitmuster gibt, die mit-
tel- und langfristig Regeln folgen und damit voraussagbare Orientierungen bereitstellen (Kontinuitätsritus), ist gesellschaftliches und soziales Leben möglich. Der banale Schlagertext verrät es: „Warum hat die
Adelheid/heute für mich keine Zeit?" – eine Frage, die im Zeitalter flexibler Arbeits- und Lebensverhältnisse immer häufiger gestellt werden
muß.

Die Flexibilisierung der Zeitmuster verursacht soziale Kosten. Flexibilität bedeutet auch, nicht immer flexibel sein zu müssen, ansonsten
ist sie nur die Einfalt der Vielfalt. Nichts ist so unflexibel wie jemand,
der nur flexibel ist. Jene, die wirklich flexibel sind, müssen auch auf Flexibilität verzichten können. Denn nur dann ist man (zeitweise) von der
Zumutung befreit, die Zeit (und damit sich) permanent kontrollieren zu
müssen. Nicht in der weiteren Steigerung zeitlicher Wahl- und Hand-

25 lungsmöglichkeiten besteht der wirkliche Fortschritt, sondern in der Entwicklung von Urteilsfähigkeit im Hinblick auf Zeitmaße, die psychisches und physisches Wohlbefinden gewährleisten, die die Belastungen innerer und äußerer Natur verringern und die die sozialen Gemeinschaften stabilisieren.

Der Mensch ist Natur und ein Teil von ihr. Er ist in dieser Perspektive nicht frei. In ökologischer Sicht ist der Mensch grundsätzlich abhängig. Er ist gebunden an die Prozeßabläufe der Natur. Das merkt er spätestens beim Nahen des Todes. Obgleich die Zeit damit nicht untergeht, so geht doch die je spezifische Zeit eines Menschen zu Ende. Menschen leben in Zeitrhythmen, die durch die innere und durch die äußere Natur bestimmt werden (z. B. Tages- und Jahresrhythmen). Sie sind in ihrem zeitlichen Handeln notwendigerweise an die Zeitmuster des Lebendigen gebunden, wollen sie lebendig sein und auch lebendig bleiben.

Das spürt auch jeder noch so radikale Fast-food-Anhänger an der erfreulichen Tatsache, daß sich zwar das Essen beschleunigen läßt, die Verdauung aber nur in Ausnahmefällen. Wenn wir so schnell verdauen würden, wie wir essen, hätten wir permanenten Durchfall – und bei diesem ist ja nicht mit Zeitgewinn zu rechnen (eher ist das Gegenteil der Fall). Das menschliche Leben, das individuelle, das soziale und das gesellschaftliche, ist an solche Maße gebunden, die menschlicher Verfügungsgewalt ganz oder teilweise entzogen sind. Diese gilt es zu erkennen, zu akzeptieren und zu berücksichtigen. Die organismischen Zeitmaße, die biologischen Zeitprogramme im Menschen und die um ihn herum, sind mit den Anforderungen der Arbeit, der Familie, des Verkehrs, des Konsums usw. in einen synchronisierenden Einklang zu bringen. Multi-Temporalität darf nicht nur in der Vielzahl unverbundener Zeit-Erfahrungen bestehen, sondern muß die synchrone Koordination dieser miteinschließen. Wobei diese Leistungen der Synchronisation primär an ökologischen, nicht ausschließlich an ökonomisch-administrativen Kriterien festzumachen wären.[12]

Zukunftsfähige Zeiten

Da wir unsere Lebensweise immer stärker in eine selbstgemachte Ordnung einpassen, verlieren wir die Einsicht in den Schutz natürlicher Systemgesetze. Mit der Folge, daß wir diese übertreten und verletzen. Es ist ja inzwischen eine offensichtliche Tatsache, daß damit die

Lebenserhaltungssysteme gefährdet sind und immer weiter gefährdet werden. Die Erde und unsere Gesundheit sind nicht so robust, daß sie die Sünden der Ignoranz ihrer Bedingungen und die der Maß-Losigkeit ihrer Belastungen ständig kompensieren und korrigieren könnten. Dies belegen die Beiträge aus den unterschiedlichen Forschungssegmenten, die in diesem Buch abgedruckt sind, in eindrucksvoller Art und Weise.

Die von uns geschaffenen Instrumente zum Zweck der Beherrschung der Natur beherrschen inzwischen unsere eigene Natur mit ihren unbeabsichtigten und unerwarteten Effekten und „Neben"-Wirkungen (die in ihrer Größenordnung jedoch gar nicht nebensächlich sind). So z. B. sind vielerorts die Zeitverluste größer, die wir durch unser Bestreben nach Zeitgewinn provozieren, als diese selbst. Jeder Autounfall macht dies offensichtlich. Wir bemühen uns, die Zukunft zu beherrschen und regeln doch meist nur jene „Nebenfolgen", die diese Absicht mit sich bringt. Das, was wir heute „Politik" nennen, erschöpft sich in den meisten Fällen genau darin. „Jeder Fortschritt", so Musil, „ist ein Gewinn im einzelnen und eine Trennung im ganzen – es ist das ein Zuwachs an Macht, der in einen fortschreitenden Zuwachs an Ohnmacht mündet, und man kann nicht davon lassen." Und trotzdem: Versuchen wir, von dieser Art des „Immer und Überall Fortschritts" Abstand zu gewinnen.

Die *Rio Erklärung* und die *Agenda 21*[13] fordern eine solche Politik, die auf unser Thema konkretisiert zur Forderung führt, die Zeiten der Ökonomie denen der Natur anzunähern.[14] Die ausgearbeiteten ökologisch orientierten Lebensstil- und Politikkonzepte, die mit den Begriffen der „Nachhaltigkeit", der „Vorsorglichkeit" und der „Zukunftsverträglichkeit" argumentierten, zeigen in diese Richtung, ohne im Detail auf Fragen des Umgangs mit der Zeit einzugehen. Diesbezüglich gibt es wichtige Erkenntnisse in unserem Projekt „Ökologie der Zeit". Das Nonstop-Prinzip und das diesem zugrundeliegende, von allen Inhalten abstrahierte Maß der Uhrzeiten, lassen sich mit den Anforderungen an Nachhaltigkeit und ökologischer Einbettung nicht vereinbaren.

Nachhaltigkeit beinhaltet das Lebensprinzip des Weiterbestehens durch Reproduktion und es beruht auf Veränderung – auf Leben und Tod, Entstehen und Vergehen, d. h. auf inhalts- und kontextbezogener Rhythmik, Wiederkehr des Ähnlichen und Erneuerung. Mit dem Streben nach kontextunabhängiger Wiederkehr des Gleichen haben wir uns zu weit von einem wichtigen Grundprinzip des Lebens entfernt, um nachhaltig wirtschaften zu können. Daraus ableiten läßt sich die Forde-

27   rung nach einem Schutz der Vielfalt von Zeitformen. Es gilt die *temporale Vielfalt* (die der Natur und auch die der Kultur) zu erkennen, sie zu nutzen und es gilt, sie zu bewahren. Das *Monopol* der Uhrzeit hingegen überlagert diese Vielfalt und zerstört sie. Weitgehend unbemerkt verschwinden Zeitformen aus der gesellschaftlichen Zeitordnung, obgleich diese jedoch in der Natur zur Systemerhaltung und Systemstabilisierung unverzichtbar sind. So etwa der Rhythmus von Aktivität und Ruhe, der von Beginnen und Beenden, von Helligkeit und Finsternis. Zeittheorien haben wir genug, allein es fehlt eine der Zeitvielfalt, an der wir unsere ethischen Entscheidungen, welchen Wert wir den natürlichen und den ausdifferenzierten Zeitformen und Zeitmustern geben, festmachen. Auf dieser Basis ließen sich Konventionen zum Schutze von Zeitformen erarbeiten und Schutzgebiete ausweiten. (Warum sollte es nur Schutzgebiete für Spitzmaulnashörner geben und nicht auch für Zeitformen wie das „Trödeln", das „orientalische Dösen" oder das „großstädtische Flanieren"?) Die Uhrzeit ist die Zeit der Globalisierung, viele Zeitformen aber lassen sich nicht globalisieren, sie sind ortsgebunden. In diesen Zeiten der Globalisierung aber stehen sie unter massivem Druck. Die Vielfalt der Zeitformen ist nicht, wie wir es täglich versuchen, durch die Vielfalt von Kreditkarten problem- und folgenlos zu ersetzen.[16]

Ähnlich steht es um das vorsorgliche Wirtschaften – handelt es sich doch hier zentral um die zukunftsbezogene Pflege unserer Lebensverhältnisse. Vorsorge aber wird schwierig, tendenziell unmöglich, wenn wir es mit sinnentleerten, von innerer und äußerer Natur entfremdeten Zeitlichkeiten zu tun haben. Sorge ist immer objektbezogen, sie beinhaltet Sinn und Wert, sie ist nicht abstrakt, sondern konkret und partikular.

Nicht die Uhrenzeit (Technozeit), sondern die Systemzeiten der Ökosysteme, nicht Entleerung und Abstraktion, sondern Bezugnahme und Offenheit für die unzähligen Eigenzeiten unseres irdischen Daseins geben uns die nötigen Grundlagen zum nachhaltigen, vorsorglichen und zukunftsfähigen Handeln. Doch dürfen wir die heutige Situation nicht aus einer schlichten Entweder-oder Position heraus verstehen: Die Uhrzeit hat zweifelsohne ihre Vorteile. Als globales Phänomen umgürtet sie in Zeitzonen unsere Erde und schafft durch Zeitsignale gemeinsame Gegenwart für Städte, Dörfer und Objekte auf hoher See und im Weltraum. In den Computern wird ihre Abstraktion von den Naturzeiten fortlaufend praktiziert. Als maß-lose Zeit durchwirkt sie weltweit das gesellschaftliche Gewebe. Sie fördert das isolierende Verstehen. Das erklärt (wenigstens teilweise), warum sich trotz der offensichtlichen weltweiten Vernetzung das Denken in Gesamtzusammenhängen nicht gleichzeitig mit der Computernutzung verbreitet hat. Ganz im Gegenteil, die Entwicklung geht in die entgegengesetzte Richtung. Die Computervernetzung z. B. bringt eine Forcierung des Nonstop-Prinzips mit sich. Einerseits verlangt und fördert der Umgang mit den vernetzten Computern die kontinuierliche Bedienung: Durch die enorme Geschwindigkeit bleibt keine Zeit für Denkpausen und keine für distanzierte Reflektion; und da es auf der Welt immer irgendwo Tag ist, werden auch zu jeder Zeit (non-stop) Entscheidungen getroffen, die unserer Mitwirkung bedürfen. Andererseits wird im Computer eine eigene Welt geschaffen und simuliert, eine Realität unabhängig von lebender Umwelt und kosmischer Rhythmik.

Um Lebenszusammenhänge zu erfassen und vorsorglich und nachhaltig Zukunft zu schaffen und zu gestalten, müssen wir nicht nur die Technowelt und ihre Zeitmuster beherrschen, sondern auch Anschluß an unsere Leiblichkeit (wieder) finden, uns nicht lediglich im Kultur-, sondern auch im Naturzusammenhang begreifen. Wir sind genötigt, unsere komplexe vernetzte Zeitlichkeit zu erfassen und unsere Einbindung in die Naturzeiten im Zusammenhang mit der technischen Zeit und ihren isolierenden Auswirkungen zu sehen. Das Projekt *Ökologie der Zeit* – als ein Projekt verzeitlichter Ökologie – ist daher ein unentbehrlicher Schritt auf dem Weg zu einer nachhaltigen Zukunft und damit ein Schritt weg vom Prinzip der „Zeitkontrolle" und hin zu dem der „Verantwortung für die Zeiten und die Zukunft". Es ist ein Beitrag zu einer anderen Zeitkultur.

Literatur

[1] *Hegel, G.W.F.:* Anhang zur Jenaer Realphilosophie. In: *Ders.:* Frühe politische Systeme, Frankfurt/Berlin/Wien 1974, S. 332. – [2] Vgl. *Hohn, H.-W.:* Die Zerstörung der Zeit. Frankfurt 1984, sowie den Beitrag von *Nutzinger* und *Held* in diesem Band. – [3] *Rifkin, J.:* Uhrwerk Universum. München 1988, S. 10. – [4] *Koselleck, R.:* Neuzeit. Zur Semantik moderner Bewegungsbegriffe. In: Studien zum Beginn der modernen Welt. Stuttgart 1977, S. 279. – [5] *Sandgruber, R.:* Zeit der Mahlzeit. In: *Bringéns, N.-A. u.a.* (Hg.): Wandel der Volkskultur in Europa. Münster 1988, S. 459. – [6] Vgl. dazu insbesondere die detaillierte Studie von *Dohrn-van Rossum, G.:* Die Geschichte der Stunde. München 1992. – [7] Vgl. *Adam, B.:* Time and Social Theory. Cambridge 1990, S. 126-148. – [8] Vgl. dazu: *Biervert, B./Held, M.:* Time matters. Zeit in der Ökonomik und Ökonomik in der Zeit. In: *Dies.* (Hg.): Zeit in der Ökonomik. Frankfurt/New York 1995, S. 18-23. – [9] *Polanyi, K.:* The Great Transformation. Frankfurt 1978, S. 19f. – [10] Vgl. *Geißler, Kh. A./Dankerl, I./Orthey, A.:* Entwicklung, Begleitung und Auswertung neuer Formen gewerkschaftlicher Arbeit in Betrieb und Wohngebiet. München 1996. – [11] Vgl. *Jurczyk, K.:* Alltägliche Lebens-

führung und Zeit. In: Mitteilungen 5 des Sonderforschungsbereichs 333. München 1993. – [12] Dazu André Gorz: „Das Eigentümliche der quantitativen Bemessung ist nun, daß sie kein Prinzip von Selbstbegrenzung zuläßt. Ihr ist nicht nur die Kategorie des Genug fremd, sondern auch jene des Zuviel. Keine Menge kann, sobald sie zur Bemessung einer Leistung dient, zu groß sein; kein Unternehmer kann zuviel Geld verdienen und kein Arbeiter kann zu produktiv sein. Indem sie alles quantifiziert, um alles berechenbar zu machen, vernichtet die ökonomische Rationalisierung somit jedes Kriterium, das es ermöglicht, sich zufrieden zu geben mit dem, was man hatte, was man gemacht hatte oder sich zu tun vornahm." *Gorz, A.:* Kritik der ökonomischen Vernunft. Berlin 1989. – [13] *Quarrie, J.:* Earth Summit 92. The United Nations Conference on Environment and Development. London 1992. – [14] Vgl. dazu insbesondere auch den Beitrag von *S. Hofmeister* in diesem Band. – [15] *Schneider, M./Geißler, Kh. A./Held, M.* (Hg.): Zeitfraß. Sonderheft der Zeitschrift „Politische Ökologie". München 1995. – [16] Vgl. dazu besonders: *Geißler, Kh. A.:* Zeit. Weinheim/Berlin 1996, und *Geißler, Kh. A.:* Zeit leben. Berlin/Weinheim, 5. Auflage 1993.

Pausenlose Beschleunigung

Die ökonomische Logik der Entwicklung zur Nonstop-Gesellschaft

Die Zeit war über die Zeiten hinweg von Gott gegeben, auch wenn mit der Zeit zu allen Zeiten haushälterisch umgegangen werden mußte. In der Neuzeit wurde die Zeit zunehmend als die Ressource par excellence gesehen und die Gleichung „Zeit ist Geld" aufgestellt. In der industriellen Revolution führte diese Perspektive durch die massive Nutzung der in Jahrmillionen akkumulierten Kohlenstoffdepots zu einem ungeheuren Wachstums- und Beschleunigungsschub. Damit wurden zugleich die Voraussetzungen dafür geschaffen, daß man die natürlichen Rhythmen ignorieren und zur Pausen- und Ruhelosigkeit der Nonstop-Gesellschaft gelangen konnte. Dieser nicht unbegrenzt perpetuierbare „Zeitdiebstahl" unterminiert trotz technischen Fortschritts die zukünftigen Voraussetzungen des Wirtschaftens und ist damit langfristig auch ökonomisch nicht rational.

Zeit und Ewigkeit

„Die Zeit, die trennt nicht nur für immer Tanz und Tänzer,
die Zeit, die trennt auch jeden Sänger und sein Lied,
denn die Zeit ist das, was bald geschieht.
Die Zeit, die trennt nicht nur für immer Traum und Träumer,
die Zeit, die trennt auch jeden Dichter und sein Wort,
denn die Zeit läuft vor sich selber fort.
Zeit macht nur vor dem Teufel halt,
denn er wird niemals alt,
die Hölle wird nicht kalt.
Zeit macht nur vor dem Teufel halt,
heute ist schon beinah morgen.
Die Zeit, die trennt nicht nur für immer Sohn und Vater,
die Zeit, die trennt auch eines Tages dich und mich,

die Zeit, die zieht den längsten Strich.
Zeit macht nur vor dem Teufel halt [...]"
(Paul Ryan / M. Frances 1971)

In diesem Anfang der 70er Jahre populären Schlager von Barry Ryan klingt etwas an, das uns bereits in der mittelalterlichen Dichtung Dantes begegnet: die Persistenz des Bösen als einzige Kontinuität in der Zeit. In der Mitte seiner Lebenszeit wird Dante nicht mit einer *midlife crisis* konfrontiert, wie das heute wohl der Fall wäre. Er trifft vielmehr auf den (heidnischen) Dichter Vergil, der ihn sicher durch die Unterwelt, das „Inferno" geleitet. So erhält der mittelalterliche Mensch Dante in der Mitte seiner Lebenszeit einen Einblick in die von Gott bestimmte Ewigkeit.[1] Die Schreckensbilder der „Göttlichen Komödie" lassen etwas von der Heraufkunft der individuellen Autonomie des modernen Menschen ahnen. Und ebenso ist der Tod, das Ende irdischer Existenz und der Beginn des jenseitigen Lebens, mit Angst und Schrecken besetzt.

Obgleich noch eine ganz andere Lebenswelt vorherrschte und der (meist frühe) Tod ein ständiger Begleiter des Lebens war, scheint schon eine Vorahnung der späteren Verdrängung von Tod und Endlichkeit aufzuscheinen: In einer Wirtschaft und Gesellschaft wie der heutigen, in der ständige, pausenlose Nonstop-Aktivitäten höchst positiv bewer-

Dr. **Martin Held,** geb. 1950. Studium der Wirtschafts- und Sozialwissenschaften, Promotion 1980. 1980 bis 1983 wiss. Mitarbeiter im Projekt Sozialverträglichkeit von Energiesystemen in der Arbeitsgruppe Umwelt, Energie, Gesellschaft (AUGE), Universität Essen. Seit 1984 Studienleiter an der Evangelischen Akademie Tutzing für den Bereich Wirtschaft. 1992–1994 Mitglied der Enquete-Kommission „Schutz des Menschen und der Umwelt" des Deutschen Bundestags. Mitinitiator des Tutzinger Projekts „Ökologie der Zeit". Veröffentlichungen zu normativen Fragen der Ökonomie, Chemiepolitik sowie zur Ökologie der Zeit, u. a.: (Hg. zus. mit Bernd Biervert, jeweils Frankfurt) Das Naturverständnis der Ökonomik, 1994; Zeit in der Ökonomik, 1995; Die Dynamik des Geldes, 1996; (Hg. zus. mit Karlheinz Geißler, Stuttgart) Ökologie der Zeit 1993; Von Rhythmen und Eigenzeiten, 1995.

Dr. Martin Held, Evangelische Akademie Tutzing, Schloßstraße 2 + 4, 82327 Tutzing

33   tet werden, werden nicht nur Rhythmen mit ihren Ruhezeiten, es wird vor allem das *endgültige* Ende des Lebens zum Problem.[2]

Gottes Zeit – Drum kaufet die Zeit aus

Doch zurück in die Zeiten Dantes, in denen Zeit noch wie zuvor in der langen jüdisch-christlichen Tradition als Zeit Gottes verstanden wurde. Auch damals mußte mit der Zeit haushälterisch, wirtschaftlich umgegangen werden. Wenn Erntezeit war, mußten alle Haushaltsmitglieder die langen Sommertage über hart arbeiten. Ebenso war die Versorgungsarbeit im Haus während des ganzen Jahres zu leisten. Auch in den marktvermittelten Arbeitstätigkeiten war die Zeit wirtschaftlich bedeutsam, wie noch heute in den alten Begriffen „Tagwerk" und „Taglöhner" zum Ausdruck kommt.

Es bestand jedoch ein grundlegender Unterschied zum späteren Wirtschaften in der Zeit: Die Zeitabläufe waren noch kaum vom Menschen kontrollierbar; die natürlichen und kulturellen Rhythmen von Tag und Nacht, Wochen, Monaten und dem Jahresgang, die örtlichen Sonnenzeiten etc. prägten vor allem das Geschehen. Die maximal er-

Prof. Dr. **Hans G. Nutzinger,** geb. 1945 in Hauingen (Baden). Studium der Volkswirtschaftslehre in Heidelberg; dort auch Diplom (1968), Promotion (1973) und Habilitation (1976). Seit 1978 Professor für Theorie öffentlicher und privater Unternehmen an der Universität GH Kassel. Gastprofessuren in Bielefeld, Wien und Hamburg. Research Fellow am Wissenschaftskolleg zu Berlin (1992/93). Zahlreiche Buch- und Aufsatzpublikationen zur Ökonomik der Partizipation und der Unternehmung, zu Arbeitsbeziehungen in erwerbs- und nichterwerbswirtschaftlichen Unternehmen, zur Wirtschafts- und Unternehmensethik, zur Umweltökonomie und zur Ökologischen Ökonomie. Jüngste Veröffentlichungen: (mit H. Beyer und U. Fehr:) Unternehmenskultur und innerbetriebliche Kooperation. Wiesbaden: Gabler 1995; (Hg.:) Wirtschaftsethische Perspektiven II und III. Berlin: Duncker & Humblot 1994 u. 1996; (Hg.:) Zwischen Nationalökonomie und Universalgeschichte. Alfred Webers Entwurf einer umfassenden Sozialwissenschaft in heutiger Sicht. Marburg: Metropolis 1995; (Hg.:) Ökonomie der Werte oder Werte in der Ökonomie? Marburg: Metropolis 1996; (Hg.:) Naturschutz – Ethik – Ökonomie. Marburg: Metropolis 1996.

Prof. Dr. Hans G. Nutzinger, Simmershäuser Str. 101a, 34125 Kassel

reichbaren Geschwindigkeiten wurden durch die Zeitmaße der schnellsten Tiere bestimmt. Die Zeit, insbesondere auch die allzeit gefährdete Lebenszeit, „stand in Gottes Händen".

Früh entwickelte sich im Schoße der Periode, die im späteren Rückblick zu Unrecht als finsteres europäisches Mittelalter bezeichnet wurde, ein Zwillingspaar, das den Weg der allmählichen Lockerung dieser Bindung in der bürgerlichen Gesellschaft bereitete und später zur Kontrolle der Zeiten führte: Ende des 13. Jahrhunderts wurde die erste mechanische Uhr geschaffen. Zunächst nur mit einem Stundenzeiger die Zeit anzeigend, wurde diese in einem langen Innovationsprozeß weiterentwickelt, und sie verbreitete sich in allen europäischen Staaten. Damit konnte unabhängig von den jahreszeitlich variierenden Stunden die Zeit in *gleiche* Einheiten eingeteilt werden („gerade Stunden" benannt, im Unterschied zu den sich im Jahresgang ändernden „ungeraden Stunden"). Zusammen mit der gesellschaftlich definierten *Kalenderzeit* wurde diese *abstrakte Uhrenzeit* eine wichtige Voraussetzung für die spätere warenförmige Aneignung von Zeiten.[3]

Zur gleichen Zeit entwickelte sich in den damaligen wirtschaftlichen Zentren Europas (Oberitalien, Flandern etc.) die Geldwirtschaft.[4] Dieser Abstraktionsprozeß, in dem vom Gebrauchswert der Waren losgelöst der Tauschwert über alle Waren hinweg vergleichbar gemacht wurde und in dem Geld als besondere Ware die maßgebliche wirtschaftliche Recheneinheit *(numéraire)* wurde, steht in engem Zusammenhang mit der Abstraktion der Zeiten. Denn die Verläßlichkeit und Vergleichbarkeit über die Zeiten und Räume hinweg ist eine wichtige Voraussetzung der sich in den städtischen Zentren und dem Fernhandel herausbildenden *Rechenhaftigkeit* des Wirtschaftens, etwa in Form der immer weiterentwickelten doppelten Buchführung, in Form von Versicherungen und einer ausgebildeten Kreditwirtschaft.

Wir sind gut beraten, diesen Vorgang nicht mit der Brille der Späteren (ex post) als geradlinigen und einfachen Prozeß zu verstehen. Es dauerte vielmehr einige Jahrhunderte, bis diese Entwicklungen so weit herangereift waren, daß sie die gesamte Wirtschaft erfaßten. Damit hat zu tun, daß ethisch-normativ bis weit in die Neuzeit hinein die Zeit der direkten warenförmigen Bewirtschaftung entzogen war. Noch bei Luther wurde die Zeit als „gottgegeben" verstanden, und damit war ihre ungebremste wirtschaftlich profitable Verwertung noch nicht zulässig.[5] So erkannte er z. B. auf der einen Seite keinen Wucherzins als Anspruch auf entgangenen Gewinn *(lucrum cessans)* an. Auf der anderen Seite wird als Ausdruck calvinistischer Wirtschaftsgesinnung das bereits bei Paulus

35 formulierte Wort „Drum kaufet die Zeit aus" (in anderer Übersetzung „Nutzet die Zeit") stärker betont. Da uns von Gott nur begrenzt Lebenszeit gegeben ist, ist nach dieser Auffassung gerade mit der Zeit als dem knappen Gut par excellence haushälterisch umzugehen.

Die sinnvolle Nutzung der Zeit wird in der Folge zunehmend über die religiöse Sphäre hinausgehend zur ethischen und sogar zur juristischen Pflicht: Während z. B. im Mittelalter Bettelei noch als Gelegenheit zu gottgefälligen Taten der Nächstenliebe betrachtet und sogar in eigens gegründeten „Bettelorden" betrieben wurde, wird sie im 17. und 18. Jahrhundert zum Kriminaldelikt, das die Einweisung in Arbeitshäuser (mit striktem Zeitreglement) nach sich zieht. Die Kontrollierbarkeit der Zeiten durch die erfolgreiche Abstraktion der Uhren- und Kalenderzeiten und der dazu gehörigen Techniken führt in der Konsequenz zur Kontrolle der (arbeitenden) Menschen durch Kontrolle über die und durch die Zeit.[6] Strikte Fabrikordnungen, Sirenen, z. T. drakonische Strafen bei minimalen Verstößen, wie Verspätungen u. ä., waren Ausdruck eines jahrhundertelangen Kampfs um die Verfügung über die Zeit.

Zeit ist Geld

> „Bedenke, daß die *Zeit Geld* ist: wer täglich zehn Schillinge durch seine Arbeit erwerben könnte und den halben Tag spazieren geht, oder auf seinem Zimmer faulenzt, der darf, auch wenn er nur sechs Pence für sein Vergnügen ausgibt, nicht dies allein berechnen, er hat nebendem noch fünf Schillinge ausgegeben oder vielmehr weggeworfen."[7]

„Zeit ist Geld" – dieses zwischenzeitlich geflügelte Wort von Benjamin Franklin faßt die nunmehr säkularisierte ethische Verpflichtung eines wirtschaftlich rationalen Umgangs mit der Zeit sehr schön zusammen. Durch Max Weber wurde dieses nur knappe Schreiben von Franklin „an einen jungen Handelsmann" berühmt, indem er es in seiner *Protestantischen Ethik* als ein Dokument anführte, das den „Geist des Kapitalismus [...] in nahezu klassischer Reinheit enthält". Weber pointiert klar und prägnant den wesentlichen Aspekt dieser Maxime:

> „In der Tat, daß hier nicht einfach Lebenstechnik, sondern eine eigentümliche ‚Ethik' gepredigt wird, deren Verletzung nicht nur als Torheit, sondern als eine Art von Pflichtvergessenheit behan-

delt wird: dies vor allem gehört zum Wesen der Sache. Es ist nicht nur ‚Geschäftsklugheit', was da gelehrt wird – dergleichen findet sich auch sonst oft genug –: es ist ein *Ethos,* welches sich äußert, und in eben dieser Qualität interessiert es uns."[8]

Auch wenn die calvinistische Tönung noch nachschwingt, steht nunmehr die warenförmige Vorstellung der Zeit in ihrer normativen Grundausrichtung im Vordergrund: Wirtschaftlich rational ist es im normativen Sinn, die Zeit in der Produktion bzw. Arbeit möglichst effizient zu nutzen. Diese normative Anweisung ist unmittelbar in den Begriff *businessman* eingegangen (jemand, der eilig, geschäftig, emsig ist). Es entspricht den Erfordernissen der damaligen Zeit zu Beginn des aufsteigenden Kapitalismus, daß die ethische Ausrichtung ausschließlich auf die Seite der Produktion/Arbeit bezogen wird und (noch) nicht den Konsum umschließt, da das Sparen als Voraussetzung der Kapitalakkumulation im Vordergrund stand.

„Remember that Time is money" – diese Beziehung sollte in *beide* Richtungen gelesen werden: Nicht nur ist Zeit wertvoll und in Geld ausdrückbar, sondern umgekehrt gilt: Geld ist ein Ausdruck der Zeitknappheit; der Wert des Geldes bemißt sich durch die Kontrolle über Zeit. Die Veränderungen des Wirtschaftens, die mit der Abkehr von den früheren Vorstellungen der Gottgegebenheit der Zeit einhergingen, spielten bei den Klassikern der Ökonomik wie Adam Smith und Ricardo bis hin zu Karl Marx eine bedeutende Rolle: In der von ihnen vertretenen Arbeitswertlehre wird der Wert der Güter (und damit auch der des Geldes) durch die in die Waren direkt und indirekt eingehende gesellschaftlich notwendige *Arbeitszeit* bestimmt. Daß sich nach Marx (und Engels) alle Ökonomie in „Ökonomie der Zeit" auflöst – im Sozialismus ebenso wie im Kapitalismus –, ist eine Konsequenz dieser neuen Zeitauffassung.

Es gibt eine sehr merkwürdige Verbindung zu Dantes *Divina Commedia:* In seinem gegen die italienischen Antiautoritanier gerichteten Artikel „Von der Autorität" schreibt Engels seine fatalen Äußerungen: „Wenigstens was die Arbeitsstunden betrifft, kann man über die Tore dieser [sozialistischen] Fabriken schreiben: Laßt alle Autonomie fahren, die Ihr eintretet!"[9] – Dantes Inschrift am Eingang zum *Inferno* nur leicht verändert am Tor der befreiten sozialistischen Fabrik! Besteht etwa ein tieferer Zusammenhang zwischen der epochenübergreifenden Herrschaft der (Arbeits-)Zeit und der angesprochenen Verdrängung des Todes als dem endgültigen Ende?

37　　　Verlassen wir diese problematische Seitenlinie der Arbeitswertlehre, und fahren wir in der Darstellung der Entwicklung der ökonomischen Zeitlogik und deren Verarbeitung in der ökonomischen Wissenschaft fort. Es geht in der sich entwickelnden Industrie und der darauf bezogenen theoretischen Aufarbeitung nicht nur um die sinnvolle Nutzung der Zeit in einem technisch-effizienten Sinn. Vielmehr ist eine Zielrichtung – wie bereits angedeutet – die *personale Kontrolle:* Die Wirtschaftssubjekte wurden in der bürgerlichen Gesellschaft frei („Stadtluft macht frei"). Zugleich übereigneten sie jedoch ihre persönliche Zeit für die Dauer der bezahlten Arbeitszeit dem Unternehmer. Allgemein formuliert: Unter dem „Kommando des Kapitals" und höchst persönlich unter dem Kommando des Kapitalisten teilt sich der Arbeitstag in bezahlte und unbezahlte Arbeitszeit auf.

Dieses personale Element der Kontrolle von Zeit wurde offenbar auch von vielen Arbeitern so empfunden: „Zerschossene Kirchturmuhren" sind ein Ausdruck der Julirevolution 1831; der Kampf um eine gesetzliche Beschränkung der Länge des Arbeitstages (im Vereinigten Königreich das „Zehnstunden-Gesetz") wird zur zentralen politischen Forderung der Arbeiter und später der Gewerkschaftsbewegung im 19. und 20. Jahrhundert.

Industrielle Revolution – Wirtschaftlicher *take-off* aufbauend auf Zeitdiebstahl

Bei den Klassikern der Ökonomik wurden die auf der gesellschaftlich abstrahierten Uhren-/Kalenderzeit und der abstrakten Ware Geld als Recheneinheit zur Vergleichbarkeit aller anderen Waren aufbauende Rechenhaftigkeit und Warenförmigkeit bereits als selbstverständlich vorausgesetzt. In ihrer Arbeitswertlehre wurde die zentrale Bedeutung dieser gesellschaftlich abstrahierten Zeit direkt zum Ausdruck gebracht.

Für die damaligen Zeitgenossen war die wirtschaftliche Dynamik, für uns im Rückblick so selbstverständlich, erstaunlich und faszinierend. Das Abheben *(take-off)* in der industriellen Revolution hat ebenfalls direkt mit der Zeit, präziser formuliert: mit „Zeiten", zu tun. Zur Erinnerung an die wichtigsten Momente dieses „Durchstartens": Die wirtschaftliche Expansion und das damit einhergehende Bevölkerungswachstum führten in den weiter entwickelten Staaten wie England im 17. und 18. Jahrhundert zur Knappheit des zentralen Rohstoffs Holz. Befürchtungen, daß die soeben begonnene wirtschaftliche Dynamik aufgrund der natürlichen Grenzen bereits in wenigen Generationen an ihr „natürliches Ende" kommen würde, waren nicht nur für Malthus bestimmend. Auch der Gründervater der modernen Wirtschaftswissenschaft, Adam Smith, hatte bereits in seinem grundlegenden Werk „Wohlstand der Nationen" (1776) auf die Notwendigkeit eines „progressive state" hingewiesen und den stationären Zustand einer nicht mehr weiter wachsenden Wirtschaft als „trübe" („dull") bezeichnet.[10]

Der Durchbruch, die Überwindung des befürchteten „Flaschenhalses" kam mit der Verbesserung der Verhüttungstechniken für Kohle und der Erfindung und fortlaufenden Verbesserung entsprechender Maschinen und Techniken: Zunächst die Dampfmaschine und später die Eisenbahn veränderten die Wirtschaft und das Leben von Grund auf. Die bis dahin unüberwindbare Bindung an die Kräfte und Geschwindigkeiten von Mensch und Tier und an die aktuell verfügbare Sonnenenergie (einschließlich abgeleiteter Formen wie Wind- und Wasserkraft etc.) wurde aufgehoben.

Bereits damals war den Beteiligten die Tragweite der Veränderung bewußt: Was vorher das Holz der oberirdischen Wälder als Zentralressource bedeutete, das konnte nun in Form des „unterirdischen Waldes" (Peter Sieferle) vom Menschen genutzt werden, wie der brandenburgische Jurist Bünting bereits 1693 schrieb:

> „Anietzo aber hat es das Ansehen / als wenn der Höchste auch auffs neue vor uns sorge / und mit einem sylva subterranea, oder unterirdischen Walde der Steinkohlen gnädigst beschencken wolle."[11]

Mit der Substitution des nachwachsenden Holzes „durch die in der *Steinkohle gespeicherte Sonnenergie von Jahrmillionen*"[12] wurde die Grundlage der industriellen Revolution und des Durchbruchs zur Marktgesellschaft, zum modernen Kapitalismus geschaffen. Die Naturproduktivität der langfristig akkumulierten Zeit wurde in eine kurzfristige Beschleunigung des gesamten Wirtschaftens ebenso wie der Verkehrsverhältnisse umgewandelt.

Die Maxime „Zeit ist Geld" konnte nun, zumindest für eine gewisse Frist, befreit von den natürlich vorgegebenen Zeitmaßen durch die Nutzung der in den Steinkohlelagern enthaltenen materialisierten Zeiten im 19. Jahrhundert voll zur Geltung kommen. Damaligen Zeitgenossen war bereits nach zwei bis drei Generationen schnell steigenden Kohleverbrauchs bewußt, daß es sich im Unterschied zur Ressource Holz um eine erschöpfliche Ressource handelt, jedenfalls gemessen

39 an den Zeitskalen der Nutzung durch den Menschen. So warnte der berühmte englische Ökonom Jevons in seinem Werk „The Coal Question" bereits 1865 vor dem zu schnellen Verbrauch dieser Ressource und der damit bestehenden Gefahr, daß die Grundlagen der britischen Wirtschaft im Wortsinne „untergraben" würden.[13]

Obgleich dieses Buch in Großbritannien große Aufmerksamkeit auf sich zog und beispielsweise zur Einsetzung einer besonderen Parlamentskommission führte, wurde seine Warnung im 20. Jahrhundert durch die Nutzung der akkumulierten Zeit des vergleichsweise billigen Erdöls, später ergänzt durch Erdgas, für weitere Jahrzehnte übertönt. Erst sehr viel später brachte die neuerliche Debatte um „Die Grenzen des Wachstums" seit Beginn der 70er Jahre diese Frage erneut auf die Agenda.[14] In der aktuellen Diskussion um eine nachhaltig zukunftsverträgliche Entwicklung *(substainable development)* wird aber noch nicht genügend beachtet, daß es sich dabei um eine Form des *Zeitdiebstahls,* bezogen auf die vergangenen Jahrmillionen handelt: In nur wenigen Menschengenerationen werden die in Jahrmillionen gebildeten, für uns Menschen nutzbaren Kohlenstoffdepots entwertet und verbraucht sein. Dieses Aufzehren des Naturkapitals ist zugleich eine Form des Zeitdiebstahls bezogen auf *zukünftige Generationen,* denen diese gespeicherten Zeiten dann nicht mehr als Energie- und Stoffquelle zur Verfügung stehen.

Pausenlose Beschleunigung

Die in Gang gesetzte wirtschaftlich-technische Dynamik induzierte fortlaufend weitere Neuerungen mit weitreichenden Folgen. Zunächst weniger beachtet, da im Schatten der Dampfmaschine entwickelt, wurde zu Beginn des 19. Jahrhunderts die Gasbeleuchtung erfunden, durch die der alte Traum von der kontrollierten und beständigen Verwendung des Lichts ansatzweise realisiert werden konnte. Die Erfindung der elektrischen Beleuchtung durch Edison in der zweiten Hälfte des 19. Jahrhunderts brachte dann vollends den Durchbruch zur schaltbaren Helligkeit.

Diese „Beleuchtungsrevolution" hatte ähnlich wie die Kraft- und Beschleunigungsmaschinen weitreichende Veränderungen des Wirtschaftens und der Lebensverhältnisse zur Folge:[15] Man war nicht mehr länger an den Tag-Nacht-Rhythmus gebunden, sondern konnte im engsten Wortsinn das Motto der neuen Zeit – Aufklärung / *enlightenment* –

realisieren und auch die Nacht zum Tage machen. Oder in der Formulierung eines berühmt gewordenen Werbespruchs: „Hell wie der lichte Tag"! Schichtarbeit konnte sich nunmehr in großem Maßstab ausbreiten. Kombiniert mit der Verbesserung der Heizungstechniken ermöglichte dies ferner, daß in den nördlichen Breiten auch in der winterlichen Zeit der langen Nächte und großen Kälte die Arbeitszeiten durchgängig hoch bleiben konnten.

Mit Techniken wie der zentralen Wasserversorgung konnte Wasser als weitere zentrale Ressource unabhängig von den Jahreszeiten und vom Wetter in den Gebäuden rund ums Jahr kontinuierlich angeboten werden. Fließgewässer wurden kanalisiert, um sich von den Unregelmäßigkeiten natürlicher Wasserführung soweit wie möglich unabhängig zu machen. Ökonomisch betrachtet ergibt sich dadurch eine stärkere Ausnutzung der investierten Kapazitäten sowie eine intensivere Nutzung der Zeiten auch im privaten Bereich.

Die Grundtrends zur Beschleunigung und zur Pausenlosigkeit laufen nicht isoliert nebeneinander her, es bestehen zwischen ihnen vielmehr *innere Zusammenhänge:* So ergab sich aus der Ausdehnung der Eisenbahnen und deren Beschleunigung im 19. Jahrhundert die Notwendigkeit, die bis dahin immer noch üblichen Ortszeiten (die der Sonnenzeit entsprachen, aber in 24 einheitliche Stunden aufgeteilt waren) über größere Entfernungen hinweg zu vereinheitlichen. Dies führte zu einer die ganze Welt umspannenden Einteilung von Zeitzonen. Diese Standardisierung ist für eine Nonstop-Gesellschaft Voraussetzung, in der Informationen und Finanzströme Tag und Nacht über den Erdball bewegt werden.

Die Beschleunigung der Verkehrssysteme ermöglicht zusammen mit der Entwicklung von Konservierungstechniken ein jahreszeitunabhängiges Angebot von eigentlich saisonalen Obst-, Gemüse- und anderen Nahrungsmitteln. Vergleichbares gilt für Kommunikationssysteme und von allen Rhythmen losgelöste Finanzdienstleistungen.

Die zugrundeliegende ökonomische Logik

Die warenförmige Nutzung der Zeit führte zu einer weitreichenden Beschleunigung aller Lebensbereiche und aller Sektoren des Wirtschaftens. Dies ist – wenn Zeit überhaupt in den Blick kommt – heute bereits ganz geläufig. In gleicher Zeit mehr produzieren zu können, größere Strecken zurückzulegen etc., erhöht die Produktivität und wird

41 demzufolge dann realisiert werden, wenn die der Beschleunigung gegenüberstehenden Aufwendungen nicht größer sind als der „Zeitgewinn".

Genauso folgenreich ist – wie aufgezeigt – der mit der Beschleunigung verknüpfte Trend zur Pausenlosigkeit der Nonstop-Gesellschaft. Wirtschaftlich nicht genutzte oder auch nur weniger intensiv genutzte Zeiten aller Art werden in der warenförmigen Nutzungsperspektive von Zeit als Potentiale für weitere mögliche Produktivitätssteigerungen angesehen. Pausen sind in dieser Perspektive zunächst einmal nicht die Voraussetzung für spätere Produktivität, sie werden vielmehr vor allem als Rationalisierungsreserven gesehen:[16] So sind etwa Zeiten, in denen Produktionsanlagen und Maschinen bisher stillstanden, ein Potential für eine höhere Auslastung des Kapitalstocks durch Ausdehnung der Maschinenlaufzeiten und Einführung zusätzlicher Schichten; Baumaterialien und Farben für Außenanstriche, die witterungsbeständig sind, erlauben es, sich zum Teil von den jahreszeitlichen Rhythmen und den „Launen des Wetters" am Bau abzukoppeln; Vergleichbares gilt in der Landwirtschaft bis hin zu beleuchteten Traktoren und Erntemaschinen.

Bei Benjamin Franklin war die Maxime „Zeit ist Geld" noch auf den Bereich von Produktion und Arbeit begrenzt. Mit der Steigerung der Massenkaufkraft nach dem Zweiten Weltkrieg – an der wiederum der Verbrauch der im billigen Erdöl enthaltenen Zeiten maßgeblichen Anteil hatte – wurde diese Maxime zunehmend auf den Bereich der privaten Haushalte erweitert: Die Zeit ist im Privatleben ebenso wie in den Bereichen der Wirtschaft möglichst effizient und gewinnbringend zu nutzen. Immer mehr „zeitsparende Geräte" wurden und werden dementsprechend von den Haushalten gekauft.

Doch die damit geweckten Hoffnungen auf Zeitgewinn trogen; das Leben wurde dadurch insgesamt keineswegs entspannter. Ganz im Gegenteil: Wie Linder in dem nach ihm benannten „Paradox" bereits zu Beginn der 70er Jahre formulierte – einer aus heutiger Sicht noch vergleichsweise geruhsamen Zeit! –, geraten die „Zeitsparerinnen und Zeitsparer" um so mehr in Hetze, je mehr sie versuchen, „Zeit zu sparen".[17] Bei näherer Betrachtung ist dies jedoch nicht „paradox", sondern ganz folgerichtig: Je mehr wir in einer Zeiteinheit verrichten können, auf um so mehr Aktivitäten müssen wir – dieser Logik zufolge – „verzichten", die man in dieser Zeitspanne ebensogut unternehmen könnte. Bei dieser ökonomischen Betrachtungsweise von „Opportunitätskosten der Zeit" wird die Eigenwertigkeit der Zeiten, also ihr intrinsischer Anteil, völlig außer acht gelassen.[18]

Die wirtschaftliche Dynamik brachte wichtige neue Möglichkeiten der Lebensentfaltung mit sich und führte zu einer zuvor nicht geahnten lang anhaltenden wirtschaftlichen Prosperität. Beschleunigung und Pausenlosigkeit sind bis heute wichtige Momente dieser Dynamik. Diese Trends sind indessen nur auf kürzere Sicht wirtschaftlich „rational", da dabei der Zeitdiebstahl durch das Aufzehren der in Jahrmillionen gebildeten Kohlenstoffdepots sowie anderer Formen des Naturkapitals außer acht gelassen wird. Würde man ein derartiges Verhalten beim Umgang mit Anlagen-/Sachkapital (Produktionsanlagen etc.). zeigen, so hieße dies, daß man nicht für Abschreibungen vorsorgt und Anstrengungen für neue Produktionstechniken unterläßt; das wäre aber offenkundig ein ganz und gar unwirtschaftliches Verhalten. Nicht anders verhält es sich jedoch bei dem Umgang mit Naturkapital.[19]

Pausenlosigkeit als ökonomisches Ideal übersieht, daß Ruhephasen nicht einfach „unproduktiv" sind, sondern ihrerseits Voraussetzung für die künftige Produktivität.[20] Dies gilt auch für unsere eigene innere Natur, wenn z. B. unser Bestreben, die Zeit möglichst „effizient" zu nutzen, bis hin zur selbstschädigenden Zeitausbeutung führt, mit Schlafdefiziten, zu langen Phasen ohne Muße oder aktivistischer Konzeptionslosigkeit.[21]

Darüber hinaus schafft unsere Tendenz zu immer noch höheren Geschwindigkeiten und Pausenlosigkeit ein Problem, das in seiner ökonomischen Tragweite noch kaum verstanden wird, geschweige denn die gebührende Beachtung findet. Wird Beschleunigung zu weit getrieben, so fehlt die Zeit, das Prinzip von Versuch und Irrtum noch anzuwenden, auf dem die technische Entwicklung in der Menschheitsgeschichte so erfolgreich aufbaute. Es fehlen Zeiten, in denen man „in Ruhe" Erfahrungen sammeln und gegebenenfalls aus den Fehlern lernen kann.

Es steht eine Umorientierung des Wirtschaftens in Richtung *sustainable development* an, durch die der beschriebene Zeitdiebstahl an ein Ende kommt und die Reproduktionszeiten der Natur – unserer inneren Natur wie der äußeren – ökonomisch wieder beachtet werden. Ein Teil davon ist, die Rhythmik des Lebens zu verstehen und zu akzeptieren. Die Anerkennung des Todes als Teil des Lebenszusammenhanges in der Kette des Lebens über die Generationen hinweg gehört dazu.[22] Diese Anerkennung wird uns nicht leicht fallen, das ist gewiß, aber die Freude an den Rhythmen des Lebens und deren Vielfalt kann uns ihr näher bringen. Wenn wir unser Leben weniger in effizienter Auspressung jeder Minute, sondern eher im Einklang mit dem Rhythmus der inneren und

43   äußeren Natur führen, sind wir weniger darauf angewiesen, den Tod als Ende der Lebenszeit in geschäftiger Aktivität zu verdrängen.

Literatur

[1] *Dante, Alighieri:* La Divina Commedia (1307–21) Neudruck Mailand 1988, hier: Prima Cantica, Canto Primo. Interessant ist in diesem Zusammenhang ein Fehlzitat von *Karl Marx* in „Das Kapital", Band 1. Er schreibt „dem großen Florentiner" ein Motto zu, das auch für ihn selbst und sein Werk gelten soll: „Segui il tuo corso, e lascia dir le genti" (Geh Deinen Weg, und laß die Leute reden). Tatsächlich ist es aber in der „Divina Commedia" Vergil, der dem zaudernden Dante zuruft: „Vien dietro a me, e lascia dir le genti" (Komm hinter mir her, und laß die Leute reden) (Cantica Seconda, Canto Quinto, Verso 13). Da Marx sonst Dante korrekt zitiert, ist dieses Fehlzitat bemerkenswert – vielleicht eine versteckte Aufforderung an den Leser, ihm (Marx) zu folgen? – [2] Dazu siehe *Gronemeyer, M.:* Das Leben als letzte Gelegenheit. Sicherheitsbedürfnisse und Zeitknappheit. Darmstadt 1993. – [3] *Dohrn-van Rossum, G.:* Die Geschichte der Stunde. Uhren und moderne Zeitordnungen. München / Wien 1992. – [4] *North, M.:* Von Aktie bis Zoll. Ein historisches Lexikon des Geldes. München 1995. – [5] Siehe beispielsweise *Luther, M.:* Von Kauffshandlung und Wucher (1524). Neudruck in: Hutten – Müntzer – Luther. Bd. 2: Luther. Berlin – Weimar, S. 182–242, 1970. – [6] *Bauer, L. / Matis, H.:* Geburt der Neuzeit. München 1988; insgesamt zu diesem Kapitel siehe *Hohn, H. W.:* Die Zerstörung der Zeit. Wie aus einem göttlichen Gut eine Handelsware wurde. Frankfurt am Main 1984. – [7] *Franklin, B.:* Advice to a Young Tradesman, Written by an Old One. In Writings. New York, Literary Classics, S. 320–322, 1987 (Orig. 1748); Übersetzung nach *Weber, M.:* Die protestantische Ethik I. (Hg.) *J. Winckelmann.* Hamburg, S. 40, 1973 (Orig. 1905). – [8] *Weber, M.* a. a. O., S. 42, Hervorhebungen i. O. – [9] *Engels, F.:* Von der Autorität (1873). In: MEW 18, S. 305–316. – [10] *Smith, A.:* The Wealth of Nations. Glasgow Edition 1976, I.VIII.43 (Orig. 1776). – [11] *Bünting, J. P.:* Sylva Subterranea, oder Vortreffliche Nutzbarkeit des Unterirdischen Waldes der Steinkohle. Halle 1693. Hier zitiert nach *Sieferle, R. P.:* Der unterirdische Wald. Energiekrise und industrielle Revolution. München, S. 11, 1982; dieses Buch ist insgesamt zur Thematik sehr prägnant. – [12] *Nutzinger, H. G.:* Von der Durchflußwirtschaft zur Nachhaltigkeit – Zur Nutzung endlicher Ressourcen in der Zeit. In: *Biervert, B. / Held, M. (Hg.):* Zeit in der Ökonomik, Perspektiven für die Theoriebildung. Frankfurt am Main / New York, S. 207–235, 1995. – [13] *Jevons, W. St.:* The Coal Question. An Inquiry Concerning the Progress of the Nation, and the Probable Exhaustion of our Coal-Mines. London / Cambr. 1865. Anzumerken ist jedoch, daß dies in seinen theoretischen Schriften nicht berücksichtigt wurde. – [14] *Meadows, D. H. et al.:* The Limits to Growth. New York 1972 (dtsch.: Die Grenzen des Wachstums. Stuttgart 1972). Auffällig ist, daß den Autoren dieses berühmt gewordenen Buchs die Arbeit von Jevons nicht geläufig ist. – [15] *Melbin, M.:* Night as Frontier. Colonizing the World after Dark. New York 1987. – [16] Zur Bedeutung der Wochenenden in diesem Kalkül siehe *Rinderspacher, J. P. et al. (Hg.):* Die Welt am Wochenende. Entwicklungsperspektiven der Wochenruhetage – Ein interkultureller Vergleich. Bochum 1994. – [17] *Linder, St. B.:* Das Linder-Axiom oder warum wir keine Zeit mehr haben. Gütersloh 1971 (Orig.: The Harried Leisure Class. New York / London 1970). – [18] *Biervert, B. / Held, M.:* Time matters – Zeit in der Ökonomik und Ökonomik in der Zeit. In: *Dies. (Hg.):* Zeit in der Ökonomik. Perspektiven für die Theoriebildung. Frankfurt / New York, S. 7–32, 1995; *Scherhorn, G.:* Güterwohlstand versus Zeitwohlstand. In: *Biervert / Held*, S. 147–168. – [19] Zu den ökonomischen Grenzen der Beschleunigung *Backhaus K. / Bonus H. (Hg.):* Die Beschleunigungsfalle oder der Triumph der Schildkröte. Stuttgart 1994. – [20] *Geißler, Kh. A.:* Eingestaubte Zeiten – Zur Produktivität diskriminierter Zeitformen. GAIA (5), no. 3-4, S. 183–186, 1996. – [21] Dies sind nicht irgendwelche zufällig gewählten Beispiele. Vielmehr folgt aus der „Theorie der Zeitallokation" des Nobelpreisträgers Gary Becker, daß man bei steigendem Einkommen kürzer schlafen sollte: *Becker, G.:* A Theory of the Allocation of Time. The Economic Journal, S. 459–517, 1965. – [22] *Zahrnt, A.:* Zeitvergessenheit und Zeitbesessenheit der Ökonomie – und ihre ökologischen Folgen. In: *Held, M. / Geißler, Kh. A. (Hg.):* Ökologie der Zeit. Stuttgart, S. 111–120, 1993.

Wolfgang König

Fast food

Zur Ubiquität und Omnitemporalität des modernen Essens

Das moderne Essen hat sich von naturalen und sozialen Rhythmen gelöst und bildet ein Element unserer heutigen Nonstop-Gesellschaft. Konservierungstechniken und die Globalisierung der Nahrungsmittelversorgung stellen Lebensmittel saisonunabhängig für den Verbraucher bereit. Die Mahlzeiten finden immer weniger zu festen Zeiten an bestimmten Orten statt; stattdessen ist das Essen zu einer ubiquitären und omnitemporalen Handlung geworden. Fast food läßt sich als Sammelbegriff für das moderne Essen begreifen. Fast food gibt es heute überall auf der Welt; am frühesten und am meisten hat es in den USA Verbreitung gefunden. Fast food ist ein Produkt der Mobilisierung der amerikanischen Gesellschaft – durch Landerschließung, Automobil, Automatenangebote, Konstruktion von Kühlketten. Die globale Verbreitung von Fast food ist gleichermaßen Ausdruck des allgemeinen Industrialisierungsprozesses wie einer Amerikanisierung der Welt.

Prof. Dr. **Wolfgang König,** geb. 1949 in Pirmasens. Studium der Geschichte, Geographie, Soziologie und Politik in Saarbrücken. 1977 Wissenschaftlicher Referent für Technikgeschichte und Technikbewertung beim Verein Deutscher Ingenieure in Düsseldorf. Seit 1985 Professor für Technikgeschichte an der Technischen Universität Berlin, Sprecher des dortigen Zentrums Technik und Gesellschaft. Zahlreiche wissenschaftliche Arbeiten zur Technikgeschichte, zur Geschichte der Ingenieurwissenschaften, Bildungsgeschichte und Technikbewertung. U.a. Hrsg. der 5bändigen Propyläen Technikgeschichte. Arbeitet zur Zeit an einer Geschichte der Konsumgesellschaft.

Prof. Dr. Wolfgang König, TU Berlin, TEL 12-1, Ernst-Reuter-Platz 7, 10587 Berlin

Der zentrale Begriff, welcher populäre Tendenzen bei Lebensmitteln und der Ernährung in der neuesten Zeit kennzeichnet, ist jener des Fast food. In seiner Allgemeinheit steht er für Charakteristika des „modernen" Essens schlechthin, von denen sich Kritiker mit dem Gegenbegriff „Slow food" absetzen. Trotz seiner weiten Verbreitung ist die Bedeutung von „Fast food" nicht sehr klar. Abgrenzungen bereiten erhebliche Schwierigkeiten. In seiner allgemeineren Bedeutung benennt der Begriff industriell hergestellte Lebensmittel, die entweder unmittelbar verzehrfertig sind oder mit geringem Aufwand, z. B. durch Aufwärmen in der Mikrowelle, für den Verzehr zugerichtet werden können. Die erste Gruppe reicht vom Schoko-Riegel bis zum Joghurt im Plastikbecher. Zur zweiten Gruppe gehören alle Fertig- oder Schnellgerichte – in Konserven oder tiefgefroren. Die Bequemlichkeit der Zubereitung findet sich in der Bezeichnung „Convenience food". In einer engeren Bedeutung meint Fast food diejenigen Gerichte, die Fast-food-Stände und Restaurants oder Schnellimbisse in Minutenfrist nach der Bestellung ausgeben. In diesen Zusammenhängen tauchte der Begriff um die Mitte der 50er Jahre erstmals in den USA auf. Deswegen wird Fast food häufig nur auf die Angebote amerikanischer Ketten bezogen, wie den Big Mac oder den Cheeseburger, doch finden diese eine Entsprechung in Currywurst, Döner oder Paella. Allen Begriffsbedeutungen gemeinsam ist die Hervorhebung der Geschwindigkeit: der Essenszubereitung, der Essensausgabe und teilweise des Essens selbst. Übereinstimmung besteht meist auch darin, daß Fast food amerikanische Herkunft besitzt, amerikanischen Charakter verkörpert und sich als ein Element der Amerikanisierung der Welt international verbreitet hat.

Soziale Wurzeln des schnellen Essens in den USA

Zwar ist Fast food das Kürzel für die Kennzeichnung der amerikanisierten Ernährung in der Gegenwart, doch hat sie eine lange Tradition und besitzt Wurzeln im Ernährungsverhalten (mindestens) des 19. Jahrhunderts.[1] In vielem stellten die amerikanischen Ernährungsgewohnheiten ein Abbild der britischen dar. Auf den Tisch kam viel Fleisch, wenig Gemüse, abgesehen von Kartoffeln und Kohl bei den Ärmeren, und wenig Obst, Äpfel einmal ausgenommen. Aufgrund des Reichtums des Landes übertrafen die verzehrten Mengen das in Europa übliche. Auch bei den Armen herrschte noch am wenigsten Mangel an Nahrungsmitteln, Unterschiede zum Essen der Wohlhabenden zeigten sich eher in einer einseitigeren Ernährung. Wenn man bürgerliche traditionsbewußte Familien ausklammert, die sich an der europäischen Tischkultur von Bildung, Besitz und Adel orientierten, ließen die Tischsitten sehr zu wünschen übrig. Zeitgenossen berichten, daß sich das gemeinsame Essen in der Neuen Welt ohne Konversation vollzog, getragen von dem Bestreben, es so schnell wie möglich hinter sich zu bringen. Billigt man solchen Berichten Verallgemeinerungsfähigkeit zu, dann stellt sich die Frage nach ihrem kulturellen Hintergrund. Handelte es sich um Verhaltensweisen, die aus einer in dieser Zeit einzigartig dynamischen Gesellschaft erwuchsen? Aus einer Gesellschaft, in der sich immer ein größerer Teil der Bevölkerung auf geographischer oder sozialer Wanderschaft befand: vom Osten in den Westen, vom Norden in den Süden, von einer Arbeit zur andern, im Auf- oder Abstieg durch die sozialen Schichten. Die räumliche Mobilität und die geographischen Entfernungen reduzierten Essensmöglichkeiten auf Bewegungsunterbrechungen: auf die Ruhepausen der Trecks, auf den Pferdewechsel der Postkutschen, auf die Aufnahme von Speisewasser durch die Eisenbahnen, auf das Betanken der Fahrzeuge an den Benzinstationen. Die soziale Mobilisierung mit ihren Versprechungen von Reichtum und Aufstieg machte die Parole „Zeit ist Geld" zur realen Erfahrung oder – mit der gleichen Wirkung – zur mentalen Handlungsanleitung.

In den Städten erhielt das schnelle Essen weitere Anstöße durch die Expansion der Dienstleistungsgesellschaft. Einzig in den USA arbeiteten bereits vor dem Ersten Weltkrieg mehr Beschäftigte im Dienstleistungsbereich als in der Industrie. In den großen Städten beschäftigten die Industrieverwaltungen, Handelsgesellschaften, Banken, Versicherungen, Werbeagenturen oder Behörden ein Heer von männlichen und weiblichen Angestellten. Deren Mittagspause reichte häufig nicht aus, um eine Mahlzeit zu Hause einzunehmen; ihr Einkommen eröffnete ihnen die Möglichkeit zu einem Imbiß im Restaurant. Um die Jahrhundertwende entstanden zahlreiche nüchtern eingerichtete Restaurants, deren hygienischen Küchen eine kleine Zahl von Speisen zu festen Preisen anboten, zum Teil mit Bedienung, zum Teil mit Selbstbedienung. 1904 berichtete eine in Chicago erscheinende Restaurantzeitschrift:

„Innumerable restaurants of the hurly-burly kind invite the mobs from offices for the noon-hour lunch. An army of waiters resists the invasion, and there is strenuous action for a space. The all-important consideration is economy of time, and the business of a meal is transacted with barbarous brevity – by a sort of shorthand system of jabs and slashes, punctuated by swallowing. Of this class many are known as cafeterias, or, in the parlance of the impolite, ‚grab joints', where heaven helps those who help themselves. Men and women hugging roast beef to their bosoms and balancing a toppling armful of dishes rush to and fro, on a perilous and exciting exploration for seats."[2]

In der Zwischenkriegszeit nahm die Zahl dieser Restaurants weiter zu; zwischen 1919 und 1929 stieg die der einfacheren Gaststätten um das Dreifache. In den 1920er Jahren tauchten bereits „Ketten" auf. Drugstores partizipierten am Geschäft mit dem schnellen Essen, das sich um 1930 zu ihrem bedeutendsten Umsatzbringer entwickelt hatte. Mit der Verbreitung des Toasters erlebte das Sandwich eine Konjunktur. Die mit Dampf oder Elektrizität betriebenen Warmhalteplatten erleichterten die Selbstbedienung bei einfachen Gerichten und wirkten damit in Richtung einer Vereinfachung der Gerichte selbst.

Das Automatenrestaurant

Den extremsten Ausdruck einer technischen Rationalisierung der Verköstigung bildete das Automatenrestaurant.[3] Dieses besaß seinen Ursprung allerdings nicht in den USA, sondern in Deutschland. Es erwuchs aus der von Firmen (wie z. B. Stollwerck) vorangetriebenen Verbreitung von Warenautomaten. Deren Betreiber richteten 1896 auf der Berliner Gewerbeausstellung einen Restaurationsbetrieb mit einer Grundfläche von 800 m² ein. Mit kalten Speisen und Getränken konnte sich der Kunde durch Münzeinwurf unmittelbar versorgen. Bei warmen Speisen signalisierte die eingeworfene Münze der Küche den Speisewunsch und veranlaßte die Herausgabe einer Marke, mit der sich dann das zubereitete und über ein Transportsystem gelieferte Essen entnehmen ließ. Gleichzeitig warb das Berliner Automatenrestaurant für die Elektrizität, die zum Kochen und Transport diente. Eine automatische Musikkapelle vervollständigte die Attraktion der automatischen Dienstleistung.

Der Berliner Prototyp löste einen Boom aus. Mindestens drei Herstellerfirmen errichteten in allen größeren deutschen Städten Automatenrestaurants. Schätzungen der Gesamtzahl belaufen sich auf hundert. Ihr Werbeslogan appellierte an sparsamen Umgang mit Zeit und Geld sowie an das Autonomiestreben der Individuen: „Kein Trinkgeld, bediene Dich selbst, zwanglos, rasch und gut". Angeblich erreichte das Prinzip des Automatenrestaurants – von Deutschland kommend – 1902 in New York die USA. Bei seiner Verbreitung kooperierten die deutschen Hersteller und ihre amerikanischen Lizenznehmer unter anderem mit der Bierbrauerei Adolphus Busch in St. Louis. Der Erfolg schien sich zunächst in Grenzen gehalten zu haben. Weitere Verbreitung gewannen Automatenrestaurants in der Zwischenkriegszeit mit besseren Warmhaltetechniken und der Konjunktur kalter Speisen wie z. B. Sandwiches und Salaten.

Arbeitsteilung und Individualisierung

Die hohe Kaufkraft erleichterte in den USA den Umstieg auf industriell vorgefertigte Lebensmittel, die leicht und schnell zuzubereiten waren. Zuerst verbreiteten sie sich in städtischen Mittelschichten, danach folgten die Arbeiterbevölkerung sowie die Farmer, die zunehmend nur noch für den Markt produzierten. Dabei spielten auch symbolische Orientierungen eine Rolle, repräsentierten die von den Lebensmittelkonzernen gelieferten Produkte doch die Moderne. Erfahrungen mit industriell hergestellter Gemeinschaftsverpflegung in Hotels, Restaurants, Kantinen, der Armee oder in Krankenhäusern waren weitere Anreize. Schließlich sind noch die Entwicklung des Dienstbotenmarktes und veränderte Anforderungen an die Frauen zu erwähnen. Vor dem Bürgerkrieg besaß eine Mittelschichtfamilie mindestens eine Haushaltshilfe. Danach wurde es immer schwerer, qualifizierte Dienstboten zu finden, und – jedenfalls im Norden – gingen die Dienstbotenzahlen nach der Jahrhundertwende zurück. Wie Frauen aus Unterschichten in andere Berufe abwanderten, so nahmen Mittelschichtfrauen Voll- oder Teilzeitbeschäftigungen auf. Gleichzeitig erwartete man von ihnen mehr Engagement für die Erziehung der Kinder. Ihre steigende Belastung brachte die Frauen dazu, Möglichkeiten zur Reduzierung des Aufwands für die Essenszubereitung wahrzunehmen; gleichermaßen reduzierten sich die an die Kochkünste der Frauen gerichteten Erwartungen. Die Frauen gingen mit ihren Männern und Kindern häufiger in eines der vielen neuen Restaurants. Dabei stand manchmal weniger die Qualität des Essens im Mittelpunkt als eine unterhaltsame Dekoration der Räumlichkeiten sowie der Kleidung der Kellner und Kellnerinnen.

Schon in der Zwischenkriegszeit schienen der Phantasie der Restaurateure und Inneneinrichter kaum Grenzen gesetzt zu sein. Dann hatten Überlegungen Konjunktur, wie der Arbeitsaufwand in der Küche durch eine „Verwissenschaftlichung", z. B. durch die Anwendung der Lehren von Frederick W. Taylor, zu reduzieren sei. Die Frauen griffen gerne auch auf die bequemen Angebote der Lebensmittelindustrie zurück. Ratgeber für einfaches Kochen entstanden – getreu einem Motto aus einem weit verbreiteten Kochbuch von 1917: „Avoid fancy cooking".[4]

Wurde auf diese Weise Arbeit aus dem Haushalt nach außen verlagert, so scheiterte eine andere Externalisierungsoption, nämlich die Herstellung von Gemeinschaftsessen in modernen Großküchen.[5] Solche Dienste waren kommerziell, sozial- oder frauenpolitisch motiviert. So entstand 1884 in New York ein erster Lieferservice für Fertigessen, weitere folgten. Jedoch gelang es selbst den größten nicht, mehr als 100 Familien als Kunden zu gewinnen. Halten konnten sich solche Unternehmen nur durch die Belieferung von Schulen, Krankenhäusern und Firmen. Andere zentrale Küchen, die Essen zum Mitnehmen anboten, verstanden sich als soziale Einrichtungen. Doch erreichten sie kaum ihre wichtigste Zielgruppe, die Armen, ganz zu schweigen von Mittelstandsfamilien. Ebenso scheiterten kooperative Formen der Essenszubereitung. Für den Mißerfolg solcher Ansätze der Zentralisierung und Kollektivierung der Essensversorgung von Normalfamilien waren weniger technische Gründe verantwortlich, etwa das Problem der Warmhaltung. Die Frauen und die Familien griffen die Angebote einfach nicht auf. Individuen und Familien strebten nach Autonomie und empfanden zentral zubereites Essen als Schritt in Richtung Kollektivismus und Sozialismus. Dagegen beließ die industrielle Zurichtung von Mahlzeiten den Kern des Kochens und das Essen in der Familie.

Geradezu paradox mag es erscheinen, daß in einem Land mit einer ethnisch-kulturellen Vielfalt wie in den USA eine Eßkultur entstand, die heute als typisch amerikanisch-nationales Fast food empfunden wird. Brachte doch die bis in die Zwischenkriegszeit hohe Einwanderung eine Fülle verschiedener Eßkulturen in die Staaten: aus Deutschland, Italien, Griechenland, Polen, Rußland, China, Mexiko und vielen anderen Ländern. Erklärungen beziehen sich darauf, daß Immigranten, die sich durchgerungen hatten, ihre Heimat hinter sich zu lassen, ein hohes Maß an Mobilität und Integrationsbereitschaft mitbrachten. Sie können aber auch darauf verweisen, daß die Einwanderer in den USA, insbesondere was die Ernährung anbelangt, einem erheblichen Druck unterworfen wurden. Nach der Jahrhundertwende starte-

51 ten einzelne Staaten und die amerikanische Bundesregierung Ernährungsprogramme für die Arbeiterbevölkerung und für Schulkinder. Bei der Erhebung von Körpermaßen ergab sich z. B. bei vielen italienischen und jüdischen Kindern, daß diese – jedenfalls nach amerikanischen Maßstäben – als unterernährt zu gelten hatten. Ernährungs- und Kochkurse in den Schulen sollten sie an amerikanische Eßgewohnheiten heranführen. Ergänzend beeinflußten Frauenorganisationen die Immigrantenmütter. Schließlich verbreiteten die Lebensmittelkonzerne massenhaft ihre Rezepte, die zusätzlich von Zeitungen und Zeitschriften nachgedruckt wurden. Es steht zu vermuten, daß Einwanderer, zumindest aus Ländern mit einer traditionsreichen Eßkultur wie Italien, eine partielle Resistenz gegen diese Indoktrination entwickelten, und Elemente nationaler Eßkulturen haben sich ja auch – jedenfalls in den Großstädten – erhalten. Doch dürften Widerstand und Resistenz von Generation zu Generation nachgelassen haben. Hinzu kam, daß das amerikanische Fast food Elemente der Küchen der Einwanderer, wie Pizza oder Chili con Carne, in degenerierter Form integrierte, dem Motto des Präsidentensiegels „e pluribus unum" eine problematische kulinarische Bedeutung verleihend.

Essen als „Grasen": immer und überall

Die Integration des Nahrungsmittelangebots zum Fast food verlief parallel zur Desintegration der Mahlzeitenstruktur. Wir besitzen keine präzisen Angaben darüber, wie sich die zu festen Essenszeiten eingenommenen Mahlzeiten in der Familie mit der Zeit auflösten, aber schon in der Zwischenkriegszeit wurde Essen gemäß dem Motto „eat and run" zur Redensart. Nach neueren Untersuchungen frühstücken 75 Prozent der amerikanischen Familien nicht gemeinsam.[6] Die Zahl der wöchentlich zusammen eingenommenen Hauptmahlzeiten liegt bei drei und weniger. Im Durchschnitt dauern sie nicht länger als 20 Minuten. Dagegen kommt es in städtischen Mittelschichten täglich zu fast 20 „Individualkontakten" mit dem Kühlschrank. Diese Angaben, wenn sie zum Teil auch der Präzisierung bedürften, spiegeln eine zentrale Tendenz des modernen Essens wider: die Ubiquität und Omnitemporalität der Nahrungsaufnahme, von Ernährungstheoretikern auch als „Grasen" (Grazing) bezeichnet: Gegessen wird an allen möglichen Orten und zu allen möglichen Zeiten.

Auch die Einrichtung der Wohnungen signalisiert, daß Essen keinen Mittelpunkt des familialen Lebens mehr bildet. Nur selten gibt es noch das Eßzimmer als eigenen Raum. Die Eßtische sind aus einer mittigen in eine randliche Position gerückt. Essen stellt heutzutage kein zentrales Ereignis mehr dar, sondern es verbindet sich mit anderen Tätigkeiten. Verzehrfertiges Fast food steht als Ursache und als Folge mit dieser Ernährungspraxis in Zusammenhang. Man ißt am Schreibtisch im Büro, bei Besprechungen werden Sandwiches serviert, das Arbeitsessen bildet eine gehobene Form dieser Sozialpraxis der Verknüpfung mehrerer Tätigkeiten. In der Freizeit verbindet sich die Nahrungsaufnahme mit der Betrachtung eines Films im Kino, mit dem Bummeln über einen Jahrmarkt oder mit der Nutzung von Lustbarkeiten eines Freizeitparks, mit dem Sonnen am Badestrand, das tiefgefrorene „TV-Dinner" kommt in die Mikrowelle und dann vor den Bildschirm, ein Imbiß an der Straßenecke unterbricht den Einkauf. In der mobilen Gesellschaft ist der Mensch immer unterwegs und ernährt sich dabei in der Eisenbahn, im Auto, im Flugzeug, im Bus und in der U-Bahn.

Die Kühlkette als Kontrolle der Natur

Die Entwicklung der Technik, insbesondere Kühlkette, Automobil und Warenautomat, schuf wesentliche Voraussetzungen für die Verbreitung des Fast food. Die Ausdehnung von Lebensmittelmärkten mit Hilfe der Kühlung erforderte den Aufbau einer geschlossenen Kühlkette, die vom Ort der Erzeugung bzw. Verarbeitung bis zum Verbraucher reichte.[7] Lebensmittel mußten möglichst schnell nach der Ernte, der Aufbereitung oder der Zubereitung gekühlt werden und in diesem Zustand den Verbraucher erreichen.

Am schnellsten und weiträumigsten ging der Aufbau dieser Kühlkette in den USA vonstatten. Dies hing damit zusammen, daß hier die Zentren der Lebensmittelproduktion und die Gebiete mit hoher Bevölkerungsdichte weit voneinander entfernt lagen, somit nur mit einer Kühlkette zu verbinden waren, und daß das hohe Einkommensniveau die immensen Investitionen rentabel machte. Der Süden und der Westen lieferten vor allem Früchte und Gemüse, Schweine- und Rindfleisch kam aus dem Mittleren Westen, und die Zentren des Verbrauchs befanden sich im Osten. Eisenbahnen überbrückten die riesigen Entfernungen. Zunächst, seit den 1870er Jahren, dienten die meisten Eisenbahn-Kühlwagen dem Fleischtransport, nach der Jahrhundertwende dann den Früchten. Aus den Kühlhäusern wurden die Waren in die Eisenbahnwaggons verladen, deren Kühlung bis nach dem Zweiten Welt-

53 krieg mit Natur- bzw. Kunsteis erfolgte, also ohne direkten Kältemaschineneinsatz. Das Eis lagerte unter dem Wagendach und wurde unterwegs an Ladestationen erneuert; durch die Wagenkonstruktion war für gute Isolation und Luftzirkulation gesorgt. In den städtischen Zielorten kamen die Kühlwaren erneut in Kühlhäuser, um von dort spezielle Lebensmittel-Kühlmärkte zu erreichen, von denen es bereits um den Ersten Weltkrieg in den amerikanischen Großstädten etwa tausend gab. Die Kühlhäuser und Kühlmärkte bildeten den wichtigsten Markt für Kältemaschinen. 1936 arbeiteten in den USA drei Viertel aller Kältemaschinen im Nahrungsmittelbereich.[8]

Die Haltbarkeit und Frische der Waren hingen davon ab, daß die Kühlung kontinuierlich erfolgte, die Kühlkette also nicht riß. Wie leicht Unterbrechungen in eine ökonomische Katastrophe mündeten, schildert John Steinbeck in seinem Roman „Jenseits von Eden".[9] Dort erwirbt der alte Adam Trask 1915 eine kleine Eisfabrik im kalifornischen Salinas, um in Eis gelagerte Salatköpfe nach New York zu senden:

> „Als der Zug in Sacramento eintraf, ging in den Sierras ein Schneerutsch nieder, der die Bahnstrecke für zwei Tage blockierte; die sechs Salatwagen standen derweilen auf einem Abstellgleis, und ihr Eis wurde zu absickerndem Wasser. Am dritten Tag kam der Zug schließlich übers Felsengebirge, ausgerechnet zu einem Zeitpunkt, da im ganzen Mittelwesten eine für die Jahreszeit völlig ungewohnt warme Witterung herrschte. In Chicago dann wurden irgendwie die Frachtbriefe verwechselt [...], und Adams sechs Salatwaggons blieben fünf weitere Tage auf dem dortigen Güterbahnhof stehen. [...] Was in New York ankam, war ein greulich grüner Matsch, dessen Beseitigung ansehnliche Spesen verursachte."

Waren bestimmte Produkte, wie Salat, transportempfindlich, so konnten hier züchterische Bemühungen ansetzen. Die verbreiteten Salatsorten ließen sich schwer transportieren, deshalb wurde 1903 der Eisberg-Salat gezüchtet und auf den Markt gebracht.

Endete die Kühlkette zunächst in den Kühlmärkten, so wurde sie in der Zwischenkriegszeit bis zum Endverbraucher verlängert. Die Verkleinerung und Verbilligung der Kühlanlagen erlaubte es auch nicht spezialisierten Lebensmittelmärkten, Kühltruhen aufzustellen. Die ersten, teuren und reichlich Platz beanspruchenden Haushaltskühlschränke kamen schon vor dem Ersten Weltkrieg auf den Markt. Doch erst in den 1930er Jahren standen preiswertere, kleinere, massenproduzierte Modelle in einer größeren Zahl amerikanischer Haushalte. In Deutschland erreichten die Haushalte erst um 1960 eine entsprechende Ausstattung.

Die Kühltechnik und die Nationalisierung der Märkte verbesserten und verbilligten die Versorgung mit Fleisch, Obst, Gemüse und Milchprodukten. Welche Produkte über welche Zeit und welche Transportentfernungen haltbar blieben, hing vor allem von den ökonomisch erreichbaren niedrigen Temperaturen und damit den Fortschritten der Kältetechnik ab. Dies läßt sich am Beispiel der empfindlichen Ware Fisch illustrieren. Lange Zeit beschränkte sich der Handel mit Fisch auf die kalte Jahreszeit, weil auch alte Konservierungstechniken wie Räuchern und Salzen die Haltbarkeit nur für einen begrenzten Zeitraum gewährleisteten. Seit den 1860/1870er Jahren fror man Fisch mit Hilfe von mit Salz versetztem Eis ein und transportierte ihn mit Eisenbahn-Kühlwagen von den Fischereihäfen ins Hinterland. Weitere Transportwege und eine längere Haltbarkeit ließen sich erst durch die von einem dänischen Fischhändler vor dem Ersten Weltkrieg entwickelte Technik des Tiefgefrierens realisieren. Mit dieser Technik und dem Aufbau einer entsprechenden Gefrierkette in den folgenden Jahrzehnten wurde Fisch zum permanent und ubiquitär zur Verfügung stehenden Lebensmittel. Eine auch im Binnenland auf Meerestieren basierende nationale Eßkultur, wie der Konsum von Fish and Chips in Großbritannien, hätte sich ohne die Kühltechnik kaum derart entfalten können.[10]

Tiefgefrorener Fisch bereitete den Weg für die Expansion der Tiefkühlkost.[11] Zwei Tendenzen wirkten hierbei zusammen: die Verlängerung der Gefrierkette bis in den Haushalt hinein und die Ausweitung des Tiefkühlangebots. In der Vorkriegszeit belieferte in den USA die Tiefkühlindustrie mehr kommerzielle als private Kunden, wenn auch der private Markt schnell wuchs. Boten 1933 nur etwa 500 Geschäfte Tiefkühlkost an, waren es 1940 bereits mehr als 12.000. Zunächst kamen vor allem tiefgefrorene Rohprodukte auf den Markt. Um 1960 machten in der Bundesrepublik – in dieser Reihenfolge – Geflügel, Gemüse (an erster Stelle Spinat), Fleisch und Eiskrem die größten Umsätze. Heute besteht das Angebot aus einer Vielfalt von Fertiggerichten, die sich zu kompletten Mahlzeiten zusammenstellen lassen. Auch hier folgten die deutschen Haushalte den amerikanischen mit zeitlichem Abstand. Tiefkühltruhen oder Gefrierfächer im Kühlschrank verbreiteten sich in amerikanischen Haushalten in den 1940er Jahren, in deutschen in den 1960ern. 1985 verzehrte der Amerikaner im Durchschnitt mehr als dreimal so viel Tiefkühlkost wie der Deutsche. Die „Entsinnli-

55 chung" der Lebensmittelmärkte – Einkauf ohne Riechen, Sehen, Betasten – war in den USA besonders fortgeschritten.

Automobilität und Fast food

In den USA mit ihren großen Entfernungen leistete neben der Kontrolle der natürlichen Zeit des Reifens und Verderbens durch die Kühlkette das Automobil einen erheblichen Beitrag zur Verbreitung des Fast food sowie der Ubiquität und Omnitemporalität der Nahrungsaufnahme.[12] Frühe Automobilisten, die große Entfernungen zurücklegten, rasteten zum Essen in Ortschaften, oder sie verpflegten sich selbst. Zumindest in der warmen Jahreszeit lockte ein Picknick am Straßenrand. Mit der Massenmotorisierung entstand daraus in der Zwischenkriegszeit ein potentieller Markt. Farmfrauen und Pensionäre, die einen Zusatzverdienst suchten, errichteten entlang der Hauptstraßen Fast food Stands oder Tearooms, die einfache Gerichte anboten. Meist handelte es sich um primitive Holzbauten, und das Roadside food besaß manchmal eine zweifelhafte Qualität. Diese Amateure wirkten als Pioniere. Sie verschwanden mit dem Aufkommen professionell geführter Restaurantketten, wie denen von Howard D. Johnson (ca. 1897-1972). Johnson eröffnete sein erstes Restaurant für Autoreisende 1930 im Staat Massachusetts, 1940 bestand sein Imperium aus 125, um 1960 aus etwa 500 Restaurants, die sich zum Teil im Besitz Johnsons befanden, zum Teil als Lizenznehmer arbeiteten. Sie lagen an wichtigen Fernstraßen an der amerikanischen Ostküste und wiesen – unbeschadet aller Anpassungen an den Zeitgeschmack – ein charakteristisches Äußeres auf, das dem Reisenden einen bestimmten Standard an Dienstleistungen signalisierte. Von weitem sichtbar stellten sie sich durch den großen Schriftzug „Howard Johnson's" vor. Die Bauten der ersten Serie lehnten sich an den Kolonialstil an, ihre wichtigsten Erkennungsmerkmale bildeten ein organgefarbenes Dach und ein weißes Türmchen. Seit den 1950er Jahren modifizierte Johnsons Kette in vorsichtiger Weise Formen und Farben. Man bemühte sich, Zeitströmungen aufzunehmen und gleichzeitig Elemente der traditionellen Erscheinung beizubehalten. Johnsons Vorbild fand Nachahmer, und heute ist die Befürchtung, an den Fernstraßen dem Hungertod ausgeliefert zu sein, gänzlich unbegründet.

Einen Schritt weiter gingen in den Städten Essensstationen, bei denen man mit dem Wagen an die Essensausgabe heranfahren konnte oder die das Essen am Wagen servierten. Ähnliches gab es um die Jahrhundertwende schon für Kutschen. Für die Zielgruppe der Automobilisten eröffnete der erste Drive-in Fast-food-Stand angeblich 1921 in Dallas, in den 1920er und 1930er Jahren folgten tausende. Seit 1924 baute A & W eine nationale Kette auf. Hübsche, uniformierte Mädchen, „tray girls", später auch „carhops" genannt, nahmen die Bestellungen entgegen und servierten das Essen am Wagen. Obwohl einige Städte wegen des mit den Drive-ins erzeugten Lärms und Abfalls restriktive Bestimmungen erließen, boomte das Konzept auch in der Nachkriegszeit. 1964 schätzte man die Zahl der Drive-ins in den USA auf mehr als 30.000, die meisten davon wegen des warmen und sonnigen Klimas in Kalifornien und Texas. Seit den 1970er Jahren läßt sich ein Rückgang verzeichnen. Die Drive-ins hatten ein Element der jetzt auslaufenden Mode der Teenagerkultur gebildet; außerdem untergrub das entstehende Umweltbewußtsein ihre Existenz.

Machten die Drive-ins das Automobil zum Eßplatz, so ließ sich dieser auch im Fahren nutzen. Der Schluck aus der Kanne und der Verzehr des Sandwichs während des Fahrens dürften so alt sein wie der Fernverkehr. In neuerer Zeit jedoch ist „Dine and Drive" zum Begriff und zur festen Institution geworden. Die Zersiedelung der amerikanischen Stadtlandschaften (Wohnen in Einfamilienhäusern außerhalb – Arbeiten in den Zentren) hat die Fahrten zur Arbeit verlängert. Der unterentwickelte öffentliche Nahverkehr bietet meist keine Alternative zum Auto. Da läßt sich die tote Fahrzeit für eine kleine Mahlzeit nutzen. „Drive Thrus" servieren das Fast food durchs Autofenster – von der Pizza über Softdrinks bis zu Hamburger mit Ketchup. Der geübte Dine and Driver hat seinen Wagen entsprechend ausgerüstet: Becherhalter, zwischen Lenkrad und Brust zu befestigende Essenstabletts, Vinylschürzen zum Schutz des Büroanzugs ermöglichen auch üppige Mahlzeiten. Statistiken besagen, daß in den USA inzwischen jedes sechste Essen im Auto verzehrt wird.

Auch bei den ortsfesten Restaurants sind Automobil und Fast food eine enge Verbindung eingegangen. Kein Fast food-Restaurant ohne gute Erreichbarkeit und ohne einen großen Parkplatz. Am deutlichsten offenbarte sich der Zusammenhang zwischen Mobilität und Fast food in dem aus „Dining Car" gebildeten „Diner". Seit den 1870er Jahren tauchten in den USA Essensstationen auf, bei denen es sich um modifizierte Kutschen, Eisenbahn- oder Straßenbahnwagen handelte oder welche diesen nachempfunden waren. Später spezialisierten sich Unternehmen auf Bau und Ausrüstung von Dinern. Ihr Aufstieg läßt sich funktional wie sozialpsychologisch erklären. Die Diner zitierten das Grundmotiv einer mobilen Gesellschaft und knüpften an das Essen unterwegs auf Schiffen, in Eisenbahnen und Wohnmobilen an. Aber sie erleichterten als voll ausgerüstete Restaurantwagen auch Newcomern den Einstieg ins Fast food-Geschäft. Sie ließen sich leicht an jeden Ort transportieren. Nach einigen Jahren konnten die Betreiber ein neues Modell erwerben und das alte bei den Herstellern in Zahlung geben. Das Essensangebot blieb schon aus Raumgründen beschränkt und bewegte sich zwischen Schnellimbiß und Restaurant. In den 1930er Jahren stieg die Zahl der amerikanischen Diner von etwa 4000 auf 6000. Seit Mitte der 1950er Jahre ging ihre Verbreitung zurück. Ihr begrenztes Raumangebot genügte den gestiegenen Kundenansprüchen nicht mehr. Die Hersteller wandten sich dem Bau von Fertigrestaurants zu, wenn einige auch noch die Bezeichnung Diner beibehielten und optische Anleihen pflegten.

McDonald's & Co.

Heute verbindet man Fast food mit Namen wie McDonald's. Doch läßt sich die Geschichte des schnellen Essens, des Schnellimbisses und des Schnellrestaurants weiter spannen. In den USA etablierten sich schon im späten 19. Jahrhundert einfache Holzbuden ohne Sitzgelegenheiten in der Nähe von Fabriktoren und boten den Arbeitern in deren Mittagspause z. B. einfache Bohnengerichte an. Anspruchsvollere Schnellimbisse mit einem vermehrten Essensangebot entstanden in Freizeitparks, auf Jahrmärkten, an Badestränden, an Eingängen öffentlicher Parks und in Geschäftsvierteln. Auch hier führte der Erfolg einer innovativen Idee zu Ketten, welche die Kunden mit einem standardisierten Angebot und baulichen Signalen an ihre Tresen lockten. So erwuchs aus einem 1921 eröffneten Schnellimbiß das Unternehmen White Castle. Eine Kette weißer Burgen überzog das Land, gab sich durch ihre Zinnen zu erkennen und signalisierte mit der Farbe Weiß Hygiene und Sauberkeit. Zu den Rennern unter den Angeboten avancierte der Hamburger.[13]

Der Hauptunterschied zwischen Schnellimbiß und Schnellrestaurant lag in der Größe der Essensauswahl, und daß man vor dem einen stand und in dem anderen saß. Ansonsten arbeitete das Restaurant mit ähnlichen Methoden wie der Imbiß: Standardisierung des Angebots, der Baulichkeiten und des Outfits des Personals, um mit einer vertrauten Atmosphäre die Kunden an sich zu binden. Das McDonald-Imperium besitzt seinen Ursprung in einem Drive-in-Restaurant von Maurice und Richard McDonald in San Bernardino, Kalifornien.[14] 1948 reduzierten diese ihr Angebot auf Hamburger, Pommes Frites, Milch-Shakes und einiges andere. Die vorbereiteten Gerichte ließen sich blitzschnell aufwärmen. Mitte der 1950er Jahre begann das Konzept zu boomen. Bis 1960 vergaben die Brüder McDonald 200 Lizenzen. Treibende Kraft war jetzt ein Generalvertreter von Milch-Shake-Maschinen, der das Unternehmen 1961 kaufte. McDonald's arbeitete also nach dem Franchising System: Private Einzelbesitzer von Schnellrestaurants erwarben Lizenzen für das Konzept und den Namen und unterwarfen sich damit normierten Anforderungen und Kontrollen; die Dachgesellschaft übernahm die Werbung, den Einkauf und die Belieferung. Heute gehören zu McDonald's mehr als 11.000 Niederlassungen in 52 Ländern. Nachahmer des ertragreichen Konzepts fanden sich schnell. Burger King, Kentucky Fried Chicken, Wendy's, Pizza Hut und andere bauten ähnlich erfolgreiche Ketten auf. Wie die Namen schon kundtun, spezialisierten einige das Angebot; andere weiteten es aus. Manche gliederten sich Drive-thrus an, in denen die Kunden das Essen mit dem Auto abholten.

Deutlich ist, daß das Fast-food-Restaurant tief in der amerikanischen Geschichte und Kultur wurzelt und viele Gründe für seinen Erfolg namhaft zu machen sind. Zum Boom seit den 1960er Jahren trugen soziale Veränderungen bei. Die Kunden entstammten der zunehmenden Zahl von Kleinfamilien, bei denen beide Elternteile arbeiteten. Dann drängte die „Baby-Boom-Generation" auf den Markt, die nach dem Krieg geborenen Jugendlichen, die über ein relativ hohes Taschengeld verfügten. Diese Jugendlichen – die David Riesman bereits früh als außengeleitet (other-directed) charakterisiert hatte –[15] orientierten sich an den Gewohnheiten und Leitbildern der Altersgenossen und ließen eine spezifische Jugendkultur entstehen. Ein Element dieser Jugendkultur stellte das Fast-food-Restaurant dar.

Automatische Befriedigung von Bedürfnissen

Ubiquität und Omnitemporalität der Nahrungsaufnahme stützen sich auf zahlreiche Neuerungen bei Herstellung, Verarbeitung und Vertrieb von Lebensmitteln. Eine faktisch eher geringe Bedeutung für den Nahrungsmittelverkauf, aber eine hohe symbolische Bedeutung für das jederzeit verfügbare schnelle Essen besitzt der in den 1880er Jahren ein-

59 geführte Warenautomat.[16] In dieser Zeit plazierten Firmen in Großbritannien, den USA und Deutschland erfolgreich Automaten, die gegen Münzeinwurf Waren freigaben. Zu den internationalen Marktführern gehörte der Schokoladenhersteller Stollwerck, der seine Automaten in Kooperation mit Maschinenbaufirmen produzierte. Schokolade und andere Süßigkeiten und Naschereien bildeten anfangs das Hauptangebot. Zunächst sah Stollwerck in den Lebensmittelautomaten eher Instrumente der Werbung und befüllte sie mit Probepackungen. Später erkannte das Unternehmen im Automatenverkauf einen zusätzlichen Absatzweg. Nach den Süßwarenautomaten tauchten auf Ausstellungen und in den Automatenrestaurants Getränkeautomaten auf, die Cognac, Champagner, Selterswasser und schließlich alle möglichen Getränke verabreichten. Etwa seit der Jahrhundertwende ließen sich Kuchen, Brötchen und später auch Nüsse und Kaugummi sogenannten Tisch-Glocken entnehmen. In Deutschland trugen die Verwaltungen Klagen des Einzelhandels Rechnung und beschränkten die Aufstellung der Warenautomaten auf eingegrenzte Orte wie Bahnhöfe und Schwimmbäder oder die räumliche Nähe einer ohnehin vorhandenen Verkaufsstelle, eine Bestimmung, die erst 1962 aufgehoben wurde.

Damit wurde schon früh eine Basis für die Verbreitung von Lebensmitteln über Automaten gelegt. Eine erhebliche Erweiterung des Angebots brachten nach dem Zweiten Weltkrieg Automaten, die Lebensmittel kühlten oder erhitzten. Davon fanden einige, wie die, aus denen sich heiße Würstchen entnehmen ließen, eher geringe Verbreitung. Andere, insbesondere neuartige Getränkeautomaten, bevölkerten bald in großem Umfang Büroräume und Kantinen. Sie produzierten heiße Getränke, indem sie deren Inhalt mit erhitztem Wasser aufgossen. Andere gaben kühle Getränke in Flaschen frei oder füllten sie in Pappbecher. Die Marktführerschaft lag mittlerweile eindeutig bei amerikanischen Firmen. Solche Getränkeautomaten halfen mit, amerikanische Symbolgetränke wie Coca-Cola über die Welt zu verbreiten.

Globalisierung und Differenzierung des Fast food

Amerikanisches Fast food trifft man heute überall auf der Welt an. Doch sollte man sich hüten, die Sitte des schnellen Essens ausschließlich auf die USA und die Amerikanisierung der Welt zurückzuführen.[17] Eigenständige Traditionen lassen sich in vielen Ländern finden.[18] Dazu gehören in Berliner Frühstücksstuben und Kneipen seit der Hochindustrialisierung angebotene Fertiggerichte wie belegte Brötchen, Buletten, Soleier, Bratheringe und Rollmöpse. Solche Angebote florierten auf einem durch soziale Veränderungen geschaffenen Markt. Die Wege zwischen Arbeit und Wohnung waren gewachsen, die Pausen geschrumpft, viele Frauen berufstätig, so daß ein Mittagessen zuhause nicht in Betracht kam. Damit bildeten sich Eßgewohnheiten heraus, an die in der Zeit nach dem Zweiten Weltkrieg neue amerikanische und „internationale" Angebote anknüpfen konnten: Hot dogs, Hamburger, Schaschlik, Currywurst, Pizza, Gyros, Döner, Paella und manch anderes mehr. Und die heimischen traditionellen Läden wie Metzgereien und Bäckereien halten längst Fast food zum Mitnehmen oder zum Verzehr in Eßecken vor. Amerikanisches Fast food ist heute die eine schnelle Speise der Welt; daneben gibt es ebenso weltweit die vielen (nationalen) Speisen: die chinesischen, griechischen, italienischen, mexikanischen, deutschen...; es gibt sie als Fast food, den Geschmacksnerven der jeweiligen Gastgeberländer angepaßt oder auch weitgehend original.[19] Der Esser hat die Wahl.

Essen in der Nonstop-Gesellschaft

In der Nonstop-Gesellschaft hat Essen seinen Ort und seine Zeit verloren und sich von sozialen und naturalen Rhythmen gelöst. Die Ubiquität und Omnitemporalität der Nahrungsaufnahme geht mit einer Individualisierung einher. Gemeinsame Mahlzeiten finden immer seltener statt. Wenn das Essen nicht mehr als sozialer Akt wahrgenommen wird, mißt ihm der Esser offensichtlich geringere Bedeutung zu. Es läßt sich als Sekundärhandlung mit anderen zusammenführen: mit Gehen, Fahren, Lesen, Musikhören und Fernsehen. Anscheinend wird die Individualisierung des Essens als Autonomiegewinn gesehen. Doch bestehen erhebliche Zweifel, ob die Desozialisierung des Essens die Individuen nicht überfordert. Die verbreitete Übergewichtigkeit kündet davon, daß heutzutage nicht mehr der Hunger, sondern der Überfluß die Gesundheit gefährdet. Auf jeden Fall bringen Ubiquität, Omnitemporalität und Individualisierung des Essens einen Verlust an Sozialität mit sich. Das Essen gewährt keine Pausen mehr in der monadenhaft-individualistischen Nonstop-Gesellschaft. Dem Verlust an sozialen Rhythmen auf der Konsumtionsseite entspricht eine Aufhebung naturaler Rhythmen auf der Produktionsseite. Mit Hilfe von Züchtung, Konservierung und Globalisierung hat sich die Lebensmittelversorgung

61 von den natürlichen Jahreszeiten des Wachsens und Erntens gelöst. Die Nonstop-Gesellschaft bezieht ihre Nahrungsmittel über das gesamte Jahr aus der gesamten Welt.

Literatur

[1] Falls nicht anders vermerkt, stützt sich die folgende Darstellung für das amerikanische Essen bis in die Zwischenkriegszeit vor allem auf *Cummings, R. O.:* The American and His Food. A History of Food Habits in the United States. Chicago [2]1941; und *Levenstein, H. A.:* Revolution at the Table. The Transformation of the American Diet. New York/Oxford 1988. – [2] Zitiert nach *Levenstein, H.A.* (Anm. 1), S. 186. – [3] *Kemp, C./Gierlinger, U.* (Hg.): Wenn der Groschen fällt … Münzautomaten – gestern und heute. München 1988, S. 18-20; das Zitat S. 10. – [4] *Levenstein, H.A.* (Anm. 1), S. 97. – [5] Am ausführlichsten ist *Hayden, D.:* The Grand Domestic Revolution: A History of Feminist Designs for American Homes, Neighborhoods, and Cities. Cambridge, Mass./London 1981, bes. S. 150ff., 206ff. u. 346ff.; außerdem *Levenstein, H.A.* (Anm. 1), S. 44-59 u. 65ff.; *Cowan, R. S.:* More Work for Mother: The Ironies of Household Technology from the Open Hearth to the Microwave. New York 1983, S. 104f. u. 111ff. – [6] Fischler nach *Mintz, S. W.:* Die süße Macht. Kulturgeschichte des Zuckers. Frankfurt/New York 1987, S. 240. – [7] *Anderson, Jr. O.E.:* Refrigeration in America: A History of a New Technology and Its Impact. Princeton, N.J. 1953; *Dienel, H.-L.:* Ingenieure zwischen Hochschule und Industrie. Kältetechnik in Deutschland und Amerika, 1870-1930 (Schriftenreihe der Historischen Kommission bei der Bayerischen Akademie der Wissenschaften 54). Göttingen 1995; *Täubrich, H.-Chr./Tschoeke, J.:* Unter Null. Kunsteis, Kälte und Kultur. Hg. v. Centrum Industriekultur Nürnberg und dem Münchner Stadtmuseum. München 1991. – [8] *Dienel, H.-L.* (Anm. 7), S. 80. – [9] *Steinbeck, J.:* Jenseits von Eden (dtv 10.810). München 51993 (zuerst 1952), S. 526ff., das Zitat S. 535. – [10] *Walton, J.K.:* Fish and Chips and the British Working Class, 1870-1940. Leicester 1992. – [11] *Aubry, L.:* Von der tiefgefrorenen Erbse zum kompletten Feinschmeckermenü. In: *W. Protzner* (Hg.): Vom Hungerwinter zum kulinarischen Schlaraffenland. Aspekte einer Kulturgeschichte des Essens in der Bundesrepublik Deutschland (Beiträge zur Wirtschafts- und Sozialgeschichte 35). Wiesbaden 1987, S. 137-144; *Wildt, M.:* Am Beginn der „Konsumgesellschaft". Mangelerfahrung, Lebenshaltung, Wohlstandshoffnung in Westdeutschland in den fünfziger Jahren (Forum Zeitgeschichte 3). Hamburg 1994, S. 169-171; *Hampe Jr., E.C./Wittenberg, M.:* The Lifeline of America. Development of the Food Industry. New York u.a. 1964, S. 150ff. – [12] *Liebs, Ch. H.:* Main Street to Miracle Mile: American Roadside Architecture (A New York Graphic Society Book). Boston 1985, S. 193-224; eine knappe Zusammenfassung bei *Flink, J. J.:* The Automobile Age. Cambridge, Mass.,/London 1988, S. 161 und passim. – [13] Vgl. zum Hamburger *Rifkin, J.:* Das Imperium der Rinder. Frankfurt/New York 1994 (zuerst amerikanisch 1992), S. 224-235. – [14] *Boas, M./Chain, S.:* Big Mac: The Unauthorized Story of McDonald's. New York 1976; *Rifkin, J.* (Anm. 13), S. 231-235. – [15] *Riesman, D./Denney, R./Glazer, N.:* The Lonely Crowd. A Study of the Changing American Character. New York 1955 (zuerst 1950). – [16] *Kemp, C./Gierlinger, U.* (Hg.) (Anm. 3). – [17] Dies betont z. B. *Harpprecht, K.:* Fast food oder: Das schnelle Glück am Stand. Ein Plädoyer für Hamburger, „Heiße Hunde" und verwandte Produkte. In: *Uwe Schultz* (Hg.): Speisen, Schlemmen, Fasten. Eine Kulturgeschichte des Essens. Frankfurt am Main/Leipzig 1993, S. 386-402 in seinem unterhaltsamen Essay über Fast food. – [18] *Tolksdorf, U.:* Der Schnellimbiß und The World of Ronald Mc Donald's. In: Kieler Blätter zur Volkskunde 13 (1981), S. 117-162; *Dehne, H.:* „Das Essen wird also auch ‚ambulando' eingenommen". Das „belegte Brot" und andere schnelle Kostformen für Berliner Arbeiterinnen und ihre Kinder im Kaiserreich. In: *Martin Schaffner* (Hg.): Brot, Brei und was dazugehört. Über sozialen

Sinn und physiologischen Wert der Nahrung. Zürich 1992, S. 105-123. – [19] Vgl. *Tolksdorf, U.:* Das Eigene und das Fremde. Küchen und Kulturen im Kontakt. In: *A. Wierlacher/ G. Neumann/ H.J. Teuteberg* (Hg.): Kulturthema Essen. Ansichten und Problemfelder (Kulturthema Essen 1). Berlin 1993, S. 187-192.

Jenny Shaw

Geschlechterverhältnis und die Beschleunigung des Lebens[1]

Die Beschleunigung der Lebensprozesse und die Tendenz zur Nonstop-Gesellschaft werden üblicherweise vorrangig auf ökonomische Faktoren und technologische Innovationen zurückgeführt. Untersuchungen, die das Alltagsleben in den Mittelpunkt stellen, lenken unser Augenmerk darauf, daß es eine mit dem Geschlechterverhältnis einhergehende unterschiedliche Verteilung des Zeitdrucks gibt. Die Auswertung von Berichten zum Alltagsleben, die von den Betroffenen selbst geschrieben wurden, weist klar aus, daß Frauen mit dem zunehmenden Lebenstempo und der Entwicklung in Richtung einer Nonstop-Gesellschaft in der Tendenz größere Probleme haben als viele Männer. Geschlechtsspezifische Vorstellung von Pflichten und Verfügbarkeit spielen dabei eine besondere Rolle, aber auch die noch immer tendenziell unterschiedliche Bewertung von Frauen- und Männerzeiten.

Jenny Shaw lehrt Soziologie an der *School of Cultural and Community Studies* der Universität von Sussex. Ihr Hauptinteresse gilt der Soziologie des Alltagslebens, der Zeit, der Erziehung und den *gender studies*. Derzeit arbeitet sie an einer Studie über das Einkaufsverhalten und den Platz, den die britische Ladenkette *Marks and Spencer* im kulturellen Leben Großbritanniens einnimmt sowie an einer Studie über das Zeitmanagement von Familien. Weitere Arbeitsschwerpunkte sind angewandte psychoanalytische Studien und die Beobachtung von Massenphänomenen. Sie ist Autorin von *„Education, Gender and Anxiety"* (1995) und Mitautorin von *„Making Gender Work"* (1995).

Jenny Shaw, School of Cultural and Community Studies, Arts Building, University of Sussex, Falmer, Brighton BN1 9QN

Wir leben heute nicht erstmalig in einer Nonstop-Gesellschaft: Das alte englische Sprichwort „die Arbeit einer Frau hört niemals auf" gibt es bereits seit vielen Jahrhunderten; jedenfalls viel früher, als die Begriffe „Industrialisierung", „Globalisierung", „Flexibilisierung" oder „De-Regulierung", die derzeit als Erklärung für einen Lebensstil der ständigen Mobilität und des permanenten Zeitdrucks verwendet werden. Das alte Sprichwort erinnert uns zudem daran, daß der wirtschaftliche und technische Wandel nicht die einzigen Antriebskräfte für diese Entwicklung sind. Obgleich sich die Bedeutungen von Geschlecht und Geschlechterverhältnis über die Zeiten und Umstände hinweg ändern, sind sie doch im sozialen Leben eine immerwährend wirksame Kraft, die für die Nonstop-Gesellschaft den Boden bereitet. Der Druck auf die Frauen, ständig tätig zu sein, mag ehemals durch theologische Überzeugungen gestützt worden sein, wie etwa „Der Teufel macht Arbeit für faule Hände"; und daß die Frauen für den Teufel anfälliger seien als die Männer. Dagegen kann die Nonstop-Arbeit der Frauen in eher säkularisierten Perioden auf ihre ökonomische Unterordnung zurückgeführt werden. In beiden Fällen jedoch sind es geschlechtsspezifische Normen, die den Druck zum Nonstop-Lebensstil ausmachen.

Obwohl es sich dabei offenkundig nicht um dasselbe handelt wie etwa beim „Rund-um-die-Uhr Telebanking" als Beispiel für moderne Nonstop-Entwicklungen, werden diese unterschiedlichen Phänomene jedoch gleichermaßen als eine Beschleunigung des Alltagslebens erfahren. Als kollektiv verbreitetes, alltägliches und allgegenwärtiges Gefühl fand es bisher nur selten eine hohe Aufmerksamkeit. Dementsprechend wurde auch die Rolle, die das Geschlecht bei der Tendenz zur Nonstop-Gesellschaft spielt, bisher kaum beachtet und nicht untersucht. In meiner empirischen Analyse bezüglich der Wahrnehmung des Lebenstempos war das Geschlecht jedoch dominanter als die soziale Schichtung oder das Alter.[2] Am auffälligsten war das Ergebnis, daß einige Männer das schnelle Lebenstempo genießen, während dies bei keiner der Frauen, noch nicht einmal bei Karrierefrauen der Fall ist. Die Bedeutung eines schnellen und langsamen Lebenstempos war für Männer und Frauen eindeutig verschieden. Während beispielsweise Frauen und Männer glücklich darüber waren, mit der Arbeit aufhören zu können, waren es insbesondere Frauen, die das gemächlichere Lebenstempo des „Ruhestands" bzw. der Teilzeitarbeit genießen können.

Dazu meine *These:* Die üblichen Erklärungen für die Beschleunigung der Lebensprozesse und die Tendenz zur Nonstop-Gesellschaft – ökonomisches Wachstum, intensivierte Konkurrenz, technologische Innovationen, Flexibilisierung und Globalisierung – reichen weder aus, das ganze Ausmaß der Beschleunigung noch die geschlechtsspezifische Verteilung des Zeitdrucks zu erklären. Die wichtigsten Aspekte im Wandel der Geschlechterbeziehungen – veränderte Muster der Beteiligung am Erwerbsleben, Veränderungen in der Zusammensetzung der Haushalte und der Wandel zwischenmenschlicher Beziehungen – können nicht durch das wirtschaftliche Wachstum als alleinigen Verursacher erklärt werden. Ökonomischer Wandel einerseits und Veränderungen der Geschlechterverhältnisse andererseits sind zwei halbautonome Prozesse mit gewissen Wechselwirkungen, die die Beschäftigungskultur, die Arbeitsmarktdynamiken und das Familienleben verändern. Dies wirkt dann wiederum direkt auf den Beschleunigungsprozeß zurück.

Belege für die allgemeine Beschleunigung der Lebensverhältnisse

Obleich schwierig zu definieren und auch schwer von wenig präzise definierten Konzepten wie „Streß" und „Überbelastung" zu unterscheiden, ist es doch unstrittig, daß die Beschleunigung der sozialen Beziehungen ein Schlüsselmerkmal des modernen Lebens ist. Verknüpft mit anderen aktuellen Debatten, wie etwa die um die Verlängerung oder Verkürzung der Arbeitszeiten[3] und zur Verdichtung von Raum und Zeit,[4] ist diese Akzeleration auf der Erfahrungsebene unmittelbar einsehbar. Eine Fülle von Beispielen belegt, daß das subjektive Erleben der Beschleunigung mit objektiven Veränderungen korrespondiert. So haben sich die Fahrtzeiten (bezogen auf bestimmte Entfernungen) sowie die Zeiten der Kommunikation über weite Distanzen verringert (wenn man von Staus auf den *highways* aller Art absieht), die Zeiten für Finanztransaktionen haben sich drastisch verkürzt, der Umschlag von Gütern und Personen hat sich beschleunigt, Mode und Produktzyklen wurden kürzer, das *fast food* ist überall beliebt und bekannt, und es besteht ein genereller Druck, die Aufenthaltszeiten in Krankenhäusern ebenso zu verkürzen wie jene im Bildungsbereich. Die Produktionslinie kann in der Automobilindustrie (z. B. bei Toyota) in wenigen Minuten auf andere Modelle umgestellt werden. Der Konsum wird vergleichbar beschleunigt. Selbst Geschäfte, die nicht direkt der Konkurrenz von Versandhandelssystemen ausgesetzt sind, die 24 Stunden lang sieben

Tage in der Woche erreichbar sind, verlängern ihre Öffnungszeiten. Dementsprechend steigen auch die Ansprüche an die Servicezeiten, speziell wenn es – wie in Banken, am Postschalter oder im Restaurant – zu Wartezeiten kommt. Die größere Auswahl an zeitlichen Möglichkeiten zu arbeiten, zu essen oder einzukaufen, verstärkt die Grundhaltung, insgesamt mehr zu machen. Sie trägt damit zur allgemeinen Steigerung des Lebenstempos bei.

Obgleich all diese Veränderungen ganz beiläufig sind, gibt es zunächst keinerlei Hinweise darauf, daß das Geschlecht in diesem Zusammenhang irgendeine Rolle spielen könnte. Dies hat mit dem Blickwinkel zu tun: Je größer der Maßstab und je globaler die zu untersuchenden Sachverhalte angegangen werden, umso weniger wahrscheinlich ist es, daß der Forschung das Alltagsleben in den Blick gerät. Je mehr dagegen das Alltagsleben ins Zentrum der Beobachtung gestellt wird, desto weniger liegt es nahe, daß das Geschlecht und das Geschlechterverhältnis vernachlässigt wird.[5]

Unglücklicherweise werden die beiden Perspektiven vielfach als sich gegenseitig ausschließend angesehen: Während Studien auf der Makro-Ebene häufig gegenüber Einflüssen des Geschlechts blind sind, sind Studien auf der Alltags-Ebene zwar für die Rolle des Geschlechterverhältnisses offen, ignorieren ihrerseits jedoch die übergreifenden, allgemeinen Einflußgrößen. Um dieses Dilemma für mein Studienobjekt, der Entwicklung des Lebenstempos, zu umgehen, verwendete ich die sogenannte *mass-observation (M–O)* als Untersuchungsmethode, bei der die Vorzüge qualitativer Forschung von Einzelfällen mit der Perspektive großer Fallzahlen kombiniert werden. Da diese Methode nicht sonderlich bekannt ist, und ihr methodologischer Status zum Teil auch mißverstanden wird, gehe ich, bevor ich die Ergebnisse der Studie vorstelle, kurz darauf ein.

Mass-Observation

Es handelt sich bei der *mass-observation* um ein Projekt, in dem systematisch Berichte zum Alltagsleben in einem Archiv zur weiteren Auswertung gesammelt werden.[6, 7] Es wurde 1937 von drei Künstlern und Sozialwissenschaftlern initiiert, die über die positivistische Entwicklung der Soziologie und Anthropologie unzufrieden waren. Sie motivierten Personen, ihr eigenes Leben zu beobachten. Die Untersuchungsmethode beruht auf einer breiten Beteiligung von unbezahlten Freiwilligen aus ganz Großbritannien.

Über die Zeit hinweg wurde die Methode in unterschiedlichen Zusammenhängen verwendet; so beispielsweise im 2. Weltkrieg für eine intensive Information des Inlandsaufklärungsdienstes über die Reaktionen der Bevölkerung auf die Luftangriffe.

Nachdem die erste Phase des Projekts im Jahr 1950 abgeschlossen worden war, wurde die Methode seit 1981 in etwas veränderter Form weitergeführt (autobiographische Berichte von Freiwilligen). Interessierte aus dem ganzen Land schreiben in regelmäßigen Abständen (dreimal jährlich) anonym und persönlich über die jeweils vorgeschlagenen Themen. Obwohl es sich bei dem Verfahren nicht um eine zufällig ausgewählte, repräsentative Stichprobe handelt, ist das Panel der 550 Personen doch sehr heterogen und breit gestreut. Es ist vor allem groß genug, um statistische Auswertungen vornehmen zu können. Ein gewisses Übergewicht älterer Schreiber und Frauen kann wie auch bei anderen Verfahren durch Quoten-Bildung berücksichtigt und korrigiert werden. Praktisch gesehen liegt der Hauptvorteil dieser Methode darin, daß sie eine Mischung aus objektiven und subjektiven Daten in einem Umfang und auf einer Skala zur Verfügung stellt, die normalerweise zu teuer wäre.

Geschwindigkeit und soziale Struktur

Die Ausschreibung zum Thema „Geschwindigkeit" begann mit der Einladung an die Panel-Teilnehmerinnen und Teilnehmer, die Fragestellung zu beantworten, ob das Lebenstempo ansteigt, gleichbleibend ist oder langsamer wird, und zwar einerseits persönlich und andererseits generell. Zugleich sollte beschrieben werden, welche Antriebskräfte die Befragten dem von ihnen erlebten Trend zuschreiben. Das eingegangene Material wurde grob kategorisiert und im Hinblick auf die soziale Schichtung, das Geschlecht und den Berufsstatus ausgewertet. Die Analyse hatte zum Ergebnis, daß das Gefühl der Beschleunigung der Lebensverhältnisse weit verbreitet war. Die meisten Personen schrieben das der Arbeit zu. Frauen fühlten sich tendenziell akuter betroffen als Männer.

Ferner zeigten sich Unterschiede in der Wahrnehmung des Tempos zwischen den Erwerbstätigen und den Nichterwerbstätigen (arbeitslos bzw. im Ruhestand), jedoch keine im Hinblick auf den sozialen Status. Vielmehr gaben jeweils 78% der Personen aus der Mittel- sowie aus der Arbeiterschicht an, daß das Lebenstempo zunahm. Etwa die gleiche

Größenordnung (77%) der Beschäftigten in Vollerwerbs- und Teilzeitarbeit kam zu einer entsprechenden Einschätzung, wobei diese bei den Frauen etwas ausgeprägter war als bei den Männern (83% im Verhältnis zu 77%). Keiner der Erwerbstätigen gab an, daß das Lebenstempo zu langsam sei: Einige merkten sogar an, daß es „unerträglich und schrecklich" sei oder daß diejenigen, „die sich glücklich schätzen können, einen Job zu haben, sich halb umbringen, um ihn zu behalten". Selbst unter den Arbeitslosen und Pensionierten gab eine Mehrheit (66%) an, daß alles schnell-lebiger geworden ist. Von der Minderheit, die im Gegensatz dazu das Lebenstempo als „etwa vergleichbar schnell", „langsam" oder „zu langsam" einschätzten, waren nur sehr wenig arbeitslos oder im Ruhestand. Es handelte sich vielmehr um Hinterbliebene oder um Personen, die für Pflegefälle zuständig waren. Von diesen wenigen Ausnahmen abgesehen, waren Kommentare der folgenden Art typisch:

> „Darüber denke ich dauernd nach. In unserem Haushalt sagen wir immer, endlich Freitag!"
> „Als ich die Fragen las, sagte ich spontan ‚ja', tausend mal ja – mein Lebenstempo hat sich so stark beschleunigt, daß es beinahe in einem Moment davon zu rasen scheint."

Darüber hinaus sprachen viele ihr Mißfallen an diesem Prozeß aus:

> „Es gibt keinen Zweifel, daß sich das Lebenstempo fortlaufend noch weiter beschleunigt – aber nicht nur das, es wird auch lauter und mechanisierter. Bei der letzten Wahl (1992) hatten nur wenige Lust dazu, längeren Reden oder Argumenten auch nur zuzuhören. Man hörte nur Wortfetzen und Schnellschuß-Argumente."
> „Na klar, das Lebenstempo ändert sich und beschleunigt sich. Das gefällt mir überhaupt nicht, und es ist sehr bedauerlich, wie sich das entwickelt. All unsere modernen Erfindungen, die das Leben erleichtern sollten, erreichten das genaue Gegenteil. Wir arbeiten jetzt härter und länger, das Leben wird härter, und wie gewöhnlich haben die Frauen die Hauptlast zu tragen."

Obwohl die meisten in der Erwerbsarbeit die eigentliche Ursache für die Beschleunigung und den Zeitdruck sahen, akzeptierten sie zugleich, daß sie selbst für die Geschwindigkeit ihres Lebens Verantwortung tragen. Vielleicht ist dies ein Ausdruck der zunehmenden Internalisierung der sozialen Kontrolle, wie sie Foucault als Folge der zunehmenden Komplexität von Gesellschaften vermutet.[8] Aber es ist auch ein Produkt

69 der Feminisierung der Verantwortung, wie sie in den übergreifenden sozialen Wandel eingewoben ist, der mit dem Geschlecht und der Akzeleration des Alltagslebens verknüpft ist.

Männer, Frauen und die Möglichkeiten der Zeitkontrolle

Wie bereits erwähnt, kam es bei den Antworten wiederholt vor, daß erfolgreiche Männer ein hohes Lebenstempo positiv beschrieben. Für sie war es eine Bestätigung dessen, was sie im Leben erreicht hatten. Frauen sahen dagegen ein hohes Tempo vielfach als Problem an bzw. als etwas, das dem zuwiderläuft, was sie in ihrem Leben für besonders wertvoll halten. Dementsprechend versuchen sie, das Tempo zu verlangsamen. Ebenfalls auffällig war, daß Frauen dazu tendierten, die vorgegebene Fragestellung als interessant einzuschätzen und formulierten, wie sehr sie das Schreiben darüber genossen haben. Dagegen hatte eine ganze Reihe der Männer an der Thematik etwas auszusetzen. Sie fanden sie ungenau, blaß und eher irrelevant. Beispielsweise schrieb einer von ihnen:

> „Für mich hat das Lebenstempo schlicht und einfach etwas damit zu tun, wie erfolgreich oder ineffektiv man mit dem zurecht kommt, was um einen herum passiert, ohne daß man es selbst kontrollieren kann; und damit, wie diese von außen vorgegebene Intensität integriert bzw. mit den eigenen Präferenzen in Übereinklang gebracht werden kann oder wie stark man die Initiative abgeben muß."

Er ging von der Annahme aus, daß er normalerweise die völlige Kontrolle über sein Leben hat, die er nur gelegentlich abgeben muß. In scharfem Gegensatz dazu beschrieben sich die Frauen in ihrer überwältigenden Mehrheit selbst so, daß sie von den Stundenplänen, Programmen und Launen anderer Personen abhängig waren. Typisch für ihre Reaktionen war beispielsweise folgende Formulierung:

> „Zeit bringt für mich den stärksten Streß im Alltagsleben mit sich. Entweder ich habe zu wenig Zeit, um alles hineinzustopfen; oder wenn ich genügend freie Zeit habe, bin ich zu müde, um es wirklich genießen zu können. Ich kann Lunch-Pausen nicht ausstehen – irgendwie habe ich immer zu viel in einer Stunde zu tun. Das endet normalerweise damit, daß ich nebenbei so gegen halb ein Uhr an meinem Schreibtisch ein belegtes Brot esse, bevor ich um

etwa ein Uhr in die Stadt hetze und versuche, all meine Einkäufe und Hausarbeiten so zu erledigen, daß ich gegen zwei zurück bin. Uhhh! Wieviel angenehmer wäre es, in einem Pub oder einer Bar zu sitzen und in aller Ruhe meinen Gin mit Tonic zu trinken."

Selbst diejenigen, die in ihren Gefühlen eher etwas ambivalent waren, erfaßten den Punkt ganz richtig:

„Ich bin mir nicht so sicher, was ich davon halten soll. Den einzigen Bezug, den ich habe, ist der, daß die Zeit irgendwie immer zu kurz ist. Als Kind war ich häufig gelangweilt und wußte nicht so recht, was ich mit mir anfangen solle. Sehnsüchtig denke ich an diese Zeit zurück. Die Eltern meiner Generation spielten nur selten mit ihren Kindern; ein Ausflug war etwas ganz Besonderes; wir hatten viel weniger Spielsachen und Bücher und natürlich auch noch keinen Fernseher. Seit ich erwachsen bin, fehlt mir dagegen ständig Zeit. Ursprünglich war ich eine Grundschullehrerin, das ist genau die Art Job, bei denen du nie zu Rande kommst. Nachdem ich dann verheiratet war, arbeitete ich Vollzeit – ein Doppelarbeitsleben. Dann hatte ich kleine Kinder und ich ging das Problem zumeist so an, daß ich versuchte, mich anzupassen. Vor kurzem zog ich die Konsequenzen und entschied, daß ein Leben in ständiger Anspannung und Aktivität nicht das war, was ich wollte und ich traf eine ganz bewußte Entscheidung, meine Verpflichtungen zu begrenzen. Ich finde, daß die Anforderungen an mich als Hausfrau und Mutter den Arbeitstag ganz schön ausfüllen."

Einige beschrieben, wie sie versuchten, mit der Zeit ökonomisch umzugehen, da sie ansonsten niemals mit allem hinkämen:

„Ich versuche, die meisten meiner Einkäufe in der Mittagspause zu machen. Damit kann ich vermeiden, am Samstag einkaufen zu müssen, um den Tag für Waschen und andere Hausarbeit frei zu haben. Ich versuche, mehr als eine Sache gleichzeitig zu machen."

Andere beschreiben, wie sie Zeit sparen, indem sie vorausdenken und planen:

„Jeden Abend mache ich mir auf der Rückseite eines gebrauchten Kuverts (von denen das Haus ja ständig überflutet wird) Notizen für das Programm des kommenden Tags. Ich schreibe alle Routinetätigkeiten, wie etwa das Waschen und das Zeitungholen für meinen Mann und alle anderen Arbeiten, auf.“

Einige der Jüngeren bzw. der Frauen im mittleren Alter schauen mit einem gewissen Neid auf die vorangehende Generation:

„Als meine Schwiegermutter in meinem Alter war, legte sie sich oft ins Bett. Zeitweilig saß sie auch im Sessel, aber häufiger blieb sie im Bett. Sie telephonierte mit ihren Freundinnen, schrieb Leserbriefe an die Zeitung, unterhielt Besucher, strickte, nähte und gab Anweisungen. Früher hielt ich das für entsetzlich langweilig, aber zwischenzeitlich bin ich versucht, das genauso zu machen. Meine Mutter lernte übrigens im gleichen Alter *Rock-and-Roll* und Motorradfahren.“

Die Generationen scheinen sich über den Vergleich grundsätzlich einig zu sein. Eine Mutter von fünf erwachsenen Kindern, die sicherlich kein leichtes Leben hat, schrieb: „Jede Generation denkt wohl, daß sie eine schwere Zeit hat, aber ich würde heute nicht mehr Mutter sein wollen.“ Dieses Gefühl wurde vielfach geteilt. Ältere Personen waren, obwohl sie selbst und ihre Eltern sicherlich ebenfalls hart zu arbeiten hatten und die sich bewußt waren, daß sich das Tempo über den Lebenszyklus verändert, entsetzt über die Auswirkungen, die die wirtschaftliche Unsicherheit auf das Leben ihrer Kinder hat. Das brachte sie um die Sicherheit, die sie selbst in der gleichen Phase ihres Lebensalters genossen hatten – den jetzt so oft idealisierten 50er Jahren. Und viele wünschten sich nostalgisch ganz einfach, daß ihre Töchter und Schwiegertöchter nicht arbeiten und nicht ihre Sonntagabende mit Bügeln verbringen müßten.

Pflichten und Ehemänner

Sehen wir uns genauer an, wie der Druck, mehr zu machen, von den Betroffenen erklärt wird, so entdecken wir, wie sich eine verdeckte, geschlechtsspezifische Form der Ausnutzung mit Vorstellungen von „Pflicht“ bzw. „einem sozialen Druck“ verbinden. Auch patriarchalisch-hierarchische Vorstellungen spielen z. T. eine Rolle. So schrieb etwa eine Frau:

„Ich habe schon oft darüber nachgedacht, warum wir anscheinend weniger Zeit als unsere Vorgängerinnen haben, insbesondere wenn man berücksichtigt, daß wir mehr arbeitssparende Geräte, bessere Transportmittel etc. zur Verfügung haben. Ich denke, das hat damit zu tun, daß wir dazu ermuntert werden, über Sachen nachzudenken, nachzufragen und in Dinge einbezogen werden, die früher die Domäne der Experten war, etwa im Klassenzimmer zu helfen, in Elternbeiräten mitzumachen, für unsere Rechte einzutreten etc."

Eine andere, die sich nach eigenen Aussagen über Gott und die Welt Gedanken machte und voller Ideen war, die sie gerne austauschen wollte, hielt das jedoch subjektiv für „gestohlene, verlorene Zeit", da es nicht unter ihr Gefühl der „Pflicht" fiel. Eine 63 Jahre alte Dame grübelte dagegen nach:

„Wenn ich so über die Gründe für das exzessive Lebenstempo nachdenke, muß ich mir eingestehen, daß ich selbst schuld daran bin, zu viel Arbeit für die Menschen meiner Umgebung zu übernehmen. Ein Teil der Schuld trifft aber auch meinen Mann, der mich zu stark unter Druck setzt. So habe ich es übernommen, für meine an Schizophrenie leidende Tochter drei Tage in der Woche zu kochen und auch ihre Wäsche zu machen. Sie belegt gerade einen College-Kurs, und deshalb bot ich ihr an, sie etwas zu unterstützen. Aber wenn ich ehrlich bin, ich wurde von meinem Mann auch unter Druck gesetzt, das zu machen. Er hat das Gefühl, daß wir ihre Eltern sind (wie wahr!), und falls wir ihr nicht helfen würden, würde ihr niemand sonst helfen. Was er wirklich meinte: ‚Du mußt ihr helfen, Du bist ihre Mutter',"

Ihre Überlegungen und erfolglosen Versuche, mit dieser Art Situation zu Rande zu kommen und selbst über ihre Tätigkeiten zu entscheiden, spiegeln sich in Dutzenden ähnlicher Berichte wider. So nahm beispielsweise eine Frau, die ebenfalls eine chronisch kranke Tochter hatte, schlußendlich einen Wochenendjob an, um ihren Mann dazu zu zwingen, seinen Anteil an der Pflege der Tochter zu übernehmen. Aber selbst dann war sie dafür zuständig, vorzukochen bzw. alles fürs Kochen herzurichten.

Trotzdem neigten viele der Frauen beim Reflektieren der Ursachen für die Beschleunigung ihres Lebenstempos dazu, sich selbst dafür verantwortlich zu machen und dies als Teil eines Pflichtgefühls zu interpretieren, das sie selbst kontrollieren sollten, nicht dagegen als etwas, das durch Außendruck zustande kam. Einigen anderen dagegen war bewußt, daß der Antrieb zu ihrem hohen Lebenstempo von ihren Männern kam. Deren Druck war wiederum beeinflußt durch die hohen Anforderungen in ihrer eigenen Arbeit, ihren Bedürfnissen bedient zu werden, ihrer Sicht zur Verteilung der Elternrollen oder ihrem Widerwillen, ihren vollen Anteil an den häuslichen Arbeiten zu übernehmen.

Dies sollte in Zukunft bei den Theorien über die Beschleunigung der Lebensverhältnisse stärker beachtet werden, gerade deshalb, da es so weit von den Standarderklärungen der Beschleunigung entfernt ist. Dieser Zugang ist auch deshalb so wichtig, da unterstrichen wird, daß es sich nicht um persönliche Schwächen, sondern um geschlechtsspezifische Vorstellungen von Pflicht handelt, sei es im öffentlichen oder sei es im privaten Bereich. Während die Männer die öffentlichkeitswirksamen und symbolisch besetzten Rollen übernehmen, machen die Frauen die „unsichtbare" Arbeit und investieren hierin ihre Zeit. Wie Ruth Valentine[9] das beschrieb, ist das herausragende Problem des Ehrenamts eine Form von *maternalism* (nur in etwa mit „Mutterkult" zu übersetzen). Das schließt nicht nur Phantasien ein, daß die Mütter alles machen und kontrollieren können, sondern auch Selbstausbeutung und die Ausbeutung anderer, wobei Überstunden und Zeitstreß als Pflichtnorm vorausgesetzt werden.

In der Vergangenheit wurde diese Selbstausbeutung häufig individualisiert und als neurotisch abgetan. Aber sie ist ein gesellschaftlich integrierter Bestandteil des Alltags von Frauen. In ihrer Studie zeigte Ann Oakley[10] den Einfluß von unerreichbar hohen Standards und den daraus folgenden Schuldgefühlen. Interessant sind hierzu die Beobachtungen einer Frau, die die jahreszeitliche Rhythmik ihrer Aktivität, ihre zeitweilige Erschöpfung in engem Zusammenhang mit der Nonstop-Gesellschaft beschreibt:

> „Im Sommer arbeite ich auf Hochtouren. Ich arbeite nach einem fortlaufenden Plan, bei dem ich Wochenenden, *bank holidays*, Kaffeepausen und Mittagessenszeiten ignoriere. Im November will ich dann nur noch schlafen, nichts als schlafen."

Zugleich sehen Frauen, daß ihre Zeit für nicht so wertvoll gehalten wird wie die der Männer:

> „Der ganze Haushalt muß um die Arbeit des Mannes organisiert sein, während die Frau, so gut sie kann, ihre Hausarbeiten erledigt und zugleich versucht, selbst aus dem Haus zu kommen."

Daher wird in den Berichten häufig darüber geklagt, daß Frauen gleichzeitig an zwei Orten sein sollen bzw. für alle Menschen ihrer Umgebung permanent ansprechbar zu sein haben. Besonders markant wird dies von Frauen beschrieben, die kleine Kinder zu betreuen haben, die ihre ganze Aufmerksamkeit verlangen, und die zugleich feste Zeiten (etwa für das Abendessen) einzuhalten haben.

Selbstverständlich ist das Leben auch für Männer nicht immer einfach. Ein jüngerer Mann schreibt:

> „Ich habe in meinem Leben so viel Zeit verschwendet, daß dies einen wunden Punkt berührt. Wochenenden sind da ganz besonders schlimm. Ich bin von Hause aus ein Faulpelz und würde lieber in einem Sessel sitzen und ein Buch lesen oder in den Tag hineinträumen, als meine häuslichen Pflichten zu erledigen. Aber mit drei kleinen Kindern komme ich selten weder zum einen noch zum anderen. Ich verabscheue meine Arbeit und ärgere mich über die acht bis zehn Arbeitsstunden pro Tag, die ich an meinen Arbeitgeber verkaufe. Um so schöner ist es dann, wenn ich an den Wochenenden die Gelegenheit habe, meinen eigenen Interessen nachzugehen oder mit den Kindern die Zeit zu verbringen. Am Sonntagabend liege ich dann gewöhnlich im Bett und ärgere mich beim Einschlafen über die Zeit, die ich in den vorangehenden 48 Stunden verschwendet habe."

Trotzdem war bei vielen das Gefühl weit verbreitet, daß zwar einige hochbezahlte Männer härter und länger arbeiten, daß dies aber für viele nicht zutrifft. Die Zeit der Frauen wird dagegen (im übrigen auch ihre Erwerbsarbeit) nicht genügend beachtet. Sie wird als verfügbar vorausgesetzt und als leicht kolonisierbar gesehen. Dazu eine pointierte Stellungnahme einer Frau:

> „Wenn es überhaupt so etwas wie Wiedergeburt geben sollte, werde ich als total hilfloses Wesen wiederkehren. Es macht nicht gerade Spaß, als eine Art ,Familienfeuerwehr' in allen Notfällen gerufen zu werden. Meine Oma, die kein fließendes Wasser im Haus hatte, nur Öllampen, und noch in einem Kupferkessel waschen mußte, hatte immer noch Zeit, sich jeden Nachmittag ins Bett zu legen. Heute ist das kaum mehr zu glauben."

Dieses Muster wird nur in Ausnahmefällen aufgebrochen:

> „Als ich 50 wurde, hörte ich mit dieser Tretmühle auf. Ob mir das ansonsten auch gelungen wäre, weiß ich nicht, aber durch Zufall las ich über die ,Alexander-Technik'. Jetzt stehe ich gelassen in der

Supermarktschlange ohne nervös zu werden. Wenn ich zu Hause ankomme, genehmige ich mir zunächst ein Päuschen, bevor ich anfange, die Einkäufe wegzuräumen."

Diese Befreiung vom üblichen Zeitdruck gelingt jedoch nur, wenn man alleine ist. Sobald die Familie wieder da ist, kehrt der Zeitdruck schnell wieder zurück. Die Beispiele illustrieren sehr anschaulich, wie die Familien die Frauen nahezu „auffressen" und wie das Familienleben alles verlangt – und etwas mehr, als sie geben können.[11]

Der Preis des beschleunigten Lebenstempos

Der hohe Preis, sich an das exzessive Lebenstempo anzupassen, wurde in den Berichten vielfach angesprochen:

„Die am meisten überfrachtete Zeit ist für mich die *tea time,* am Ende des Schultags. Mit den Kindern mußte ich lernen, in 15-Minuten Einheiten zu arbeiten. Es frustriert mich schon, daß ich keine zusammenhängende Zeit mehr für längere Tätigkeiten finde."

Eine andere Frau schrieb, daß sie, viele Jahre nachdem die Kinder aus dem Haus waren, die Zeit zwischen vier und sechs Uhr nachmittags noch immer nicht für persönliche Bedürfnisse nutzen konnte. Eine andere, die ihrerseits ganz stolz darauf war, etwas Kontrolle über ihre eigene Zeit wiedergewonnen zu haben, war trotzdem unzufrieden:

„Die Tageszeit, in der es noch immer hektisch zugeht, ist der späte Nachmittag *(tea time)*. Wie man es auch immer plant, es wird doch ein Gedrängel. Das Telephon läutet, etwas fehlt noch auf dem Tisch oder irgendjemand muß früher gehen."

Viele waren sich im übrigen bewußt, daß die angeblich so frauenfreundliche flexible Arbeitszeit eine Art Falle ist:

„Sie reizt dazu, die Arbeit erst auf den letzten Drücker zu verlassen und den zeitlichen Spielraum zu verringern, den man hat, um zum Zug zu kommen, damit man mehr bezahlte Arbeitszeit zusammenbekommt. Zugleich geht man seltener auf einen Schwatz in die Kneipe. Die meisten der anderen verheirateten Frauen machen das genauso, um die Zeit für einen freien Tag ‚anzusparen'."

Und genau wie einige Männer um ihren Herzinfarkt geradezu froh sein können, um endlich einen Grund zu haben, langsamer zu treten, waren viele Frauen geradezu erlöst, als sie von einer Vollzeitstelle auf Teilzeit übergingen oder den Arbeitsplatz ganz aufgaben:

> „Als ich eine junge Mutter war, und das Geld an allen Ecken und Enden fehlte, beschloß ich, mich nach einem Job umzusehen. Eigentlich wollte ich ja Teilzeit, aber sie überredeten mich dazu, ganztags zu arbeiten. Das zusätzliche Geld war ein Geschenk des Himmels. Jeden morgen war es jedoch eine Hetze, um das Frühstück zu richten, die Betten zu machen und dann noch eine Stunde zu meiner Arbeit zu fahren. Wenn ich dann da war, mußte ich mich mit unzufriedenem Personal herumärgern. Es war einfach frustrierend. Gewöhnlich kam ich gereizt nach Hause und ließ das an den Kindern und meinem Mann aus. In einer Nacht war es dann soweit: Ich entdeckte, wie mein Sohn das Wohnzimmer in Brand gesetzt hatte. Glücklicherweise war es nicht so schlimm und gleich wieder gelöscht, aber es brachte mich doch zum nachdenken [...] – und ich bekam Angst. Gleich am nächsten Morgen rief ich in der Firma an und sagte, daß ich nicht mehr länger in der Lage wäre, meinen Pflichten nachzukommen. Natürlich versuchten sie, mich zur Rücknahme meiner Kündigung zu bewegen, aber ohne Erfolg. Schnell fanden sich Wege, auch mit dem geringeren Einkommen auszukommen und alle waren glücklicher."

Eine andere junge Frau erinnerte sich:

> „Vor einigen Jahren arbeitete ich gleichzeitig drei Monate lang an zwei Filmen – ohne auch nur einen einzigen Tag frei zu haben. Ich lebte in dieser Zeit in zwei Städten, hatte eine lächerliche, zwanghafte Affäre, traf mich mit Freunden, ging aus, bereitete eine Novelle vor und machte obendrein noch die Wäsche. Wenn ich mir das so überlege, mit 24 war ich die Superfrau! Mit 29 hatte ich dann nur noch den Wunsch, mich auf mein Landhaus zurückzuziehen, so wie eine der Hauptfiguren bei Tschechow. Was war passiert? Einer meiner liebsten Freunde war bereits mit 52 Jahren gestorben. Ihn hatten die unerledigten Arbeiten gleichsam verfolgt. Auf eine paradoxe Art hat er mir geholfen, mein eigenes Lebenstempo zu verändern. Die Zeit ist in der Tat knapp, aber es ist alles andere als klug zu versuchen, alles in diese Zeit hineinzupacken. Man muß auswählen."

77   **Warum die ganze Hektik?**

Die Beschleunigung hatte eine Reihe von merkwürdigen Kennzeichen. Ebenso wie ihr Komplement, das Nonstop-Prinzip, ist sie auf individueller Ebene nahezu unvermeidbar. Die davon ausgehenden Effekte sind jedoch unterschiedlich. Nicht alle unterwerfen sich dem Nonstop-Prinzip, und nicht für alle ist die Beschleunigung gleichermaßen ein Problem. Warum gibt es diese Unterschiede? Zum Teil hat das damit zu tun, wie Alvin Toffler bereits vor mehr als 25 Jahren schrieb,[12] daß einige Personen eher Vorteile davon haben, ja gleichsam auf den „Wellen der Veränderungen" mitsurfen, während andere überwiegend Nachteile zu ertragen haben. Frühzeitig erkannte Toffler, daß die Fähigkeit, sich an schnellen Wandel anzupassen, ein Schlüsselmerkmal der Morderne ist, das bestehende soziale Unterschiede und Trennlinien noch verstärkt bzw. in neue transformiert.

Damit bereitete er die Grundlagen vor, auf denen alle nachfolgenden Untersuchungen des hohen Lebenstempos und der Beschleunigung aufbauen konnten. In seiner Zukunftsvision einer beschleunigten Welt, in der ein Teil mithalten kann, während ein anderer Teil zurückbleibt, identifizierte er das hohe Lebenstempo als grundlegende Variable. Er führte die damit einhergehenden neuen sozialen Trennungen jedoch nicht näher aus und beschrieb auch nicht, wer die Gewinner und wer die Verlierer sein würden. Mit Sicherheit war ihm auch die große Bedeutung des Einflusses der Geschlechterrollen nicht bewußt. Die Zitate meiner Untersuchung belegen, daß Zeit, Zeitkontrolle, Zeitverantwortung und soziale Bedingungen der Zeitverwendung für Männer und Frauen unterschiedlich sind, selbst wenn dort nicht erklärt wird, warum das so ist.

Zeit und Superfrau

Bei allen Versuchen, den größeren Widerstand der Frauen gegen die Beschleunigung des Lebenstempos zu erklären, ist die Fülle der Daten zu beachten, die belegen, daß Frauen noch immer mehr Hausarbeit machen als Männer, und die zeigen, daß Haushaltsgeräte viel weniger Zeitersparnis erbringen, als das weithin erwartet wurde.[13, 14, 15] Selbst wenn sich die Hausarbeit bei Aufnahme einer Erwerbsarbeit reduziert, geschieht dies nicht in entsprechendem Ausmaß. Die Frauen haben dann nicht nur erhebliche Schwierigkeiten, überhaupt noch Freizeit zu haben, sondern auch zu definieren, was für sie freie Zeit überhaupt ist.[16]

Die geschlechtsspezifische Reaktion auf die Nonstop-Gesellschaft ist jedoch nicht einfach mit den traditionellen Verantwortlichkeiten, den grundlegenden Veränderungen in den Beschäftigungsmustern und dem wachsenden Anteil der Frauenerwerbsarbeit zu erklären. Sie ist auch nicht nur ein Anhängsel an die Debatte um längere oder kürzere Arbeitszeiten.[17] Obgleich es nur verstreute empirische Belege gibt, haben wir doch genügend Hinweise darauf, daß es geschlechtsspezifische psychologische und kulturelle Einflußfaktoren gibt. Diese haben wiederum Bezüge zu sozialen und ökonomischen Gegebenheiten, die z. B. Allmachtsfantasien und unrealistische Erwartungen darüber fördern, wieviele Aktivitäten in die jeweiligen Zeiteinheiten gepreßt werden können. Der gängige Begriff „Superfrau Syndrom" hat damit eine Menge zu tun. Wenn sich Frauen diesen Schuh anziehen, wecken sie Erwartungen, zerstören Normen über die Relationen erfüllbarer Arbeitsbelastungen und angemessenem Lohn. Sie tragen damit selbst zur Beschleunigung des Lebenstempos bei. Gleichzeitig ist die „Superfrau" auch Adressatin einer Reihe von negativen Projektionen, Befürchtungen und Fantasien; das Produkt ungelöster sozialer und innerer Konflikte.

Den wahrscheinlich wichtigsten Beitrag lieferte Carol Gilligan,[18] die zeigte, daß Männer und Frauen an grundlegend unterschiedliche moralische Prinzipien appellieren: Männer eher an höchst abstrakte Formeln, Frauen dagegen eher an persönliche und auf menschliche Beziehungen gerichtete Prinzipien. Dies führt bei Frauen zu einer „Ethik der Fürsorge". Wenn diese auf die charakteristischen Muster der weiblichen Sozialisation[19, 20] aufgepfropft wird, trägt sie zusammen mit dem Streben nach ständiger Verfügbarkeit zur Nonstop-Gesellschaft bei. Wie Lynne Brown und Gilligan in einer Studie mit jugendlichen Mädchen ausführen,[22] besteht bei der weiblichen Identitätsbildung die Gefahr zu unerreichbar hohen Perfektionsidealen. In einer dazu korrespondierenden Studie zeigt Kay Deax[22] eine vergleichbare Problematik: Frauen schreiben persönlichen Erfolg charakteristischerweise Zufallsfaktoren wie Glück und Mißerfolge eher stabilen Faktoren wie etwa geringe Intelligenz zu, während sich bei den Männern genau das gegenteilige Bild zeigt. Erfolge erklären sie eher mit stabilen Faktoren und Mißerfolge mit Zufällen.

Diese Forschungsarbeiten zeigen, daß die weibliche Sozialisation dazu führt, daß die Frauen sich gleichzeitig für viele Ansprüche zuständig fühlen. Vor diesem Hintergrund ist die Klage „Wir haben keine

79 Zeit" alles andere als überraschend.[23] Wenn das Leben in seinen konträren und diffusen Anforderungen einem Fleckenteppich gleicht, und wenn Frauen durch Sozialisationsmuster gefangen sind, die nicht zu autonomen Handeln ermutigen, sondern dazu führen, daß sie sich an höchsten Idealen messen, werden sie verführt, Unmögliches zu versuchen.

Zugegebenermaßen ist dies ein bedrückendes Bild, und einige Leserinnen und Leser mögen sich fragen, wie weit verbreitet diese dargestellte innere Einstellung bei Frauen ist. Unbestreitbar ist es jedoch eines der herausragendsten Ergebnisse der Untersuchungen zum Lebenstempo, daß sich einerseits für beide Geschlechter die praktische Anpassung an den raschen Wandel als Problem stellt, daß dies aber andererseits für die Frauen viel stärker als für die Männer auch eine moralische Frage ist. Viel häufiger stellten Frauen die Frage, ob das Leben wirklich so ablaufen sollte. Insofern überrascht es kaum, daß Frauen nicht wie manche Männer das hohe Lebenstempo feiern, da dieses für sie weniger handgreifliche Erfolge zeitigt, die sie positiv für sich anführen können. Vielmehr haben sie häufiger das Gefühl des Scheiterns.

Dies ist nicht Ausdruck eines geringen Selbstbewußtseins. Es ist vielmehr stark strukturell bedingt. Es ist nämlich eine Frage des Einflusses auf die Zeiten *(locus of control)* und eine Frage, wie die jeweiligen Zeiten von Frauen und Männern bewertet werden. Im üblichen Stereotyp werden Frauen als eher zeitverschwenderisch, unentschlossen und unpünktlich beschrieben. Dies wird vielfach mit einem geschlechtsspezifischen Persönlichkeitsmerkmal und nicht als Funktion der sozialen Position erklärt. Demgegenüber ergibt sich aus meinen Untersuchungen, daß die Tatsache, daß Frauen ihre eigene Zeit nur schwerer abgrenzen bzw. „managen" können als Männer, wenig mit einer schwachen Persönlichkeit und dafür viel mit einer „Kultur" zu tun hat, die die Frauen normativ darauf verpflichtet, daß sie für andere verfügbar und sensibel sein sollten. Verständlicherweise ist ihre Zeit damit viel verletzlicher und durch Störungen von außen gefährdeter. Das läßt sich einfach nachvollziehen, wenn man sich einmal in das Büro einer Sekretärin setzt und beobachtet, wie schwer es in dieser Situation fällt, all die „ goldenen Zeit-Management-Regeln" (Nein-Sagen, delegieren, Reservieren von zeitlichen Freiräumen, etc.) einzuhalten. Oder wenn man sich bewußt wird, wie selbstverständlich in Schulen erwartet wird, daß Mütter und nicht Väter bei diesen und jenen Aktivitäten helfen sollen.

Dieser für Männer und Frauen unterschiedliche Zeitstandard wird im folgenden englischen Sprichwort sehr anschaulich: „Geduld ist eine Tugend, schön ist es, wenn man dies kann; du findest sie manchmal bei Frauen aber niemals bei einem Mann." Helga Nowotny schreibt über die ungleiche und ideologisch besetzte Wertung und Nutzung der Zeiten:[24] „Es ist offenkundig, daß die Erwerbsarbeitszeit die Voraussetzung für die private Nutzung von Zeit ist. Zugleich ist ein guter Teil der privaten Zeitnutzung aber auch die Voraussetzung für die Erhaltung der Erwerbsarbeitszeiten."

Die „Verweiblichung" des Arbeitsmarktes

Die Ergebnisse der Untersuchung zeigen nicht primär grundlegende Unterschiede in der Zeitorientierung von Männern und Frauen, sondern vielmehr geschlechtsspezifische normative Anforderungen an die je eigenen Zeiten und die des anderen Geschlechts. Es handelt sich dabei um weit verbreitete kulturelle Werte, die sich historisch ändern. Interessant ist nun, daß nicht nur die Lebensverhältnisse der Frauen denen der Männer ähnlicher werden, sondern daß sich auch die Lebensumstände von Männern denen von Frauen annähern. Dies vollzieht sich auf zwei Ebenen. Aufgrund der Entwicklungen auf den Arbeitsmärkten nimmt der Anteil von Teilzeitarbeit zu, steigt der Anteil der Frauen in der Erwerbsarbeit und nehmen die Arbeitsplätze für Männer im produzierenden Gewerbe ab. In der Konsequenz ergibt sich eine gewisse Annäherung der Arbeitsbedingungen beider Geschlechter.

Die Abnahme insbesondere der männlich geprägten Berufe sowie der Anstieg der Beschäftigung im Dienstleistungssektor und die generelle Professionalisierung aller Tätigkeiten fördern den Trend zu größerer Selbstausbeutung.

Professionalität war lange Zeit weniger durch Regeln als vielmehr durch innere Verpflichtungen (eine Art Berufsmoral), lange Ausbildung und hohe Standards geprägt. Durch den Einfluß zunehmender Beschäftigung von Frauen in traditionellen Sektoren ebenso wie die Entwicklung „neuer Tätigkeitsprofile" außerhalb der immer schon von Frauen dominierten Bereiche der Pflege und personenbezogener Arbeit ergaben sich grundlegende Veränderungen. Insbesondere trugen diese Veränderungen mit dazu bei, den jahrhundertealten Kampf um feste Arbeitszeiten, die 40-Stunden-Woche und eine gerechte Bezahlung für gute Arbeit aufzuweichen. Eine Folge davon sind die Mobil-Zeiten und die Flexibilisierung der Arbeitszeiten an den Wochenenden und in den Abendstunden. Trotz all der rhetorisch so familien- und frauenfreund-

81 lich angepriesenen Flexibilität ist diese vor allem arbeitgeberfreundlich: letztlich ist Flexibilität ein Instrument, um die Kosten nicht voll genutzter Zeiten auf die Beschäftigten abwälzen zu können.

Ein weiterer Gesichtspunkt des umfassenden Veränderungsprozesses ist die wachsende Bedeutung des „Emotions-Managements" im Arbeitsprozeß. Arlie Hochschild gibt beispielsweise für das Jahr 1983 an, daß 56,4% aller Arbeitsplätze und 79,7% der Frauen-Jobs in den USA in Bereichen lagen, in denen die Beschäftigten ausgeprägt danach streben zu gefallen – genau das, was sich Arbeitgeber erhoffen können, wenn sie Frauen einstellen.[25] Selbst für gleiche Arbeitsplätze zeigte sich, daß die anfallenden Aufgaben von Frauen emotional intensiver als von Männern erfüllt wurden. Die von ihr untersuchten Stewardessen mußten länger als ihre männlichen Kollegen den Fluggästen zuhören und sich auch mehr Beschwerden und Beschimpfungen anhören. In vielen Organisationen gehört es zu den unausgesprochenen Erwartungen, daß Frauen stärker für die emotionale Seite zuständig sind und Konflikte sowie Streß-Situationen abpuffern. Da dies vielfach weniger leicht meßbar ist, wird es zugleich häufig geringer geschätzt und bewertet. Es trägt selbstverständlich zum wirtschaftlichen Erfolg bei, ist aber weniger leicht den Erfolgs- bzw. Produktivitätskennziffern zuzuordnen. So perpetuiert sich trotz aller Antidiskriminierungsmaßnahmen ein Muster, in dem Frauen relativ stärker unterbezahlt werden.

Neue Formen der Ausbeutung aufgrund des steigenden Lebenstempos

Der kumulative Effekt ökonomischer und geschlechtsspezifischer Trends bringt neue Formen der Ausbeutung hervor. Dies ist mein zentrales Untersuchungsergebnis. Solche Tendenzen sind in den stärker weiblich dominierten Tätigkeiten im Dienstleistungssektor und im Bereich der „Arbeit am Menschen" deutlich sichtbar. Da die Arbeitgeber nicht für die Zeitkosten ihrer Beschäftigten bezahlen, z. B. durch Stückzahlen und Abrufkontrakte (Bezahlung nur für effektiv geleistete Stunden), nutzen sie die „Verweiblichung" der Arbeitswelt.[26]

Die Veränderungen werden im Alltag vielfach so geschlechtsspezifisch ins Werk gesetzt, daß die nachteiligen Effekte der Erwerbsarbeit in die Privatsphäre abgewälzt werden. In der blinden Jagd nach höherer Produktivität bleibt dies unberücksichtigt. Das ganze Ausmaß dieser Kostenverlagerung wird jedoch zunehmend im politischen Bereich wahrgenommen. Befürchtungen über die Konsequenzen solcher unsozialen Arbeitszeiten auf Familien und Kinder werden geäußert.[27, 28]

Die Auflösung der Grenzen zwischen Arbeit und Haushalt und der Trend zur Arbeitsverdichtung, zu größerer zeitlicher Unsicherheit und zu längeren Arbeitszeiten betrifft nicht nur die Frauen. Es mehren sich für beide Geschlechter die Zeichen für einen deutlichen Anstieg der auf Streß zurückzuführenden Krankheiten. Die „Verweiblichung" der Arbeitswelt hat die Entwicklung in Richtung „sanfterer" Mechanismen der Zeitkontrolle beschleunigt. Für Frauenarbeitsplätze werden selten Überstunden bezahlt. Dennoch müssen Frauen vielfach länger unbezahlt arbeiten, da die Aufgaben „einfach erledigt werden müssen". Von daher gesehen ist es alles andere als erstaunlich, daß Frauen die Fragestellung dieses Projektes über die Steigerung des Lebenstempos sehr gut verstanden haben. Und sie haben auch verstanden, daß diese Beschleunigung kein Grund zum Feiern ist.

Literatur

[1] Übersetzt aus dem Englischen von Martin Held. – [2] Das Projekt „Pace of Life, Age and Social Change" (LC14250027) wurde vom britischen Economic und Social Research Council gefördert. – [3] *Roediger, D. / Foner, P.:* Our Own Time. A History of America Labor and the Working Day. London 1989 sowie *Schor, J.:* The Overworked American. New York 1991. – [4] *Giddens, A.:* The Consequences of Modernity. Oxford 1990. – [5] *Wierling, D.:* The History of Everyday Life and Gender Relationships: On Historical and Historiographical Relationships. In: *A. Ludtke (ed.):* The History of Everyday Life. Reconstructing Historical Experiences and Ways of Life. Princeton New Jersey, S. 149–168, 1995. – [6] *Bloome, D. / D. Sheridan/B. Street:* Reading Mass-Observation Writing: Theoretical and Methodological Issues in Researching the Mass Observation Archive. Mass-Observation Archive Occasional Paper Nr. 1, University of Sussex 1993. – [7] *Sheridan, D.:* „Ordinary hard-working folk?" Volunteer Writers in Mass-Observation 1937–1950 and 1981–1991. Feminist Praxis Vol. 38, S. 1–34, 1993. – [8] *Foucault, M.:* Discipline and Punish. The Birth of the Prison. London 1977. – [9] *Valentine, R.:* Equal Opportunities and the Voluntary Sector. In: *J. Shaw / D. Perrons (eds.):* Making Gender Work. Managing Equal Opportunities. Buckingham, S. 170–177, 1995. – [10] *Oakley, A.:* The Sociology of Housework. Oxford 1974. – [11] *Coser, L.:* Greedy Institutions. Glencoe 1974. – [12] *Toffler, A.:* Future Shock. London 1970. – [13] *Vanek, J.:* Time Spent in Housework. Scientific American, Vol. 231, S. 116–120, 1974. – [14] *Cowan, R.:* More Work for Mother. The Ironies of Household Technology from Open Hearth to the Micro-wave. London 1989. – [15] *Bowden, S.:* Household Appliances and the Use of Time: The United States and Britain since the 1920s. Economic History Review, vol. 47, No. 4, S. 725–248, 1994. – [16] *Deem, R.:* All Work and No Play? A Study of Women and Leisure. Milton Keynes 1986. – [17] *Gershuny, J.:* Are we Running out of Time? Futures, S. 3–22, Jan./Febr. 1992. – [18] *Giligan, C.:* In a Different Voice. Psychological Theory and Women's Development. Cambridge Mass. 1982. – [19] *Chodorow, N.:* The Reproduction of Mothering. Berkeley 1978. – [20] *Ernst, S.:* Can a Daughter be a Woman? Woman's Identity and Psychological Seperation. In: *S. Ernst. / M. Maguire (eds.):* Living with the Sphinx. London, S. 68–116, 1987. – [21] *Brown, L. / Giligan, C.:* Meeting at the Crossroads: Women's Psychology and Girls' Development. Cambridge Mass. 1992; siehe auch *Coward, R.:* Our Treacherous Hearts. Why Women Let Men Get Their Way. London 1992 sowie *Haug, F.:* Beyond Female Masochism. London 1992. – [22] *Deaux, K.:* Sex: A Perspective on the Attribution Process. In: *J. H. Harvey et al. (eds.):* New Directions in

83 Attribution Research. Vol. 1. Chichester, S. 335–52, 1977. – [23] *Seymour, L.:* No Time to Call my Own: Women's Time as a Household Resource. Women's Studies International Forum. Vol. 15, No. 2, S. 187–192, 1992; siehe auch *Balbo, L.:* Crazy Quilts: Rethinking the Welfare Stated Debate from a Woman's Point of View. In: *A. Showstack Sasson (ed.):* Women and the State: Shifting Boundaries of Public and Private. London, S. 45–71, 1987 und *Saraceno, C.:* Division of Family Labour and Gender Identity. In: *A. Showstack Sasson (ed.):* Women and the State. London. S. 191–206, 1987. – [24] *Nowotny, H.:* The Public and Private Uses of Time. In: *L. Balbo / H. Nowotny (eds.):* Time to Care in Tomorrow's Welfare State. Wien 1986; siehe auch *De Vault, M.:* Feeding the Family: The Social Organisation of Caring as Gendered Work. Chicago 1991. – [25] *Hochschild, A.:* The Managed Heart. The Commercialisation of Human Feeling. Berkeley 1983. – [26] *Stalk, G. / Webber, A.:* Japan's Dark Side of Time. Harvard Business Review, S. 93–102, Juli / Aug. 1993. – [27] *Hewlett, S. A.:* Child Neglect in Rich Nations. New York 1993. – [28] *Hewitt, P.:* About Time. The Revolution in Work and Family Life. London 1993.

Astrid Orthey

Der Handel mit Frauen-Zeiten

Nonstop wird im Handel mit der Zeit gehandelt. Zur Steigerung der ökonomischen Effizienz werden die letzten Zeit„frei"räume ausgenutzt. Pausen werden systematisch verkürzt und verplant, sowohl die „Handels-Pausen", in welchen die Geschäfte geschlossen waren, als auch die Pausen der Beschäftigten vor, während und nach eines Arbeitstages. Die geschlechtsspezifische Verteilung des daraus entstehenden Zeitdrucks ist dabei offensichtlich – der Handel ist der Handel mit Frauenzeiten.

„Durch den Besuch großer Messen oder durch die periodischen Reisen der venezianischen Kaufleute nach dem Orient, der hansischen Kaufleute nach Nowgorod kam ein fester Zeitrhythmus in das Leben vieler Kaufleute. Wer schon beim Einkauf – zumindest gewisser Güter – und erst recht beim Verkauf der erste sein wollte, mußte ein sehr genaues Bewußtsein von der richtigen Zeit haben. Das Zeitmoment spielte besonders bei spekulativen Geschäften eine Rolle, wie es

Dipl. Hdl. **Astrid Orthey**, geb. 1964 in München. Studium der Wirtschafts- und Sozialpädagogik und der Erwachsenenpädagogik. Seit 1989 Wissenschaftliche Mitarbeiterin in der Fakultät für Pädagogik, Studienrichtung Berufspädagogik an der Universität der Bundeswehr, München. 1992–1995 Mitarbeiterin im Forschungsprojekt ‚Entwicklung, Begleitung und Auswertung neuer Formen gewerkschaftlicher Arbeit in Betrieb und Wohngebiet'. Seit 1990 freiberufliche Trainerin und Beraterin in verschiedenen Firmen und Institutionen. Publikationen zu (berufs)pädagogischen Themen.

Dipl. Hdl. Astrid Orthey, Matterhornstraße 23a, 81825 München

z. B. der Safranhandel war. [...] Das gleiche galt für den Kredit, der ja durch die Zerlegung des Tausches von Gütern oder Werten in einer gestreckten Zeit gekennzeichnet ist. Durch das Aufkommen der verschiedenen Kreditformen, besonders des Wechsels, war der Kaufmann gezwungen, genau mit der Zeit zu rechnen."[1]

Die Zeit war bereits zu Zeiten der ersten Fernkaufleute vor fast 500 Jahren ein entscheidender Faktor für den Wettbewerb im Handel. Heute ist das nicht anders, obwohl sich der Fokus der Zeitoptimierung von den Produkten und deren Transport auf die Beschäftigten verschoben hat. Über Zeitzergliederung, Zeitflexibilität, Zeitvariabilität sichern sich Einzelhandelsunternehmen Marktvorteile – reale und vermeintliche – u.a. durch Ladenöffnungszeiten oder Arbeitszeitverträge. Entstehende Zeitprobleme werden delegiert und den Beschäftigten zugeschoben. Davon sind insbesondere Frauen betroffen, denn sie stellen ca. 90% der Beschäftigten im Einzelhandel.

In Zeiten zunehmender Flexibilisierung und Deregulierung kollidiert der Zeitbedarf, der durch wachsenden Koordinationsaufwand von Familienarbeit und Berufsarbeit das Zeitbudget vor allem von Frauen belastet, mit den Bedingungen des Arbeitsalltags, der ebenfalls durch erhöhten Koordinationsaufwand gekennzeichnet ist. Insofern werden Wettbewerbsvorteile heute vielfach durch vermehrte Zeitbelastung von Frauen „erhandelt".

Im Rahmen eines Forschungsprojekts zur „Entwicklung, Begleitung und Auswertung neuer Formen gewerkschaftlicher Arbeit in Betrieb und Wohngebiet"[2] wurden u. a. Arbeitsstrukturen und die daraus resultierenden Zeitzwänge untersucht. Einzelne Ergebnisse dieser Untersuchung belegen, was Jenny Shaw[3] in ihrem vorangehenden Beitrag erklärt und systematisch ausarbeitet.

Flexibler Handel durch flexibles Handeln

Flexibilisierung im Einzelhandel benennt die Auflösung der sogenannten Normalarbeitszeit, durch verschiedene Modelle, in denen sowohl die Dauer als auch die Lage der Arbeitszeit variabel verändert werden können. Überstunden, Arbeit auf Abruf (Kapazitätsorientierte variable Arbeitszeit), wöchentlich unterschiedliche Arbeitszeiten sind einige Beispiele für solch flexible Arbeitszeiten.

87   Insbesondere im Einzelhandel läßt sich die Tendenz zur Flexibilisierung der Zeiten, die ja auch in anderen Branchen geschieht, beobachten. So stieg z. B. der Anteil der Teilzeitkräfte in den letzten zehn Jahren von 20% auf weit über 50% aller Beschäftigten. Dies war in diesem großen Umfang nur realisierbar, weil Frauen – zum Teil gezwungenermaßen – bereit waren und auch häufig Interesse daran hatten, eine Teilzeitbeschäftigung anzunehmen. Immer mehr Vollzeitbeschäftigte werden durch Teilzeit- und sogenannte Pauschalkräfte (das sind geringfügig Beschäftigte, die nicht sozialversicherungspflichtig sind) ersetzt, da diese noch (zeit-)flexibler einsetzbar sind. Dieser Trend verstärkte sich noch weiter durch die Ausweitung der Ladenöffnungszeiten, für die die gesetzlichen Bedingungen kürzlich verabschiedet wurden.

Verbunden mit der Flexibilisierung der Arbeitszeitverhältnisse läßt sich eine deutliche Reduktion des Einflusses der Beschäftigten auf die Gestaltung ihrer Arbeitszeit feststellen. Aus der Berechnung von Kundenfrequenzen, angestrebten Umsätzen und dafür erforderlichen Personalkapazitäten wird die Personalbesetzung geplant, um so in einem möglichst günstigen Verhältnis Vollzeit-, Teilzeit- und Aushilfsbeschäftigte einzusetzen. Da die Planungsdaten über Kundenaufkommen und die notwendige Personalbesetzung aufgrund unkalkulierbarer Größen (z. B. Kundenverhalten) mit Unsicherheiten verbunden sind, setzt die unternehmensgerechte Steuerung des Personaleinsatzes voraus, daß ein Teil des Personals kurzfristig, d. h. auf Abruf angefordert werden kann und flexibel für Überstunden und Sonderschichten ist.

Mit dem verführerischen Versprechen flexibler und bedürfnisorientierter Arbeitszeiten und mit der Suggestion, damit Familie und Arbeitstätigkeit vereinbaren zu können, werden im Einzelhandel Arbeitskräfte, vor allem Frauen, angeworben und – aufgrund der vielen vermeintlichen zeitlichen „Freiheiten" – zu Minimallöhnen beschäftigt. Um zwischen den Arbeitszeitbedürfnissen der Beschäftigten und dem Bedarf der Unternehmen „pausenlos" einen möglichst optimalen Personaleinsatz bereitzustellen, muß jedoch ein Gleichgewicht hergestellt werden. Dadurch kippt das Versprechen der flexiblen selbstbestimmten Arbeitszeitgestaltung rasch ins Gegenteil um und wird zur flexiblen Anpassung der Familie an die Arbeitszeit. Es ist beispielsweise eine Illusion, daß alle Verkäuferinnen mit Kindern am Vormittag, wenn Kindergarten und Schule geöffnet haben, beschäftigt werden können. Außerdem verlangt das Kundenaufkommen möglichst viele Arbeitskräfte nach dem üblichen „Dienstschluß", d. h. nach ca. 16 Uhr sowie an Samstagen.

Flexibilisierung bedeutet also gerade nicht eine flexible zeitsouveräne Gestaltung von Arbeitszeiten seitens der Beschäftigten, sondern vielmehr eine flexible Anpassung der Frauen an die betrieblichen Notwendigkeiten und damit eine variable Anpassung der Familie und der Freizeit an das Unternehmen. Zusätzlich fallen hohe Zeit-Koordinationsleistungen der Frauen an, da sie gezwungen werden, alle ihre Lebensbereiche und die dazugehörige Personen an ihre unflexibel-flexiblen Arbeitszeiten anzupassen. Die Grenzen zwischen Arbeitszeit und Nichtarbeitszeit verschmelzen, da insbesondere die zeitlichen Belastungen des Anpassungs- und Koordinationsaufwandes in den jeweils anderen Bereich hineinwirken. So wird die „Frei"-Zeit und „Familien"-Zeit immer häufiger von ökonomischen Bedingungen der Arbeitszeit dominiert und immer weniger wirklich freie Zeit.

Zeitverantwortung von Frauen in Beruf und Familie

Das permanente „Zeitdilemma" der Frauen im Handel besteht darin, lebensweltliche (z. B. Kindergartenöffnungszeiten, Fahrpläne öffentlicher Verkehrsmittel) und arbeitsplatzbedingte (z. B. Schichtpläne, Pausenregelungen) Zeitanforderungen miteinander in kontinuierlicher Balance zu halten. Nonstop sind sie mit Aufgaben der Zeitplanung, des Zeitarrangements und der Zeitkoordination beschäftigt. Unter diesen Zeitkonflikten leiden jene Beschäftigten am meisten, deren Delegationsmöglichkeiten sowohl innerhalb wie auch außerhalb des Arbeitsbereiches am geringsten sind. Im Einzelhandel sind dies die Verkäuferinnen und die Kassiererinnen.

Sie sind dem immer größer werdenden Zeitdruck am direktesten ausgesetzt, und sie haben die geringsten Möglichkeiten, diesen zu kompensieren. Und dies nicht nur in der Arbeitszeit, sondern auch während der „Pausenzeiten". Diese sind häufig gar keine mehr, denn in den offiziell geregelten sogenannten „Pausen" müssen die Lager aufgefüllt, Kolleginnen vertreten und kleinere Reparaturarbeiten übernommen oder der Verkaufsraum in Ordnung gebracht werden.

Diese faktische Pausenlosigkeit führt zur Überkomplexität mit Überforderungsfolgen. Die Verantwortung für das reibungslose Funktionieren des Geschäftsablaufes, für kurzfristige Erledigung von außergewöhnlichen Aufgaben (die schon fast zur Routine geworden sind), für die Koordination der Schichtpläne usw. liegt bei den beschäftigten Frauen (ohne daß sie dafür bezahlt werden).

Durch den pausenlosen Zeitdruck fehlt vor allem die Zeit für soziale Kontakte. Auch die „Beziehungsarbeit" innerhalb und außerhalb der Arbeit muß beschleunigt werden. Dies insbesondere gegenüber KollegInnen, die man aufgrund fehlender Pausen nur mehr selten trifft, gegenüber KundInnen, die nicht mehr beraten werden können, gegenüber FreundInnen, die aufgrund flexibler Arbeitszeiten immer gerade keine Zeit haben, gegenüber Partnern, die im Schichtwechsel bei der Kinderbetreuung abgelöst werden und gegenüber den Kindern, deren „inflexibler" Rhythmus nur selten mit den flexiblen Arbeitszeiten zu vereinbaren ist. Beziehungen unter diesen Bedingungen führen zu Dauerstreß und zum Gefühl permanenter Überlastung.

Durch Verlagerung der zeitlichen Koordinationsaufgaben in die Selbstverantwortung der Beschäftigten, wird der Zeitstreß noch weiter erhöht. Zeitliche Selbstverantwortung wird zur Selbstbelastung.

Rationalisierungsstrategien

„Die Reduzierung des Personalkostenanteils an den Gesamtkosten steht seit langer Zeit im Vordergrund betrieblicher Rationalisierungsstrategien im Einzelhandel. Die wichtigsten Elemente der personalwirtschaftlichen Rationalisierung sind dabei die Zergliederung von Arbeitsfunktionen und aufgabenspezifischer Personaleinsatz sowie der flexible Personaleinsatz durch Ausdifferenzierung der Arbeitszeitregelungen."[4]

Konkret bedeutet eine solche Strategie, daß die Kosten von nicht voll „ausgelasteten Zeiten" im Handel durch die Flexibilisierung der Arbeitszeiten auf die VerkäuferInnen geschoben werden. Ein wichtiges Instrument dazu ist die fixe Personalkostenzuteilung für die einzelnen Filialen. Je nach Umsatzleistung pro Jahr werden den einzelnen Filialen feste pauschale Etats für Personal zugewiesen, die alle Personalkosten (inclusive Überstunden) beinhalten. Unvorhersehbare Überstunden, die in der Jahresberechnung nicht berücksichtigt waren – und das sind fast alle Überstunden –, werden in der Regel nicht oder erst Monate bzw. Jahre später bezahlt.

Werden in Tarifverhandlungen Lohnerhöhungen oder auch Arbeitszeitverkürzungen durchgesetzt, ist die Folge bei fixen Personalkosten in den Filialen, daß insgesamt weniger Arbeitszeit zur Verfügung steht – bei gleichbleibendem oder steigendem Arbeitsanfall. Für die Beschäftigten bedeutet das zusätzliche Arbeit, mehr eigene Belastung und mehr Flexibilität und Koordinationsaufwand zur Kompensation der fehlenden (d. h. nicht mehr finanzierbaren) Arbeitszeit, also Zeitverdichtung.

Immer ...

Da die Grenzen des Zeitsparens im Handel bereits weitgehend überschritten sind, wird die anfallende Arbeit in die Freizeit der Beschäftigten verlegt. Vor allem in Lebensmitteleinzelhandelsfilialen ist es üblich, daß die VerkäuferInnen 30 bis 60 Minuten vor Ladenöffnung mit dem Einräumen der Ware und der Vorbereitung der Wurst-, Fleisch-, Käse- und Obsttheken beginnen. Darüberhinaus wird nach der Schließung der Filiale noch 30 bis 60 Minuten aufgeräumt und abgerechnet. Diese Vor- und Nachbereitungszeiten werden häufig nicht bezahlt, da als Arbeitszeit nur die Ladenöffnungszeiten angerechnet werden. Die VerkäuferInnen leisten also im Durchschnitt pro Tag mindestens eine halbe Stunde „unbezahlte Schwarzarbeit" in ihrer Freizeit (während der sie nicht versichert sind und für die sie kein Entgelt beziehen).

... und Überall

Die zunehmende Rationalisierung durch Flexibilisierung und Deregulierung im Handel führt auch zum Anwachsen der Wegezeiten. Der generell zu beobachtende steigende Aufwand, der das Erreichen eines Arbeitsplatzes notwendig macht, wird im Lebensmitteleinzelhandel durch den flexiblen Einsatz der Beschäftigten an verschiedenen Arbeitsorten noch verstärkt. Folge der minimalen Personalausstattung ohne personelle Kapazitätsreserven ist die Erhöhung der „SpringerInnen"-Tätigkeit zwischen den Filialen. Im Krankheits- oder Urlaubsfall sind ständige Versetzungen und gegenseitiges Aushelfen notwendig. Dies verlängert die Wegezeiten, erhöht die Frequenz des Unterwegsseins und reduziert die Freizeit der Beschäftigten. Der Zeitdruck erhöht sich.

Da sich die Arbeitsbedingungen immer rascher ändern, muß der zeitliche Anpassungsprozeß in der alltäglichen Lebensführung auch immer schneller geschehen. Dies wiederum geht nur mit erheblich erhöhtem Zeitaufwand. Und so laufen die im Einzelhandel Beschäftigten nonstop ihren Bedürfnissen und Wünschen hinterher. Wie der Hase im Grimm'schen Märchen hetzen sie zwischen Familie und

91 Arbeit. Man kann nur hoffen, daß ihnen das Schicksal des Hasen erspart bleibt.

Literatur

[1] *Maschke, E.:* Berufsbewußtsein des Fernkaufmanns. In: *Haase C.* (Hg.): Die Stadt des Mittelalters, Darmstadt 1976, S. 177–216, Zitat S. 190f. – [2] Das Forschungsprojekt wurde von der Hans-Böckler-Stiftung im Zeitraum von 1992–1995 gefördert und an der Universität der Bundeswehr unter Projektleitung von Prof. Dr. Kh. A. Geißler von Astrid Orthey und Ilse Dankerl durchgeführt. Detaillierte Ergebnisse liegen in einem unveröffentlichten Forschungsbericht bei der Stiftung vor. – [3] Vgl. dazu den Beitrag von *Jenny Shaw* in diesem Buch. – [4] *Görs, D./Goltz, M./Iller, C.:* Personalentwicklung und Weiterbildung im Einzelhandel, Bremen 1994, S. 78.

Kinderzeiten

Zeitdisziplin und Nonstop-Gesellschaft aus der Sicht der Kinder[1]

In Untersuchungen zur Zeitwahrnehmung von Kindern werden diese vielfach als Objekte und nicht als Subjekte behandelt. Demgegenüber wird in der folgenden Studie zur Zeiterfahrung von Kindern im Alter von 8 bis 12 Jahren davon ausgegangen, daß Kinder noch darüber nachdenken, was die Erwachsenen üblicherweise als gegeben annehmen. Sie stellen in Frage und beleuchten, was Zeitdisziplin und Nonstop-Gesellschaft für Kinder bedeuten. Sie können die acht Zeitlektionen identifizieren, die sie lernen müssen, um als „Zeiterwachsene" anerkannt zu werden. Ihre Erfahrungen der Zeitdisziplin und Nonstop-Gesellschaft sind der Ursprung einer Vision von Zeitautonomie. Viele Kinder fragen nach zeitlichen Freiräumen, Zeiten zum Nachdenken und Reflektieren, Zeiten für Eltern und Freunde, Zeiten zum Spielen und Zeiten für Ruhe und Frieden.

Zeit kann in vielen Disziplinen und auf unterschiedlichsten Ebenen untersucht werden. In meiner Studie habe ich einen multidisziplinären Ansatz gewählt, um zu erkennen, wie Kinder „Zeit" erfahren. Aus den Erkenntnissen der Physik, der Geschichte, der

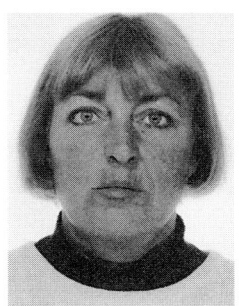

Dr. **Ingrid Westlund,** geb. 1948. Studium der Erziehungswissenschaft. 18 Jahre Lehrerin und 3 Jahre Rektorin. Seit 1992 Untersuchung der Effekte der Nonstop-Gesellschaft auf die Kinder und deren Zeitwahrnehmung. Promotion zum Zeiterleben von Kindern 1996. 1992 bis 1996 im Department für Erziehungswissenschaften und Psychologie der Universität Linköping, Schweden, tätig. Neben Forschung Ausbilderin für die Schwedische Nationale Erziehungsagentur und Beratung für die Schulentwicklung. Seit 1996 beschäftigt in Norrköping für Schulentwicklung entsprechend neuen Curricula.

Dr. Ingrid Westlund, University of Linköping, Department of Education and Psychology, S-58183 Linköping

(Sozial-)Psychologie und der Soziologie habe ich einen theoretischen Rahmen gebildet, mit dem erfaßt werden kann, wie die Kinder sowohl die objektive als auch die subjektive Zeit erfahren.

Unsere Gesellschaft baut auf dem Zeitkonzept Newtons auf.[2] Viele Studien belegen, wie das Alltags-Schulleben durch die Schulglocke organisiert wird. Diese ist ein Symbol für eine objektive Zeit, die quantifiziert, unterteilt und gemessen werden kann.[3] Den Kindern wird beigebracht, die Zeit effektiv zu nutzen. Die Schulglocke bestimmt, wann, wie lange, wie oft und in welcher Reihenfolge die unterschiedlichen Schulfächer und Schulaufgaben zu bearbeiten sind.[4] Bernstein beschreibt eindrücklich, wie bestimmte Zeit-Codes und Zeitrahmen die Schularbeiten bestimmen.[5] Die Schülerinnen und Schüler müssen lernen, daß *ihre* Zeit ignoriert wird. Ihre subjektiven Zeiten, die vom Bedeutungsgehalt und der Sinnhaftigkeit der Schularbeit ausgehen, sind von untergeordneter Bedeutung.[6]

Lernen als Prozeß kann jedoch nicht angemessen verstanden werden, wenn man sich nur auf die abstrakten Lerneinheiten konzentriert.[7] In einigen neueren Studien wird untersucht, wie Kinder und Erwachsene Zeit subjektiv erleben.[4,8] Piaget etwa zeigt, wie die Zeiterfahrungen kleiner Kinder durch Gefühle beeinflußt werden („psychologische Zeit").[9] Er kommt zur Schlußfolgerung, daß man den Prozeß des Heranwachsens mehr oder weniger so verstehen kann, daß dazu subjektive Zeit eine immer geringere Rolle spielt. An Piagets Arbeit wird jedoch kritisiert, daß sich dieser bei seinen Studien auf die logische und kognitive Kompetenz beschränkte.[10] Bereits eine flüchtige Übersicht der Forschung zur Zeiterfahrung von Kindern zeigt, daß dabei insbes. die Wahrnehmung und das Konzept von Zeit im Vordergrund des Interesses steht.[11] In diesen Studien wird vom Kontext abstrahiert und vielfach wird ein experimentelles Design verwandt.[12] Kinder werden dabei, so läßt sich *zusammenfassend* sagen, als Objekte und nicht als Subjekte verstanden.

In meinem Beitrag konzentriere ich mich dagegen auf die Fragestellung, wie die *Kinder selbst* über den Konflikt zwischen dem subjektiven und dem objektiven Aspekt der Zeit denken und wie sie diesen erfahren. Ich versuche, den Kindern im Alter von acht bis zwölf eine Stimme zu geben: wie sie diesen Zusammenhang, die Spannung, bis hin zum Konflikt im Alltagsleben erleben und fühlen. Ich mache das in der Überzeugung, daß sie unser Wissen über den Prozeß der Zeit-Sozialisierung anreichern können; ein Prozeß, der darauf abzielt, die Kinder in den Zeitrahmen zu erziehen und zu disziplinieren, in dem sich das Alltagsleben der Erwachsenen der westlichen Industriegesellschaften abspielt. Meine grundlegenden Fragen sind:

- *Was bedeutet es und wie erlebt man es, in die Nonstop-Gesellschaft sozialisiert und diszipliniert zu werden?*
- *Was bedeutet es, sich die Zeit der Uhr anzueignen („clockliteracy")?*[8]

Zunächst illustriere ich, wie Kinder verschiedene Aspekte der Zeit charakterisieren. Dann analysiere ich, wie sie den *Prozeß* der Zeit-Sozialisierung im Kontrast zu ihren eigenen Zeitvorstellungen erfahren. Anschließend präsentiere ich „Widerstandsnester", in denen Kinder einen Anspruch auf „zeitlichen Freiraum"[13,14] formulieren. Solche zeitlichen Freiräume werden durch Potentiale und Alternativen gekennzeichnet, die frei von den Restriktionen des durch die Erwachsenenwelt vorgegebenen Zeitrahmens sind. Abschließend lasse ich die Kinder sprechen. Insbesondere interessieren mich die existentiellen Fragen, die sie aufgreifen, wenn sie über „Zeit" nachdenken.

Methodologische Überlegungen

Forschung, in der in Frage gestellt wird, was Erwachsene in der Regel als gegeben unterstellen, kann eine von vielen Möglichkeiten sein, den Zeitrahmen der hoch-industrialisierten Nonstop-Gesellschaften zu verstehen. Ich denke, daß Erwachsene Schwierigkeiten haben oder die Zeit nicht finden, wahrzunehmen und sich zu wundern, was die Nonstop-Gesellschaft bedeutet. Sie wurden dazu erzogen zu akzeptieren, was Kinder noch in Frage stellen können oder worüber sie noch zu staunen vermögen.[15] Kinder können bereits ab einem sehr frühen Alter „naive" und freimütige Fragen stellen und über Phänomene reflektieren, die Erwachsene üblicherweise unhinterfragt voraussetzen.

Deshalb sind Studien interessant, die die Zeit*erfahrungen* der Kinder und nicht ihre Konzeption und Wahrnehmungen der Zeit untersuchen. Im Schwedischen gibt es den Begriff „upplevelse". Das bedeutet Erfahrung, enthält aber auch das, was die Phänomenologen „Erlebnis" nennen.[16] In meinen Untersuchungen konzentrierte ich mich auf „upplevelse" in diesem Zeitverständnis.

Ich gehe dabei von der Überzeugung aus, daß Schulkinder – wenn man ihnen hierzu nur die Gelegenheit gibt – Licht auf das werfen können, was wir „modernes Zeitverständnis" nennen. Zumindest können sie bestimmte Perspektiven auch verweigern und uns aus ihrer

Sicht lehren, wie Erwachsene die Macht der Zeit im Alltag sehen.[17] Das
so Offenkundige in Frage zu stellen, erscheint äußerst schwierig zu sein,
aber wie Edson argumentiert:[18]

> „Die Form der qualitativen Untersuchung bietet ein Gegengift zu
> dieser Pathologie; in dem Vertrautes fremd gemacht wird, in dem
> bekannte Tatsachen in das größere Puzzle eingefügt werden."

Mein *empirisches Material* besteht aus Aufsätzen, die Schulkinder im
Alter von acht bis zwölf Jahren geschrieben haben. Die Aufsätze wurden 1989 verfaßt. Den Kindern, die in Städten und Dörfern Südschwe-
dens leben, stellte ich das Aufsatzthema „Was denke ich über die Zeit?".
Die Arbeiten wurden während der regulären Schulstunden geschrieben.[19] Analysen und Interpretationen wurden nicht nach einem starr
vorgegebenen theoretischen Rahmen vorgenommen, sondern entsprechend dem, was die Kinder über die „Zeit" sagen konnten und wollten.

Das Thema „Was denke ich über die Zeit?" mag auf den ersten
Blick weit und abstrakt erscheinen; aber wie Hartmann[20] gezeigt hat,
können Kinder sehr inhaltsreich auch über abstrakte und philosophi-
sche Themen schreiben (siehe z. B. auch den Welterfolg des philoso-
phischen Buchs: „Sofies Welt"). Die meisten Kinder bemühten sich
sehr. Engagement, Verwunderung und Überraschung spricht aus ihren
Aufsätzen. Die Ergebnisse und Schlußfolgerungen, die ich nachfolgend
beschreibe, beruhen auf Inhaltsanalysen und Interpretationen der Aufsätze.

Drei Dimensionen der Zeit

Wenn sie über die Zeit nachdenken, beschreiben die Kinder drei Dimensionen der Zeit. In die Sprache der Wissenschaft übersetzt, kann
man diese folgendermaßen kennzeichnen (siehe Abbildung 1):

- Eine *ontologische Dimension:* Was ist das „Wesen" der Zeit?
- Eine *erkenntnistheoretische* Dimension: In den Aufsätzen finden sich
  Aussagen, wie und wo Kinder etwas über die objektive Zeit lernen,
  und wie sie sich von ihrer subjektiven Zeit entfernen.
- Eine *existentielle* Dimension: Was könnte und sollte objektive und
  subjektive Zeit im Alltagsleben bedeuten?

Die Ergebnisse beziehen sich überwiegend auf das Feld, in dem die
Kinder das Zusammentreffen, die Spannung bzw. den Konflikt zwi-

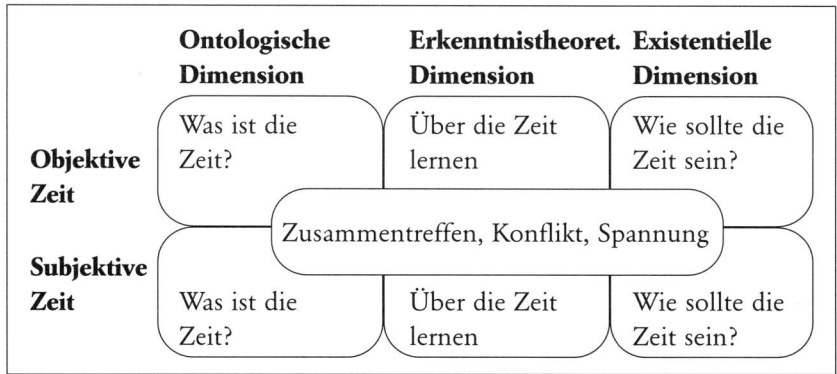

	Ontologische Dimension	**Erkenntnistheoret. Dimension**	**Existentielle Dimension**
Objektive Zeit	Was ist die Zeit?	Über die Zeit lernen	Wie sollte die Zeit sein?
	Zusammentreffen, Konflikt, Spannung		
Subjektive Zeit	Was ist die Zeit?	Über die Zeit lernen	Wie sollte die Zeit sein?

Abb. 1: Drei Dimensionen der Zeit, wie sie sich in den Aufsätzen der Schulkinder finden.

schen subjektiver und objektiver Zeit erleben. Diese Schnittstelle wird angesprochen, wenn Kinder darüber nachdenken, wie sie in die Non-stop-Gesellschaft hinein diszipliniert werden, und wenn sie nach einer *time out*, nach einem zeitlichen Freiraum fragen. Im Lauf ihrer Erziehung zur Zeit der Erwachsenen müssen sie eine „aufgabenorientierte" Zeitorientierung zugunsten einer „uhrzeitbezogenen" Zeitorientierung aufgeben.[19] In der Zeit, die durch die Erwachsenen vorgegeben wird, bestimmt nicht die zu erledigende Aufgabe die „Zeit", vielmehr gibt die Uhr vor, wann, wie lange, wie oft, wie schnell und in welcher Reihenfolge die Dinge zu erledigen sind. Dies gilt *insbesondere* für die Schule.

Zeitkonflikte (ontologische Dimension)

Der zeitliche Konflikt ist ein geeigneter Ausgangspunkt, um zu verstehen, warum die Kinder eine Spannung zwischen subjektiven und objektiven Zeitaspekten erleben. Die Kinder unterscheiden selbst klar zwischen subjektiver und objektiver Zeit. Aus der Sicht der Kinder sieht der Unterschied folgendermaßen aus:

Objektive Zeit	**Subjektive Zeit**
kollektiv	individuell
extern/überall	intern
abstrakt	kontextabhängig/Gefühle
quantitativ	qualitativ

teilbar/meßbar	veränderlich
unabhängig	abhängig
homogen	heterogen
endlos/ständig in	kann stillstehen/
Bewegung	verschwinden
wertvoll/eine Ressource	
von Menschen geschaffen	

Subjektive Zeit ist veränderlich, abhängig von Gefühlen und Qualitäten; sie wird als gegensätzlich zur unabhängigen, quantitativen objektiven Zeit erlebt. Die subjektive Zeit ist eine gelebte Zeit, die ein Ende hat, die manchmal stillsteht und zur Ruhe kommen kann. Objektive Zeit dagegen nimmt auf die Menschen keine Rücksicht, egal, was ihnen auch immer zustößt. Die Kinder erleben diesen Konflikt zum Teil sehr stark. Es besteht eine Spannung zwischen diesen beiden Zeitaspekten, die Ursache für Ärger, Sorgen und Verwunderung ist.

Etwas über die Zeit lernen (erkenntnistheoretische Dimension)

In den Aufsätzen finden sich Muster, die den Prozeß kennzeichnen, wie die Kinder zu *Zeiterwachsenen* werden. Nicht alle Kinder folgen jedoch diesem „Ideal-Weg" (ideal aus der Sicht erfolgreicher Sozialisation in die Welt der Uhren), sich an die in diesem Sinne „korrekten Zeit-Einstellungen" anzupassen. Mädchen passen sich in der Regel stärker an als Jungen. Ich fand Tendenzen, daß die ältesten Mädchen bereits mit zwölf Jahren „Zeiterwachsene" waren. Durch die von außen kommenden Anforderungen werden sie zum Lernen gezwungen, z. B. indem sie die Uhr zu lesen lernen müssen und die Uhrzeit zu beachten haben. Schließlich akzeptieren sie diese objektive Zeit im Hinblick auf die Gestaltung ihres eigenen Alltags. Dies ist ein längerer Prozeß, bei dem es viele Lektionen zu lernen gilt. Ziel dieser Lektionen ist es, das objektive Zeitkonzept zu verinnerlichen, denn dann ist externer Druck nicht mehr notwendig. Entsprechend diesem Lernziel werden die Kinder in der Schule diszipliniert und erzogen. Andere bekommen ihre Zeitübungen nach der Schule durch uhrenzeitfixierte Freizeitaktivitäten.

    Es ist nicht einfach, ja es ist ein großer Kampf, sich die Zeit der Uhren anzueignen, uhrenkundig zu werden („clockliterate"). Dies drückt sich in den Aussagen der Kinder deutlich aus.

99 Diesbezüglich muß viel Arbeit in der Schule geleistet werden, ungeachtet der Tatsache, daß der schwedische Lehrplan außer der Maßgabe, die Zeit zu erklären, keine (ausdrücklichen) Empfehlungen und Vorgaben bezüglich des „Zeit"-Themas enthält. Die tatsächlichen Zeit-Lektionen sind also implizit angelegt (dem „geheimen Lehrplan" folgend), werden jedoch von den Schülerinnen und Schülern deutlich gespürt. Alle Lektionen beruhen auf der Annahme der Erwachsenen, daß die Zeit abstrakt, einheitlich, teilbar und meßbar sei.

Das Erlernen der gesellschaftlich wichtigen Zeitkompetenz bedeutet einen normativen Prozeß, in dem die Kinder sowohl die formalen als auch die informellen Zeitregeln und -konventionen lernen. Und es sind viele Dinge, die man wissen und können muß, um als „Zeiterwachsener" gelten zu können. Einige Kinder sind in diesem Prozeß weit vorangeschritten und beschreiben ihre Strategien, um den Anforderungen der Gesellschaft nachzukommen. Sie können uns erzählen, was es bedeutet, ein „Zeiterwachsener" zu sein. Andere kämpfen gegen die Nonstop-Gesellschaft an, indem sie die gesellschaftlichen „Zeit"-Tatsachen in Frage stellen, und sie stören den reibungslosen Stundenplan in der Schule. Die Uhr ist das *überragende Symbol* dieses Sozialisationsprozesses.

Äußere Zeitrestriktionen

In meinem qualitativen Material fand ich viele Formulierungen sowohl für die äußeren als auch die internen Anforderungen. Die externen Zeitrestriktionen werden in drei Dimensionen formuliert und erlebt. Z.T. werden die externen Einschränkungen von den Kindern als „gewaltsam" erlebt (symbolische Gewalt) und als Prinzip einer durchgängigen Alltagsdisziplinierung im Falle abweichenden Verhaltens. Die meisten Kinder können die Disziplinierungs-Signale in Schule, Familie und Gesellschaft erkennen und beschreiben:

Schule	**Familie**	**Gesellschaft**
Anfangszeit	Weckzeit	Bus-/Zugzeiten
Spielzeit	Abendessenszeit	Freizeitaktivitäten
Schulstunden	Schlafenszeiten	Feste Gruppenzeiten
Mittagessensz.		Fernsehzeit
Zeit Nachhauseweg		

Diese externen Zwänge bedeuten, daß Kinder ihre eigenen Vorhaben zurückzustellen bzw. aufzugeben haben. Sie müssen pünktlich sein und ihre ursprünglichen Pläne abändern, z. B. indem sie vieles in verkürzter Zeit zu erledigen haben. Rhythmen und Zeiten zu ignorieren, ebenso wie Dinge schneller machen zu können, ist die Bedingung für eine Nonstop-Gesellschaft. Eigene Projekte und Vorstellungen aufzugeben, das kann bedeuten: Aufzuhören mit dem Spielen, Hungergefühle zu unterdrücken, im Haus bleiben zu müssen sowie Zeitregeln und Zeit gegen den subjektiven Fluß der Zeit zu setzen. Diese äußeren Anforderungen bereiten die Kinder auf ein Leben in einer beschleunigungsorientierten Nonstop-Gesellschaft vor. Im Originalton:

> „Wir bekommen soviel Hausaufgaben, daß ich viel länger im Haus bleiben muß, als ich will." (Junge, 12 Jahre)
> „Heute sind wir ständig in Eile. Wir können uns niemals entspannen, da so viele Zeiten zu beachten sind; in den Kinderhort, die Schule und zur Arbeit gehen. Wir müssen das Essen hinunterschlingen, um hinauszukommen und etwas Spaß zu haben." (Mädchen, 11 Jahre)

Die äußeren Zeitanforderungen bedeuten auch, zeit*bewußt* zu leben. Die *erste Zeitlektion* lautet dementsprechend: *Lernen, wie die Uhr zu lesen ist.* Du mußt ständig deine Armbanduhr nachsehen, die Zeit im Kopf behalten und beachten. Die *zweite Zeitlektion* lautet: *Pünktlich sein, die Zeit einhalten.*

Ein traditioneller Weg, um in der Schule mehr Druck auf Kinder auszuüben, ist es, die Kinder nachsitzen zu lassen, die zu spät zur Schule kommen. Die Lehrerin kann als Zeitkontrolleurin ein wohl-etabliertes Instrument für die Korrektur unangepaßten Zeitverhaltens einsetzen. Zwei Schüler beschreiben das Phänomen aus ihren unterschiedlichen Blickwinkeln:

> „Ich denke, Zeit ist wichtig. Ein Schüler unserer Klasse kommt immer zu spät. Unser Lehrer schimpft ihn jeden Tag, aber am nächsten ist er wieder zu spät dran. Er ist zu beschäftigt, um pünktlich zu sein [...]. Ich selbst komme nie zu spät zur Schule." (Mädchen, 11 Jahre)
> „Zeit bedeutet mir nichts. Zum Beispiel: Wenn ich aufwache und sehe, wie spät es ist, muß ich mich beeilen; denn je später ich zur Schule komme, desto länger muß ich dann am Nachmittag dableiben." (Junge, 11 Jahre)

101 Verinnerlichung gesellschaftlicher Zeittatsachen

Die *dritte Zeitlektion* lautet: *Unterdrücke eigene Interessen und verschiebe das Vergnügen auf später.* Einige Kinder beschreiben das so, daß sie „kurzfristigere Dinge" tun müssen oder daß sie gezwungen werden, mit dem Spiel aufzuhören, um zeitfixierten Aktivitäten nachzugehen.

Lektion vier ist, *die Zeit als selbstverständlich gegeben zu akzeptieren.* Die Uhrenzeit wird dann gleichsam als eine Art Naturgesetz angesehen. Ohne diese Zeit würden wir (in dieser Sicht) nicht überleben können.

Um die gesellschaftliche Ordnung zu erhalten, muß man die *fünfte Lektion* kennen: *Ohne Uhrenzeit würde das Chaos herrschen.* Die Leute würden kommen und gehen, wie es ihnen beliebt; keine Synchronisation und soziale Koordination wäre möglich. Deshalb ist es überaus wichtig, Zeit als Ordnungsprinzip zu verstehen und zu akzeptieren.

Die *Zeitlektion sechs* bedeutet: *Man hat als gegeben hinzunehmen, daß Pünktlichkeit eine Tugend ist.* Wenn man diese Lektion kennt, hat man verinnerlicht, daß man sich für das Zuspätkommen zu schämen hat:

> „Zeit ist sehr wichtig. Zeit ist wichtig für Erwachsene und Kinder. Wie würde es sein, wenn sich die Leute nicht um die Zeit kümmern würden? Es wäre ein Desaster. Zeit, da mußt du auf der Höhe bleiben!" (Junge, 10 Jahre)

Die *siebte Lektion* betrifft den Wert der Zeit: *Zeit ist Geld und die Zeit ist eine Ressource, mit der sorgsam umzugehen ist.* Der Ausspruch von Max Weber – „Zeit zu verlieren ist eine Sünde" – ist hierfür von Bedeutung. Eine Zeit, die nicht angemessen verwendet wird, ist verschwendet. Zeit ist auch deshalb wertvoll, da Eile mit Status verknüpft wird.

> „Die Zeit fliegt, und du weißt das! Achte darauf, bitte!" (Mädchen, 12 Jahre)
> „Zeit ist in der Minute 1000 Kronen wert!" (Junge, 10 Jahre)

Eine letzte, *achte Lektion* ist noch anzufügen: In einigen Aufsätzen von Mädchen geht es um den Wunsch, mehr Zeit zu haben, um mehr machen zu können.

> „Ich denke darüber nach, was ich alles tun sollte, aber nicht die Zeit dazu habe. Ich beklage mich bei anderen Leuten darüber. Aber wenn ich mich nicht so lange darüber beschwert hätte, dann hätte ich Zeit gehabt, viel mehr zu machen." (Mädchen, 11 Jahre)

Eine geschlechtsspezifische Perspektive läßt sich in meiner Studie bereits bei den Schulkindern im Alter von 8 bis 12 Jahren finden. Einige Mädchen wünschen sich mehr Stunden am Tag, um mehr erreichen zu können. Es zeigen sich auch Tendenzen, daß diese Mädchen große Ansprüche an ihre Schularbeit haben, daß sie ihre Zeit sorgfältig planen und weit vorausschauen, um ihre zukünftigen Ziele zu erreichen.

Im folgenden fasse ich den *„idealen Weg" der Zeitsozialisierung* im Überblick zusammen, so, wie er von den Schulkindern in meiner Studie erlebt und beschrieben wird:

Äußere   Lektion 1:   Lerne, die Uhr zu lesen!
Zeitzwänge: Lektion 2:   Lerne, pünktlich zu sein!

Innere   Lektion 3:   Unterdrücke eigene Pläne/
Zeitzwänge: verschiebe Vergnügungen!
              Lektion 4:   Setze (Uhren)Zeit als gegeben
                           voraus!
              Lektion 5:   Verwende Zeit zur Ordnung des
                           Alltags!
              Lektion 6:   Wisse, daß Pünktlichkeit eine
                           Tugend ist!
              Lektion 7:   Zeit ist wertvoll! Behandle
                           Zeit als Geld!

Begrenzung   Lektion 8:   Wunsch nach mehr Zeit, um mehr
                           erledigen zu können!

Wie und was sollte die Zeit sein? (existentielle Dimension)

Kinder denken auch über die existentielle Dimension der Zeit nach. Sie haben Ideen dazu, wie die subjektive Zeit sein sollte. Langsam sollte sie vergehen, wenn das Leben angenehm ist und schnell, wenn sie sich langweilen. Unglücklicherweise verhält sie sich genau gegenteilig, was die Kinder als „unfair" empfinden. Sie fragen nach mehr Möglichkeiten für eine Aufgabenorientierung (statt fixierten Zeitvorgaben) und nach mehr eigener Privatzeit. Ist dies Ausdruck für eine hedonistische Lebenseinstellung? Ich interpretiere das so, daß die Kinder sich einen Raum für Gefühle, Engagement und Autonomie schaffen wollen.

In den Aufsätzen finde ich auch zeitliche „Widerstandsnester".[14] Viele Kinder, die sich nicht mit den externen Zeitvorgaben der Erwachsenenzeit arrangieren wollen, kämpfen darum, Spielräume für ihre Eigenzeit zu erhalten. Ich versuche, dem Widerstand und den Alternativen gegen die Alltagsautorität der Uhrenzeit die Stimme der Kinder zu geben:

> „In unserem Sommerurlaub ist es schön, die Zeit zu vergessen. Manchmal wünsche ich mir, daß es keine Uhren gäbe, um nicht auf die Zeit achten zu müssen." (Mädchen, 10 Jahre)
> „Ich denke, wir kämen ohne Zeit ganz gut hin, wenn wir nur versuchen wollten, ohne sie zu leben." (Mädchen, 11 Jahre)
> „Manchmal wünsche ich mir, daß niemand die Zeit erfunden hätte und daß alle ihre Tage gerade so verbringen würden, wie sie kommen." (Mädchen, 12 Jahre)

Für die Kinder gibt es eine Reihe von Gründen, gegen die Zeit zu protestieren. Ihre Texte belegen eine Bewegung weg vom vorgegebenen engen Zeitrahmen hin zu *zeitlichen Freiräumen*. Die Kinder verbalisieren ihre Visionen und Wünsche an die „Zeit". Die meisten wirken ganz realistisch und könnten auch erfüllt werden.

> „Erwachsene sind oft in Eile, da sie so viele Sachen zu erledigen haben. Ich kann nicht sagen, was sie so alles zu machen haben, nur, daß sie oft in Eile sind. Die Menschheit kommt ohne ihre Zeitabhängigkeit nicht zurecht." (Junge, 10 Jahre)
> „Alles geht so schnell, daß ich gar nicht damit Schritt halten kann." (Mädchen, 11 Jahre)
> „Ich glaube, daß man zum Denken Zeit braucht." (Mädchen, 9 Jahre)

Was wir hier beobachten können, ist eine Bewegung weg vom vorgegebenen Zeitrahmen hin zu zeitlicher Autonomie oder vielleicht auch einem zeitlichen „Exil". Einige Kinder *kritisieren die Erwachsenen* dafür, daß sie keine Zeit für ihre Kinder haben und in Nonstop-Aktivitäten verfangen sind. Im Zusammenhang mit dieser Kritik finden sich auch Aggressionen gegen die moderne, streß-geladene Zivilisation. Ebenso wird beklagt, daß unsere Zeit-belastete Gesellschaft keine Zeit zum Nachdenken gibt. Die Nonstop-Gesellschaft hat keinen Platz mehr fürs Denken. Einige Kinder formulieren ausdrücklich, was es bedeutet, keine Zeit zur Besinnung zu haben. Sie können angesichts der außerordentlichen Geschwindigkeit nicht mehr auf die Prozesse, die um sie herum ablaufen, reagieren. Sie können nicht integrieren, was sie in der Schule erleben und lernen. Deshalb erklärt sich die ausgeprägte Suche nach Zeit zum Nachdenken in der Schule und auch im Leben außerhalb.

Wenn man den zeitlichen Visionen und Möglichkeiten der Kinder aufmerksam zuhört, kann man das Bild eines „zeitlichen Exils" konstruieren und formulieren. In den Texten findet sich eine Vorstellung davon, wie das alltägliche Leben ohne die Alltagsautorität der Uhrzeit auskommen könnte und sollte. In der Abbildung 2 habe ich die optimale zeitliche Autonomie konstruiert, wie sie die Kinder zum Ausdruck bringen. Diese Kinder haben alternative Visionen und haben noch die Fähigkeit zu fragen, was die Erwachsenen längst als unveränderlich annehmen, was diese vergessen haben zu problematisieren oder wo diese keine Zeit mehr finden, darüber nachzudenken.

Abb. 2: Die Vision der Kinder für zeitliche Autonomie.

Disziplinierung in die Nonstop-Gesellschaft – Schlußfolgerungen

„Man kann nur staunen, daß kleine Kinder solch große Fragen stellen. Ja, es ist wunderbar, daß sie das machen. Aber ebenso bemerkenswert ist die Tatsache, daß wir das wahrscheinlich früher selbst einmal gemacht haben, doch heute nahezu vollständig vergessen haben."[21]

105   Meine erste Schlußfolgerung lautet deshalb: Kinder können die Alltagsautorität der Uhrenzeit in Frage stellen, wenn man sie nur fragt und ihre Sichtweise zu verstehen sucht. Das ist im Moment nicht der Fall, wenn Erwachsene ihre Zeitvorstellungen den Kindern als nicht hinterfragte Normen vorgeben. Wenn wir es zulassen, dann können Kinder uns berichten, was es bedeutet, ein Zeiterwachsener mit den „richtigen" Einstellungen zur Zeit zu werden.

Ferner habe ich gezeigt, was man zu adaptieren und woran man sich anzupassen hat, um als ein solcher Zeiterwachsener anerkannt zu werden. Es ist ein ziemlicher Kampf, die wohl-etablierten gesellschaftlichen Zeittatsachen zu beobachten, aufzunehmen, zu lernen, zu akzeptieren, zu verwenden und zu integrieren. Der Sozialisationsprozeß hierzu beginnt mit äußeren Zeitzwängen, bei denen externe Anforderungen – implizit oder explizit – durch symbolische Gewalt über einen langen Zeitraum der Alltagspraxis etabliert werden. *Das Ziel dieser Art Sozialisierungsprozeß scheint es zu sein, daß Kinder ihre eigenen Vorhaben und Visionen, die in einen subjektiven Fluß der Zeit eingebettet sind, aufgeben.* In meinen Daten gibt es eine ganze Reihe von Kindern (insbesondere Mädchen), die bereits im Alter von 12 Jahren so etwas wie Zeiterwachsene sind. Sie haben zur Genüge die Zeitdisziplin der Erwachsenenwelt akzeptiert und verinnerlicht. Sie haben insbesondere die alltägliche Macht der Uhrenzeit akzeptiert und nehmen sie nunmehr selbst als Vorgabe hin.

In der Nonstop-Gesellschaft finden sich aber auch Bereiche des Widerstands. Es gibt viele Ausdrucksformen des Zeitprotests, mit denen die Kinder für ihr *„Recht" auf ihre eigene private Zeit* streiten. Einigen Kindern gelingt es darüberhinaus, auf die Funktion des geheimen Lehrplans hinzuweisen und diesen aufzudecken. Sie *kritisieren* darüber hinaus die *Erwachsenen, die in dieser stress-geladenen Zeit keine Zeit für ihre Kinder finden.* In den Texten findet man Absichten und Vorhaben, die von dem fordernden Zeitrahmen wegführen; ein Rahmen, den viele Kinder mit viel Aggressionen, mit Enttäuschung und Trauer erleben. Kinder im Alter von acht bis zwölf Jahren können Alternativen dazu formulieren. Sie *fragen nach einer time out.*

Haben Kinder ein Recht, ihre eigene private Zeit zu verteidigen, die Zeit zu verlangsamen? Ist der Wunsch nach zeitlicher Autonomie ein anderer Ausdruck für Wünsche nach subjektiven Zeiten, die Emotionen, Kontext und Bedeutung beinhalten? In meinem Beitrag über die Zeit aus der Sicht der Kinder sollen diese *selbst* das letzte Wort haben. Deshalb zum Schluß zwei Zitate aus den Aufsätzen: Sie können illustrieren, wie die Frage nach der Zeit (etwa 23% der beteiligten) Mädchen und (etwa 5%) Jungen dazu bringt, über den Sinn des Lebens nachzudenken.

„Ist es der Sinn des Lebens, nach der Uhr zu leben und zu sterben?" (Mädchen, 11 Jahre)
„Ich habe darüber nachgedacht, ob die Zeit der Herr meines Lebens ist!" (Mädchen, 12 Jahre)

Literatur

[1] Übersetzt aus dem Englischen von *Martin Held*. – [2] *Adam, B.:* Time in Social Theory. Cambridge 1990. – [3] *Giddens, A:* The Constitution of Society. Outline of the Theory of Structuration. Cambridge 1984. – [4] *Adam, B.:* Timewatch. The Social Analysis of Time. Cambridge 1995. – [5] *Bernstein, B.:* Class, Codes, and Control. London Vol. 3 1977. – [6] *Ben-Peretz/Bromme:* The Nature of Time in School. New York 1990. – [7] *Adam, B.:* The Benedictine Heritage. Paper presented at AERA-conference, Atlanta 1993. – [8] *Young, M./Schuller, T.:* Introduction. Towards Chronosociology. In: *Young, M./Schuller, T.* (eds.): The Rhythms of Society. London 1988. – [9] *Piaget, J.:* Time Perception in Children. In: *Fraser, J.T.* (ed.): The Voices of Time. London 1968. – [10] Z.B. *Jahoda, G.:* Time. A Social Psychological Perspective. In: *Young, M./Schuller, T. (eds.):* The Rhythms of Society. London 1988. – [11] *Jahoda, G.:* Childrens Concept of Time and History. Educational Review 1963, S. 87-104. – [12] *Westlund, I.:* Barns sociala tid; en litteraturöversikt. Arbetsrapport. Universitetet i Linköping. Institutionen för pedagogik och psykologi 1992. – [13] *Willis, P.:* Learning to Labour: How Working Class Kids Get Working Class Jobs. Farnborough 1977. – [14] *Ball et al.:* The Tyranny of the Devils' Mill. In: *Delamont/Galton (eds.):* Inside the Secondary Classroom. London 1990. – [15] *Lipman, M. et al.:* Philosophy in the Classroom. Philadelphia 1980. – [16] *Husserl, E.:* Fenomenologins idé. Translated by Bengtsson. Udevalla 1907/1989. – [17] *Ricoeur, P.:* Fran text till handling. Symposion Bokförlag. Göteborg 1988. – [18] *Edson, C.H.:* Our Past and Present. Historical Inquiry in Education. In: *Sherman/Webb* (eds.): Qualitative Research in Education. Focus and Methods. London 1988. – [19] *Delamont/Galton:* Inside the Secondary Classroom. London 1986. – [20] *Hartman, S.G.:* Childrens' Philosophy of Life. Studies in Education and Psychology. Institute of Educational Department and Educational Research. Stockholm 1986. – [21] Siehe Anm. 15, S. 36.

Menschliche Rhythmen und der Preis ihrer Mißachtung

Die Mißachtung der menschlichen Rhythmen führt zu einer erhöhten Tendenz übermüdungs- bzw. einschlafbedingter Fehler und Unfälle. Die Folgen der Nichtbeachtung des menschlichen Grundbedürfnisses nach Schlaf sind viel größer, als dies gesellschaftlich bisher wahrgenommen wird. Nur indem der menschliche Grundrhythmus von Aktivität und Ruhe im Tagesablauf beachtet wird, lassen sich Fehler vermeiden und damit die Kosten der Nonstop-Gesellschaft reduzieren.

Immer mehr (Arbeit) muß kontinuierlich von immer weniger (Menschen) geleistet werden.
Die Entwicklung der Wirtschaft fordert von jedem einzelnen und von der Gesellschaft:

Priv.-Doz. Dr.Dr. **Jürgen Zulley,** geb. 1945. Studium der Elektrotechnik in Aachen und Psychologie in München. 1975 bis 1980 als wiss. Mitarbeiter bei Studien am Max-Planck-Institut für Verhaltensphysiologie, Andechs (Prof. Aschoff). 1980 bis 1993 Schlafforschung und klinische Psychologie am Max-Planck-Institut für Psychiatrie, München, und Leiter der Arbeitsgruppe „Chronobiologie". Seit 1994 Fortführung dieser Arbeiten an der Psychiatrischen Klinik der Universität Regensburg, dort Leiter des Schlaflabors. Vorstandsmitglied der European Sleep Research Society (ESRS) und der Deutschen Gesellschaft für Schlafforschung (DGSM). Erhielt 1986 den „W. R.-Hess-Prize in Sleep Research". Zahlreiche Publikationen auf dem Gebiet der Schlafforschung und Chronobiologie.

PD Dr. Jürgen Zulley, Bezirksklinikum, Universität Regensburg, Universitätsstraße 84, 93042 Regensburg

- ein höheres Tempo,
- kontinuierliche Produktion,
- verstärkte Spezialisierung.

Der menschliche Organismus hat aber seine Eigengesetzlichkeiten. Dazu gehört u. a., daß er *nicht kontinuierlich* leisten kann. Wie allen anderen Lebewesen sind dem Menschen endogene biologische Rhythmen, Zeiträume für Aktivität und Ruhe, vorgegeben. Wird dies nicht genügend beachtet, muß ein *Preis gezahlt werden:* Es ist mit einer Zunahme von chronischen Folgen, Fehlern und Unfällen bis hin zu katastrophalen Ereignissen zu rechnen.

Die Rhythmik des Menschen

Durch den 24-Stunden-Tag, der durch die Erdrotation vorgegeben wird, sind die Menschen ständig rhythmischen Veränderungen ausgesetzt. Der *menschliche Organismus* hat sich diesen regelmäßigen Änderungen der Umwelt durch die *Entwicklung innerer Rhythmen angepaßt.*[1] Wichtige Funktionen des Menschen zeigen einen ausgeprägten 24-Stunden-Rhythmus mit Maximal- bzw. Minimalwerten (circadiane Rhythmen). Ein absolutes Minimum der Leistungsfunktionen findet sich hierbei nachts etwa gegen drei bis vier Uhr. Dies ist beispielsweise der Zeitpunkt der geringsten Konzentrationsfähigkeit, einer Befindlichkeitsverschlechterung, erhöhter Kreislauflabilität und verstärkter Schmerzwahrnehmung. Gleichzeitig ist in dieser Zeit das Schlafbedürfnis am stärksten ausgeprägt.

Neben dem 24-stündigen Wechsel ist der menschliche Organismus durch weitere zeitliche Änderungen geprägt. Dies äußert sich in regelmäßigen mehrfachen Maximal- wie Minimalwerten am Tage (ultradiane Rhythmen). Physiologische Variablen wie die Körpertemperatur sind davon ebenso betroffen wie psychologische Meßgrößen, wie etwa die subjektive Wachheit, die Leistungsfähigkeit und das Schlaf-Wach-Verhalten. Beispielsweise zeigen das Aktivitätsniveau, die Konzentrationsfähigkeit und die Kreislaufstabilität um die Mittagszeit ein klares Tief. In Untersuchungen konnte bestätigt werden, daß es sich hierbei um ein „eingebautes" Zeitprogramm des Organismus handelt: Neben der dominierenden 24-Stunden-Periodik weist der menschliche Organismus eine 12-Stunden-Periodik auf. Auch kommt es im 4-Stunden-Bereich ebenfalls zu regelmäßigen Schwankungen die jedoch schwächer ausgeprägt sind.[2]

Im Alltag des Menschen drückt sich dies, sieht man von individuellen Unterschieden zunächst einmal ab, in der Kurve der täglichen Leistungsfähigkeit aus: Einem frühmorgendlichen Hoch folgt ein erstes, schwach ausgeprägtes Tief gegen 9.00 bis 10.00 Uhr. Dies dauert nur kurz an und geht nach ca. 2 Stunden in ein weiteres Hoch über. Gegen 13.00 bis 14.00 Uhr folgt ein deutlich stärkeres Tief. Nach einer Phase hoher Leistungsfähigkeit tritt etwa gegen 17.00 bis 18.00 Uhr wieder ein Tief auf, gefolgt wiederum von einem deutlichen Hoch, welches dann in das nächtliche Tief übergeht. Diese Schwankungen wurden für die Schlafbereitschaft und Konzentrationsfähigkeit nachgewiesen. Sie betreffen noch eine Vielzahl anderer Funktionen. Die Schwankungen werden nicht durch äußere Ereignisse wie z. B. durch Essenszufuhr erzeugt, können aber durch diese verstärkt werden. Die „Tiefs" können als optimale Zeitpunkte für Ruhepausen angesehen werden.

Wie wirken sich Leistungstiefs aus?

Häufig kann in unserer Arbeitswelt nicht auf die Zeitpunkte mit erhöhtem Ruhebedürfnis Rücksicht genommen werden. Sind in diesen Zeiten Leistungsaufgaben zu erfüllen, zeigen sich *negative Auswirkungen*. Dies gilt insbesondere bei Leistungsaufgaben, die monoton sind, sich stark wiederholen und bei denen starren Vorgaben ohne Rückmeldung zu folgen ist.

Der deutlichste Effekt von Schlafmangel zeigt sich in kurzzeitigen Ausfällen bei der Wahrnehmung, in Denkprozessen und bei den Reaktionen: Die Reaktionszeiten verlängern sich bei erhöhter Müdigkeit signifikant. Diese Wirkung tritt bereits bei den ersten Testdurchläufen, also praktisch sofort auf. Der verzögernde Effekt der Müdigkeit ist bei kontinuierlicher monotoner Belastung wesentlich stärker.

In Experimenten wurde versucht, dem Leistungsabfall bei Schlafmangel durch entsprechende Anreize (Bezahlung) entgegenzuwirken. Hierdurch konnte aber nur anfänglich eine Verbesserung in der Leistung erzielt werden. Über längere Zeit sank das Leistungsniveau auf das der Gruppe ohne erhöhte Bezahlung. Es wäre somit irreführend anzunehmen, daß über längere Zeit durch eine entsprechende Motivation (eigener Wille) ein Leistungstief zu überbrücken sei. Bei extrem erhöhtem Schlafdruck ist fast kein Leistungsvermögen mehr aktivierbar. In diesem Zustand ist selbst ein Erkennen einfachster Lernaufgaben nicht mehr möglich.[3]

Besonders gefährlich ist es, daß die ersten Auswirkungen erhöhter Müdigkeit vielfach nicht erkannt werden (kurzfristige Wahrnehmungsausfälle).

Untersuchungen in Skandinavien belegen, daß 85% des Kontrollpersonals einer Ölraffinerie, dem Schlaf während der Arbeit strikt untersagt war, gelegentlich während der Arbeit einschliefen. Die Hälfte der Arbeiter gab an, daß sie regelmäßig während der Nachtschicht einschliefen. Eine weitere Studie belegt, daß 20% der Arbeiter während einer Nachtschicht schliefen, obwohl ihnen Elektroden angelegt waren und sie wußten, daß sie beobachtet wurden. Diese Zahlen belegen, daß Übermüdung auch durch strikte Anweisungen oder monetäre Anreize zumindest über längere Zeit nicht kontrolliert werden kann.[4]

Das Nichtbeachten der Rhythmen

Obgleich die *Erkenntnisse* zu den Rhythmen der Menschen und zu den Folgen ihrer Nichtbeachtung in den vergangenen Jahren *weiter* zunahmen, hält der *Trend* zu kontinuierlichen Aktivitäten und zur Erhöhung des Arbeitstempos *ungebrochen* an. Deshalb ist es alles andere als verwunderlich, daß infolge der Nonstop-Arbeit bzw. des -Verkehrs ohne Pausen die schweren Unfälle weiter zunehmen. Die Mehrzahl der *schweren* Verkehrsunfälle auf Autobahnen wird durch Einschlafen am Steuer verursacht. Der Zeitpunkt dieser Unfälle zeigt eine deutliche Tagesverteilung mit Spitzenwerten in den frühen Morgenstunden sowie nachmittags gegen 14.00 Uhr. Diese Zeitpunkte entsprechen den biologischen Tiefs. Die Unfälle sind u.a. die Folge davon, daß versucht wurde, über das Tief hinweg zu funktionieren. Beinahe-Unfälle in der Luftfahrt, verursacht durch Übermüdung der Piloten im Cockpit, sind häufiger, als dies allgemein bekannt ist.

Nicht nur Unfälle und Beinahe-Unfälle im Verkehrsbereich, sondern im wesentlich größeren Ausmaß auch Fehler in verschiedenen Arbeitsbereichen sind die Folge der Nichtbeachtung menschlicher Rhythmen. Fehler in der Steuerung größerer Industrieanlagen bis hin zu Atomkraftwerken (Tschernobyl) oder Tankschiffen (Exxon-Valdez), sind durch Einschlafen bedingt. Sie führten zu großen Katastrophen. Ursache war das Bestreben, über die kritischen Zeitpunkte hinweg tätig zu sein. Aber auch weniger spektakuläre Konsequenzen, wie Produktionsausfälle in der Industrie oder Fehler in den Nachtschichten im Ge-

111 sundheitsdienst, müssen auf die Tatsache zurückgeführt werden, daß der Mensch nicht kontinuierlich funktionieren kann.

Viele wissenschaftliche Untersuchungen haben die Zusammenhänge zwischen Fehlern, Tageszeit und Müdigkeit aufgedeckt. Aber sie haben bisher wenig Resonanz gefunden. Dies mag daran liegen, daß ihre Ergebnisse meist unkritisch unter dem Begriff „menschliches Versagen" eingeordnet wurden. Dies führte dazu, daß dies als eher „schicksalshaft" und damit unbeeinflußbar hingenommen wurde. Außerdem fehlte bisher ein Überblick über die tatsächliche Häufigkeit von Schlafmangel mit entsprechenden Folgen. Hierzu zählt sicher auch, daß Übermüdung als Ursache unterschätzt wurde.

Dies wird im folgenden Kapitel am Beispiel einer Studie über Autobahnunfälle illustriert. Nach Polizeiangaben, die unmittelbar nach dem Unfall aufgenommen wurden, ergab sich, daß 8% der Unfälle auf Übermüdung zurückzuführen sind. Die sorgfältige Analyse einer Expertenkommission kam dagegen bei diesen Unfällen auf einen wesentlich höheren Anteil.[5] Als zusätzlicher Aspekt ist wohl eine Fehleinschätzung der entstehenden Kosten solch „kleiner Fehler" zu sehen. Daß ein falscher Handgriff eines übermüdeten Kontrolleurs eine Katastrophe auslösen kann, wird häufig als nicht sehr realistisch eingeschätzt. Erst eingehendere Analysen belegen die Bedeutung der Übermüdung als Unfallursache.

Diese Studien sind weit über den beispielhaft aufgeführten Bereich schwerer Unfälle auf Autobahnen hinaus von großer Bedeutung, da der derzeitige globale Trend ungebrochen zu einer kontinuierlichen Leistungsgesellschaft hinführt. Dadurch steigt die Wahrscheinlichkeit für das Auftreten von Fehlern, Unfällen und Katastrophen weiter an.

Folgen der Mißachtung – Autounfälle

Eine Sonderuntersuchung des Büros für Kfz-Technik des HUK-Verbandes[5] sollte über die *Struktur der Autobahnunfälle mit Getöteten* auf Autobahnen im Freistaat Bayern des Jahres 1991 Aufschluß geben. Anlaß war eine deutliche Zunahme schwerer Unfälle auf Autobahnen und das Fehlen einer exakten Ursachenforschung, was die Klärung der Hintergründe und Gegenmaßnahmen erschwerte. Der Freistaat Bayern ist bezüglich Autobahnnetzlänge, Fahrleistung und Unfällen mit Todesursache durchaus für die Bundesrepublik Deutschland repräsentativ, so daß die Ergebnisse überregional relevant sind. In einer multidisziplinären

Zusammenarbeit wurden die Unfallfaktoren „Mensch, Fahrzeug, Straße/Umfeld" bezüglich verursachender und begleitender Auffälligkeiten untersucht.[6]

In der Studie wurden *alle* 204 Unfälle mit 242 Getöteten des Jahres 1991 auf Autobahnen in Bayern erfaßt. Insgesamt waren an diesen 204 Verkehrsunfällen 397 Fahrzeugführer und 7 Fußgänger beteiligt. In diese Unfälle waren insgesamt 923 Personen verwickelt. Davon wurden 242 getötet, 162 schwer und 152 leicht verletzt. Die Unfälle wurden zu 88,6% von männlichen Fahrern verursacht. Insgesamt waren 31 Kinder und Jugendliche (unter 16 Jahre) an den Unfällen beteiligt, davon starben 10.

Nach den bisher üblichen amtlichen Angaben wurden die folgenden Unfallursachen in absteigender Reihenfolge als die fünf häufigsten genannt :

- „andere Fehler Fahrzeugführer" (33%),
- Geschwindigkeit in anderen Fällen (24%),
- Übermüdung (8%),
- Alkoholeinfluß (7%) sowie
- ungenügender Sicherheitsabstand (5%).

Diese Reihung läßt nur eine sehr beschränkte Aussage über die Ursachen zu, die zu dem Unfall führten, insbesondere deshalb, weil die meisten Unfälle unter die Rubrik „andere Fehler" kategorisiert wurden. Hierdurch wurden die eigentlichen Ursachen verschleiert. Aus diesem Grund definierte die Beratergruppe den Begriff „Unfallverursachendes Ereignis" neu. Als auslösende Unfallkriterien wurden konkrete Ursachen definiert, die zum Unfall geführt hatten. Diese lassen sich in vier Hauptgruppen einteilen:

- *Vigilanz (Bewußtseinsstörung):* Unfälle, bei denen das Fahrzeug nicht mehr durch gewollte bzw. bewußt gesteuerte Aktionen des Fahrers bewegt wurde (Einschlafen, Ablenkung, medizinische Ursachen).
- *Fehleinschätzung:* Unfälle, bei denen eine Reaktion des Fahrers vorlag und die Gefahr erkennbar war (Fehleinschätzung anderer oder des eigenen Fahrzeugs, der Straßenführung, der Witterung).
- *Unvorhergesehenes Verhalten:* Alle Unfälle, die auch bei einer optimalen Aufmerksamkeit des Fahrers nicht zu verhindern waren.
- *Technische Mängel.*

Zusätzlich zu den auslösenden Ereignissen wurde die Kategorie „Begleitende Auffälligkeiten" geschaffen, da ein Unfall neben seinem aus-

113 lösenden Ereignis auch immer durch Randbedingungen geprägt ist. Diese Gruppe wurde eingeordnet in die grundlegenden Faktoren Mensch (Alkoholeinfluß, Alter, lange Fahrzeit, hohe Geschwindigkeit etc.), Fahrzeug (fremdes, eigenes Fahrzeug, Leistung etc.), Faktor Straße/Umfeld (schlafende Mitfahrer, Gegenverkehr, Baustelle, Nässe, Nebel, Dämmerung, gerade Strecke u.a.). Für das Kriterium „auslösendes Ereignis" ergaben sich für die Kategorien Vigilanz 38% , Fehleinschätzung 46%, unvorhergesehenes Verhalten 11% und technische Mängel 5%.

Kurzbeschreibung eines Unfalls:
Fahrer 28 J., m., Pkw
Rückfahrt aus Frankreich, > 12 Std. Fahrzeit, will zum Schlafen anhalten, letzter Parkplatz überfüllt, schlafende Mitfahrer
Unfallzeit: 04.13 Uhr
Monat: August
Gerade Streckenführung
Abkommen nach rechts von der Fahrbahn – Bäume –
Überschlag
2 Kinder auf Rücksitz, nicht angeschnallt,
herausgeschleudert, tot

Die häufigste Einzelursache dieser schweren Autobahnunfälle war „Einschlafen am Steuer" mit 24%. Die tatsächliche Zahl einschlafbedingter Unfälle dürfte jedoch noch höher liegen, da viele der anderen Kategorien der „reduzierten Vigilanz" nicht immer von Müdigkeit bzw. Einschlafen zu trennen sind und vor allem auch die Oberkategorie „Fehleinschätzung" Unfälle mit reduzierter Vigilanz aufweist. Im weitesten Sinne lassen sich fast 2/3 aller untersuchten Unfälle mit einer verringerten Aufmerksamkeit erklären. Typische Begleiterscheinungen für Einschlafunfälle waren: schlafende Beifahrer, geringe Verkehrsdichte, gerade Streckenführung und lange Fahrzeiten.

Vergleicht man diese Ergebnisse mit den Angaben der amtlichen Statistik, ist eine große Diskrepanz festzustellen. Deren Angaben, die auf den Unfallprotokollen der Polizei beruhen, zeigen in keiner Weise die wahren Ursachen der Mißachtung der Rhythmen des Menschen auf. Erst eine eingehendere Analyse, bei der ausdrücklich unter dieser Perspektive die Angaben differenziert ausgewertet wurden, lenkt den

Blick auf die Größenordnung und den hohen Anteil der ermüdungs- und einschlafbedingten Unfälle.

„Die derzeitigen Verfahren zur Unfallberichterstattung führen vermutlich zu einer Unterschätzung der Häufigkeit übermüdungsbedingter Verkehrsunfälle." So das Fazit einer internationalen Fachkonferenz 1994 in Stockholm.[7]

Wir erstellten mit unserer Forschungsgruppe im Rahmen der HUK-Studie eine Untersuchung über das *zeitliche Auftreten* dieser Unfälle.[8] Im Verlauf eines Jahres ereigneten sich die meisten Unfälle in der Zeit von Mai bis Oktober mit einem Gipfel im August. Innerhalb der Woche zeigte sich ein deutlicher Gipfel am Samstag. Von Freitag bis Samstag ereigneten sich fast 40% aller Unfälle. Bei der Verteilung über 24 Stunden zeigte sich ein deutlicher Gipfel (in absoluten Zahlen) zwischen 5.30 und 6.30 Uhr morgens. Ein weiterer Gipfel liegt bei 14.00 Uhr (siehe Abbildung). Insgesamt passierten in den 9,5 Nachtstunden (22.00 Uhr bis 7.30 Uhr) gleichviel Unfälle bei deutlich geringerer Verkehrsdichte wie in den 14,5 Std. am Tage. Dies ist kaum auf die Dunkelheit zurückzuführen, wie weitergehende Studien zeigen, sondern auf den übermüdeten Zustand des Fahrers.

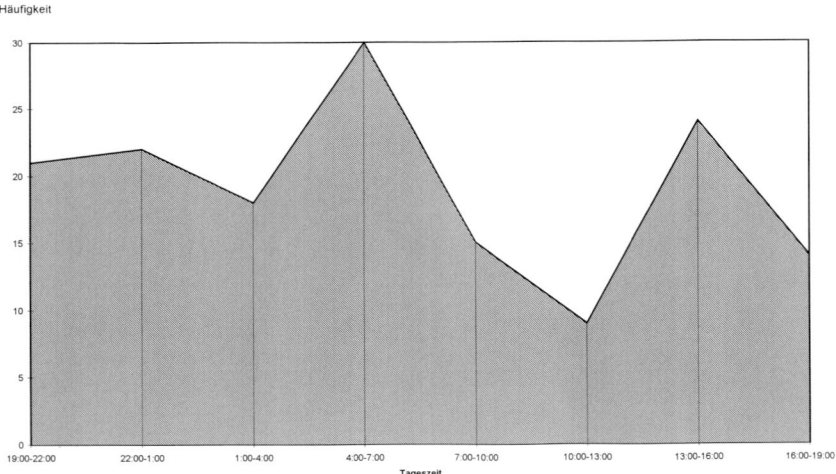

Häufigkeitsverteilung der durch Übermüdung bedingten Verkehrsunfälle über den Tag. Zu erkennen zwei Gipfel, am frühen Morgen und am Nachmittag.[6]

Die weitere Analyse ergab einen deutlichen Alterseffekt. Ältere Fahrer verursachten einschlafbedingt häufiger schwere Unfälle tagsüber, während jüngere Fahrer mehr für die Nachtunfälle verantwortlich waren. Die Gipfel der Unfälle älterer Fahrer lag etwa bei 18.00 Uhr, das Maximum der Unfälle jüngerer Fahrer gegen 6.00 Uhr. Des weiteren traten die Unfälle der jüngeren Fahrer überwiegend am Wochenende auf (erstaunlicherweise nicht nach Lokalbesuchen), die der älteren Fahrer in der Woche. In den Altersunterschieden zeigen sich möglicherweise der höhere nächtliche Schlafdruck jüngerer Fahrer und die verringerte tagesperiodische Verteilung des Schlafdrucks bei den älteren Fahrern mit reduziertem nächtlichen Schlafbedürfnis.

Die Daten zeigen neben der Wirkung der biologischen Rhythmik den großen Einfluß monotoner Bedingungen auf die Verursachung der schweren Unfälle auf den Autobahnen. Derartige monotone Bedingungen sind aber nicht nur auf unseren Autobahnen gegeben. Gerade „moderne" Arbeitsbedingungen mit zunehmender Automatisierung und Komfort am Arbeitsplatz sind durch Monotonie gekennzeichnet. Somit kann die Analyse der Ursachen bei Verkehrsunfällen auch als relevant für andere Arbeitsbereiche gelten.

Folgen der Mißachtung – Die Größenordnung der Kosten

Die Stockholmer Konferenz zum Thema „Arbeitszeiten, Übermüdung und Unfälle" formulierte im September 1994 das Fazit:

> „Es ist die gemeinsame Überzeugung einer internationalen Gruppe von Wissenschaftlern, die menschliche Leistungsfähigkeit, Sicherheit und Unfallverhütung im Zusammenhang mit Arbeitszeiten, Nachtschichten und unzureichendem Schlaf untersuchen, daß:
> 1. der Schlaf ein zentrales und lebenswichtiges Grundbedürfnis ist.
> 2. die Nichtbeachtung dieses Bedürfnisses durch unzureichende Schlafdauer oder durch Nachtarbeit weitreichendere Folgen haben kann, als viele wahrhaben wollen. Die schädlichen Auswirkungen von ungenügendem bzw. gestörtem Schlaf und chronischem Schlafentzug sind kumulativ und erhöhen das Risiko von Fehlern und Unfällen." [7]

Geht man von diesem Erkenntnisstand aus, stellt sich die Frage nach den *tatsächlichen Kosten* der Mißachtung menschlicher Rhythmen in der Nonstop-Gesellschaft. Die Antwort: Die Zunahme von Fehlern und Unfällen können zu Produktionsausfällen mit hohen Kosten wegen des

Betriebsstillstandes führen; Fehler in Nachtschichten im Gesundheitswesen und der Pflege können ebenfalls höhere Kosten mit sich bringen. Erkrankungen durch die kontinuierliche Produktion (Schichtarbeit, lange Arbeitszeiten, minimale bzw. zeitlich nicht angemessen liegende Ruhezeiten, Monotonie in Aufgaben bei gleichzeitiger hoher Verantwortlichkeit etc.) lassen direkt monetäre Kosten entstehen und individuelles Leid, gewissermaßen als „soziale Kosten".

Ebenso muß mit sozialen Konsequenzen gerechnet werden, die zu einer Zerstörung der bisherigen Familienstrukturen, wie überhaupt zu gesellschaftlichen Veränderungen führen können. Eine Zunahme an Schichtarbeit bringt eine Zersplitterung des gesellschaftlichen Lebens mit sich, da Arbeits-, Frei- und Ruhezeiten unterschiedlich eingehalten werden müssen. Bei diesen Veränderungen spielen unter anderem auch die Veränderung bzw. Reduktion der sozialen Kontakte eine nicht unerhebliche Rolle. Auch innerhalb der Familienstrukturen zeigen sich Auswirkungen durch die verringerten Kontakte untereinander.[9]

Nicht zu vergessen sind als Konsequenz der Tendenz zur pausenlosen hohen Geschwindigkeit Unfälle mit *dramatischer Umweltschädigung*. So wurden die meisten Katastrophen im Zusammenhang mit Müdigkeit (Nachtarbeit) des Personals verursacht:

- Der Unfall im Atomreaktor in Tschernobyl (Ukraine, April 1986) wurde durch Fehler des Wartungspersonals nach stundenlangem Warten am frühen Morgen verursacht.
- Das Tankerunglück der „Exxon Valdez" (Alaska, März 1989) geschah nach langwierigen Bunkerarbeiten, wobei die übermüdete Mannschaft das Ruder einem unerfahrenen Mann überließ, der nicht kontrolliert wurde.
- Der gefährliche Störfall des Atomreaktors „Three Mile Island" (Harrisburg, USA, März 1979) wurde nach amtlichen Angaben durch „menschliches Versagen" um 4.00 Uhr morgens ausgelöst.
- Der Absturz der Raumfähre „Challenger" (Start von Cap Canaveral, Florida, 1986) wurde mitverursacht durch Entscheidungen der Verantwortlichen am frühen Morgen nach weniger als zwei Stunden Schlaf.
- Die Fähre „Herald of Free Enterprise" kenterte im März 1987 vor der belgischen Küste. Eine Reihe von Ursachen wirkten bei diesem Unglück mit. Es bleibt aber festzuhalten, daß der für das Schließen der Bugklappe verantwortliche Bootsmann zum Zeitpunkt des Unglücks schlief.

117 ● Das japanische Tankschiff Matsukaze lief am April 1988 um 3.15 Uhr am frühen Morgen in der Straße von Juan de Fuca vor Seattle auf Grund. Der amtliche Bericht der Küstenwache belegt, daß die Wache auf der Brücke eingeschlafen war.[10]

Die Frage, inwieweit Übermüdung eine mehr als zufällige Rolle bei der Verursachung von Unfällen spielt, erübrigt sich, wenn die berechnete Häufigkeit gesehen wird. Neben den aufgeführten Autobahnunfällen wurde in den USA festgestellt, daß 52% aller Unfälle in der Energieindustrie durch „menschliches Versagen" verursacht wurden.[11] In der Luftfahrt wird diese Ursache mit 77% angegeben. Nach Schätzungen sind bis zu 41% dieser Fehler durch Übermüdung bedingt.

Genaue, im *Detail* errechnete Zahlen der direkten monetär bewertbaren Kosten der Folgen aller Formen von Ermüdung liegen nicht vor. Es können aber Aussagen zu deren *Größenordnungen* gemacht werden. Die vielen kleinen Unfälle summieren sich aufgrund der großen Zahl zu nennenswerten Kosten. Allein für die vergleichsweise häufigen LKW-Unfälle in den USA, die durch *Übermüdung verursacht* wurden, gibt es Schätzungen in der Größenordnung von *jährlich* ca. 5 Milliarden Dollar. Berechnungen ergaben, daß die Unfälle in laufenden Betrieben 1 bis 2 Milliarden Dollar pro Jahr ausmachen.[12] Summiert man diese Kosten und rechnet sie auf die Weltbevölkerung um, so ist mit einer Größenordnung von etwa 80 Milliarden Dollar pro Jahr zu rechnen, die durch übermüdungsbedingte Unfälle entstehen.

Werden neben den Unfallkosten noch die weiteren Folgekosten wie Produktions- und Qualitätseinbußen, Gesundheitsfürsorgekosten, soziale Kosten und Sicherheitskosten hinzugerechnet, so ergibt sich in der Tendenz eine Größenordnung von fast 400 Milliarden Dollar, die jedes Jahr durch Übermüdung weltweit verursacht werden.

Die Kostenschätzungen für die Unfälle mit katastrophalen Folgen schwanken ebenfalls in einer großen Bandbreite. Allein für das Tankerunglück der „Exxon-Valdez" liegen die Aufwendungen bei mehreren Milliarden US-Dollar. Die Katastrophe von Tschernobyl verseuchte große Flächen landwirtschaftlichen Bodens auf viele Jahre hinaus; Produktionsausfall, Nichtnutzbarkeit der Siedlungen, Umzüge – die monetären und psychischen Kosten der Todesfälle und Krankheiten nicht eingerechnet – führte zu Schätzungen von Kosten in der Höhe von etwa 300 Milliarden Dollar.[12]

Volkswirtschaftliche Überlegungen zu den finanziellen Folgen der untersuchten schweren Verkehrsunfälle auf Bayerns Autobahnen kommen (hochgerechnet auf die Bundesrepublik Deutschland) zum Ergebnis, daß der gesamtwirtschaftliche Verlust durch Straßenverkehrsunfälle in der Bundesrepublik ca. 50 Milliarden DM pro Jahr beträgt. Bezieht man diese Zahlen auf die Unfälle, die durch Übermüdung verursacht wurden, so müssen je nach Einschätzung (z. B. 10% durch Übermüdung) ca. 4 Milliarden DM in Rechnung gestellt werden.[13]

Diese Zahlen beziehen sich ausschließlich auf Verkehrsunfälle. Werden andere Kosten hinzugerechnet, so ist allein in Deutschland mit ca. 20 Milliarden DM Folgekosten pro Jahr durch Übermüdung zu rechnen.

Konsequenzen

Die Arbeitsbedingungen unserer technisierten Welt widersprechen den Veranlagungen des Menschen. Sie verursachen Unfälle und damit erhebliche Kosten. Die Tendenz ist zunehmend. Welche Konsequenzen sind daraus abzuleiten? Es gibt grundsätzlich zwei Möglichkeiten: Entweder den Menschen zu manipulieren oder die Technik den Menschen anzupassen.

Will man nicht das biologische Erbe des Menschen selbst direkt manipulieren, dann bleibt als der einzige Ansatz, die Kultur und die Technik den Menschen anzupassen. Zu fordern ist dementsprechend, kontinuierliche Arbeit auf ein notwendiges Minimum zu reduzieren. Schicht- und Nachtarbeit sollten daher nicht nach ökonomischen Gesichtspunkten ausgerichtet werden, sondern nur bei nichtverzichtbaren Tätigkeiten Anwendung finden.

Die Arbeitsbedingungen sollten entsprechend dem wissenschaftlichen Standard gestaltet werden. Dies bezieht sich auf das Schichtsystem sowie auf die Bedingungen am Arbeitsplatz. Beispielsweise beschäftigt die amerikanische Flugbehörde FAA Chronobiologen und Schlafexperten, da immer häufiger Fehler durch schlafende Piloten verursacht wurden. So zieht jetzt der „National Transportation Safety Board" Schlafforscher bei der Verhütung von Unfällen zu Rate. Das amerikanische Gesundheitsministerium versucht durch neue Schichtpläne, die zunehmende Müdigkeit des Personals zu bekämpfen.

Den Verantwortlichen müssen die Konsequenzen ihrer gefährlichen Arbeitsbedingungen deutlich vor Augen geführt werden. So legte z. B. die „Nuclear Regulatory Commission" für zwei Jahre das Kernkraftwerk Peach Bottom still, da sie wiederholt das Kontrollpersonal

119 nachts schlafend vorfand. Diese Stillegung kostete dem Betreiber monatlich 14 Millionen Dollar.

Derartige Maßnahmen können die Ursachen nicht beheben, aber sie mildern die Konsequenzen. Aus diesem Grund ist es die vordringlichste Pflicht, die Maschinen den Menschen anzupassen, indem die biologische Rhythmik in der Arbeitswelt die ihr zustehende Beachtung findet.

Die Stockholmer Konferenz faßte dies in ihrem Abschluß-Papier so zusammen:

> *„Basierend auf den zuvor genannten Prinzipien und Untersuchungen, und im Interesse der öffentlichen Sicherheit, empfehlen wir, daß:* [...]
> – öffentliche Aufklärungskampagnen durchgeführt werden sollten, um die Bedeutung des Schlafs und der circadianen Rhythmen sowie der negativen Folgen von verringertem Schlaf und die Symptome von Schlafstörungen publik zu machen.
> – präventive Gegenmaßnahmen im Hinblick auf einschlafbezogene Unfälle verstärkte Aufmerksamkeit erfahren sollten."[14]

Literatur

[1] *Winfree, A.T.:* Biologische Uhren. Zeitstrukturen des Lebendigen. Heidelberg 1988 (Orig.: The Timing of Biological Clocks. New York 1987). – [2] *Zulley, J.:* Schlafen und Wachen als biologischer Rhythmus. Regensburg 1992; *Zulley, J.:* Schlafen und Wachen. Ein Grundrhythmus des Lebens. In: *Held, M./Geißler, K.A.* (Hg.): Ökologie der Zeit. Vom Finden der rechten Zeitmaße. Stuttgart 1993, S. 53-62. – [3] *Akerstedt, T. (ed.):* Work Hours, Sleepiness and Accidents. J. Sleep Res. 4, 1995. – [4] *Akerstedt, T./Kecklund, G./Knutsson, A.:* A manifest sleepiness and spectral content of the EEG during shift work. Sleep 1991, 14, S. 221-225; *Härmä, M./Sallinen, M.:* The frequency of napping at work in monotonous shiftwork. J. Sleep Res. 1996, 5, S. 85. – [5] *Langwieder, K./Sporner, A./Hell. W.:* Struktur der Unfälle auf Autobahnen im Freistaat Bayern im Jahr 1991. HUK-Verband, Büro für Kfz-Technik. München 1994. – [6] Die Beratergruppe setzte sich neben Fachleuten des HUK-Verbandes aus Mitgliedern verschiedener Ministerien, der Verkehrspolizei, des TÜVs und verschiedener Universitäten zusammen. – [7] „Stockholmer Erklärung", abgedruckt in Journal of Sleep Research vol. 3, S. 195, 1994; deutsche Übersetzung in *Held, M.:* Rhythmen und Eigenzeiten als angemessene Zeitmaße. Perspektiven einer öko-sozialen Zeitpolitik. In: *Held, M./Geißler, K. A.* (Hg.): Von Rhythmen und Eigenzeiten. Perspektiven einer Ökologie der Zeit. Stuttgart, S. 169-191, hier S. 188, 1995. – [8] *Zulley, J./Crönlein, T./Hell, W./Langwieder, K.:* Einschlafen am Steuer: Hauptursache schwerer Verkehrsunfälle. 1995, WMW 17/18, S. 473. – [9] Siehe hierzu den Beitrag von *Hildebrandt* in diesem Buch. – [10] *Lauber, J.K./Kayten, P.J.:* Sleepiness, Circadian Dysrhythmia, and Fatigue in Transportation System Accidents. Sleep 11, 1988, S. 503-512. – [11] *Dinges, D. F.:* An Overview of Sleepiness and Accidents. In: *Akerstedt, T. (ed.):* Work Hours, Sleepiness and Accidents. J. Sleep Res. 4, 1995. – [12] *Moore-Ede, M.:* Die Nonstop Gesellschaft. Risikofaktoren und Grenzen menschlicher Leistungsfähigkeit in der 24-Stunden-Welt. München 1993 (Orig.: The 24 Hour Society: The Risks, Costs and Challenges of a World that Never Stops. New York/London 1993). – [13] *Lob, G.:* Was kostet ein Leben? Volkswirtschaftliche Überlegung zum Unfallgeschehen. Vortrag auf der Tagung der Vereinigung leitender Unfallchirurgen Bayerns in München. – [14] Siehe FN 7, S. 189.

Die Mißachtung der biologischen Zeitprogramme des Menschen durch Nacht- und Schichtarbeit

Die Nonstop-Gesellschaft ist nicht nur durch eine allgemeine Beschleunigung aller Vorgänge, sondern auch durch die gesamte zeitliche Organisation der menschlichen Lebens- und Arbeitsweise gekennzeichnet. Die zunehmende Ablösung von den naturgegebenen rhythmischen Zeitordnungen seiner Umwelt führt zu einem biologischen Zeitkonflikt des Menschen, da die Funktionen seines Organismus nach Zeitprogrammen geordnet sind, die mit den natürlichen Umweltordnungen korrespondieren und nicht beliebig manipuliert werden

Univ.-Prof. em. Dr. med. **Gunther Hildebrandt,** geb. 1924 in Freiburg/Br. 1942–1949 Studium der Humanmedizin in Tübingen, Straßburg, Hamburg und Marburg. 1949 Promotion, 1950 Approbation als Arzt. Klinische Tätigkeit in Innerer Medizin und Psychiatrie/Neurologie. 1951–1961 Balneologische Forschungsstelle Bad Orb. 1959–1964 Abteilungsleiter Physiologisches Institut Univ. Marburg. 1959 Habilitation für Humanphysiologie u. Balneologie. 1964 a. o. Prof., 1967 o. Prof. und Direktor des Instituts für Arbeitsphysiologie und Rehabilitationsforschung, Univ. Marburg. 1967–1992 Direktor des Instituts für Physiotherapie und Rehabilitation Bad Berleburg. 1980–1994 Direktor des Instituts für Kurmedizinische Forschung Bad Wildungen. 1992 Emeritierung. 1994–1997 Gastprofessor Univ. Graz. 1985/86 Gründungspräsident der Europ. Soc. for Chronobiology. Forschungsschwerpunkte: Chronobiologie und Chronohygiene, bes. in der Physikalischen Medizin und Arbeitsmedizin, Therapeutische Physiologie, Kurmedizin. Zahlreiche Veröffentlichungen, u. a.: Biologische Rhythmen und Arbeit, Wien–New York 1976; Balneologie und medizinische Klimatologie (mit W. Amelung), Berlin 1985/86; Physikalische Medizin (mit H. Drexel u. a.), Stuttgart 1990; Chronobiological Aspects of Physical Therapy and Cure Treatment (mit Y. Agishi), Sapporo 1989.

Prof. Dr. med. Gunther Hildebrandt, Institut für Arbeitsphysiologie und Rehabilitationsforschung der Philipps Universität, Robert-Koch-Straße 7a, 35037 Marburg/Lahn

können. Nacht- und Schichtarbeit sind besondere Schwerpunkte dieser Proble-
matik. Während früher die medizinische Beurteilung der Nacht- und Schicht-
arbeit durch eine hohe Selbstselektion der gesundheitlich Geschädigten unsicher
war, sind heute wesentliche Individualfaktoren, die Toleranz und Verträglich-
keit von ungewöhnlichen Arbeitszeiten mitbestimmen, nachgewiesen. Auch
beim Menschen findet sich ein etwa einwöchiger Funktionsrhythmus. Die auch
experimentell abgesicherten Ergebnisse müssen Grundlage für die Entwicklung
einer Chronohygiene werden, die im Sinne einer „Ökologie der Zeit" den
rhythmischen Zeitprogrammen des Organismus und seiner Umwelt Rechnung
trägt.

Verhalten des Menschen und Zeitprogramme seiner Umwelt

Die zeitliche Ordnung menschlicher Arbeit – wie aller Tätigkeit überhaupt – erscheint bei oberflächlicher Betrachtung als eine selbstver-
ständliche Folge der wechselnden äußeren natürlichen Bedingungen.
Das Tageslicht als Voraussetzung jeder Orientierungsmöglichkeit und
die höheren Temperaturen am Tage ermöglichen bzw. begünstigen gezielte Arbeits- und Bewegungsvorgänge. Auch die Tierwelt, der der
Mensch Arbeitshilfen und Nahrungsmittel entnimmt, ist zum größten
Teil derselben zeitlichen Ordnung unterworfen.

Wären es nur die äußeren Bedingungen, die den Menschen zu
einem tagaktiven Lebewesen machen, so müßten die zahlreichen und
umfassenden Änderungen der äußeren Umwelt, die der Mensch durch
seine technisch-zivilisatorische Entwicklung geschaffen hat, und die er
in beschleunigter Art und Weise vorantreibt, sein Verhalten umpro-
grammieren können. Die künstliche Beleuchtung kann die Nacht zum
Tage machen, Heizung und Klimatisierung können zu jeder Zeit und an
jedem beliebigen Ort jedes beliebige Klima schaffen. Tatsächlich haben
diese technischen Voraussetzungen es ermöglicht, daß zahlreiche Arbeiten nicht mehr auf den hellen Tag beschränkt werden müssen: notwendige Dienstleistungen wie Krankenversorgung, Transporte, Feuer-
wehr, Verkehr, Nachrichtenübermittlung und Energieversorgung, auch
technische Erfordernisse etwa bei der Stahlerzeugung oder in der chemischen Industrie.

Aber auch der Tag kann für die Produktivität besser genutzt werden, wenn man ihn bei der Beschränkung auf eine achtstündige Arbeitszeit in zwei Schichten (Frühschicht und Spätschicht) einteilt, so
daß der Arbeitsprozeß selbst nicht mehr unterbrochen werden muß. In

123 den industriell entwickelten Ländern verrichten schon mehr als 20% aller Tätigen ihre Arbeit im Nacht- und Schichtdienst.

Hierbei entstünden keine Probleme, wenn es allein darauf ankäme, daß der Mensch sein Verhalten im Wechsel zwischen Arbeit und Erholung nur den äußeren Zeitprogrammen der Umgebungsbedingungen anzupassen hätte, die er *beliebig* gestalten kann. Die Möglichkeit einer solchen Anpassung wird aber dadurch kompliziert, daß der Mensch auch *inneren* biologischen Zeitprogrammen unterworfen ist, die gegenüber der äußeren Umweltordnung eine mehr oder weniger große Unabhängigkeit besitzen.[1,2] Die dabei entstehenden Diskrepanzen begründen den *biologischen Zeitkonflikt* des modernen Menschen.[3]

Tag-Nacht-Rhythmik als biologisches Zeitprogramm des Menschen

So haben z. B. experimentelle Untersuchungen, bei denen Versuchspersonen über längere Zeit von allen äußeren Einflüssen abgeschirmt und ohne Zeitorientierung durch Uhren waren, deutlich gezeigt, daß dem menschlichen Organismus ein *innerer* Tag-Nacht-Rhythmus mit Wechsel zwischen Aktivität und Ruhe eingeprägt ist, der sämtliche Körperfunktionen in einem spontanen Rhythmus zwischen Leistungs- und Erholungseinstellung schwanken läßt. Dessen Periodendauer (Wellenlänge) beträgt allerdings nicht genau 24 Stunden, sondern ist nur „circadian" (von lat. „circa" und „dies") und liegt im Mittel vieler Versuche bei etwas 25 Stunden.[4,5]

Die diesen Rhythmus steuernde „innere Uhr" des Organismus wird aber unter normalen Umgebungsbedingungen von den äußeren zeitgebenden Einflüssen, besonders durch den Licht-Dunkel-Wechsel, auf den 24-Stundenrhythmus des geophysikalischen Tages reguliert bzw. so synchronisiert, daß dem äußeren Tag eine Einstellung des Organismus auf Leistung und Aktivität, der äußeren Nacht eine Erholungseinstellung mit Schlaf zugeordnet ist.

Zum ganz überwiegenden Teil beherrscht in dieser Weise der Tag-Nacht-Wechsel *bis zum heutigen Tage* unser Verhalten. So verläuft z. B. der Verbrauch an elektrischer Energie, der das Aktivitätsverhalten der Bevölkerung im Laufe des Tages widerspiegelt, in typischer Weise mit einem absoluten Minimum im Bereich von 3 Uhr nachts und zwei Gipfeln am Vormittag und Nachmittag mit einem dazwischenliegenden Nebenminimum, das als sog. Mittagssenke wegen der vielfach auftretenden Neigung zu einem Mittagsschläfchen gut bekannt ist. Auch der Tagesgang der Reaktionsgeschwindigkeit, d. h. der psychischen Leistungsbereitschaft des Menschen, verläuft in gleicher Weise und zeigt, daß die tagesrhythmischen Veränderungen im Inneren des Organismus tatsächlich die Voraussetzungen für das Leistungsverhalten im Tageslauf bilden.[6,7]

Tagesrhythmik der psychischen und körperlichen Leistungsvoraussetzungen

Diese spontanen Schwankungen der psychischen Leistungsbereitschaft lassen sich aber keinesweg auf die körperlichen Leistungsvoraussetzungen übertragen. Vielmehr haben systematische Untersuchungen mit dosierten Arbeitsbelastungen eindeutig ergeben, daß die körperliche Leistungsfähigkeit für Dauerleistungen nicht am Tage, sondern in der Nacht im Bereich von 3 Uhr das Maximum durchläuft, am Tage dagegen niedriger ist. Dies trifft sowohl für Tätigkeiten mit Einsatz großer Muskelgruppen zu als auch für sog. einseitig dynamische Arbeiten (z. B. Fingerarbeit) (siehe Abbildung 1).

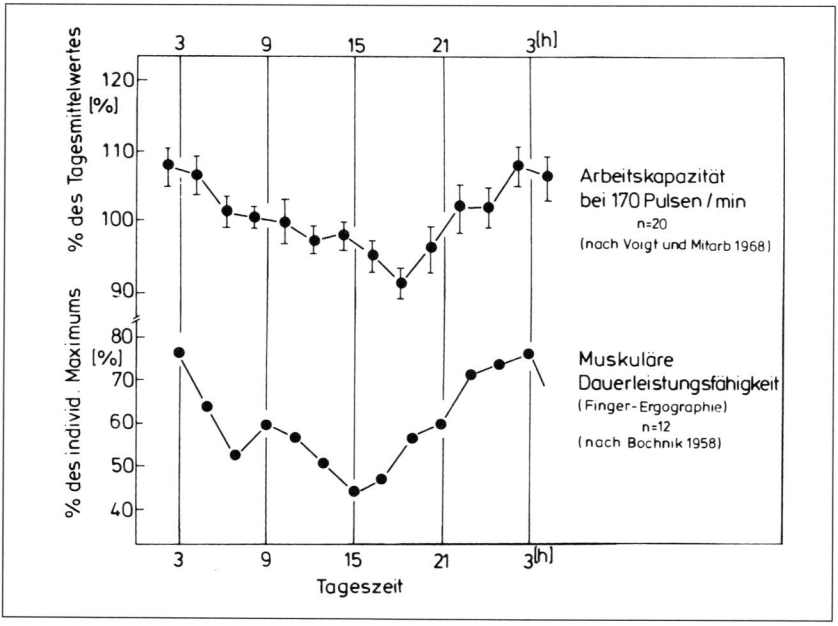

Abb. 1: Oben: Mittlerer Tagesgang der Arbeitskapazität (PWC) für 170 Pulse/min von 20 gesunden Versuchspersonen bei 2-stündlichen Kontrollen. Unten: Mittlerer Tagesgang der muskulären Arbeitskapazität von 12 Versuchspersonen am Finger-Ergographen bei 2-stündlichen Kontrollen.

125 Somit ergibt sich der bemerkenswerte Befund, daß unsere körperlichen Leistungsvoraussetzungen generell dann am besten sind, wenn wir nur über minimale psychische Leistungsbereitschaft verfügen und in der Regel ja auch schlafen. Dieser Zusammenhang, der besonders stark bei mittleren Dauerbelastungen, wie sie in der Arbeitswelt am häufigsten vorkommen, ausgeprägt ist, läßt sich nur so verstehen, daß die nächtliche Spareinstellung des Stoffwechsels, die optimale Voraussetzungen für Dauerleistungen schafft, in der Nacht zur Erholung und Wiederauffüllung der Energiereserven genutzt werden muß und darum durch das nächtliche Minimum der Leistungsbereitschaft sorgfältig vor Ausbeutung *geschützt* wird.[10]

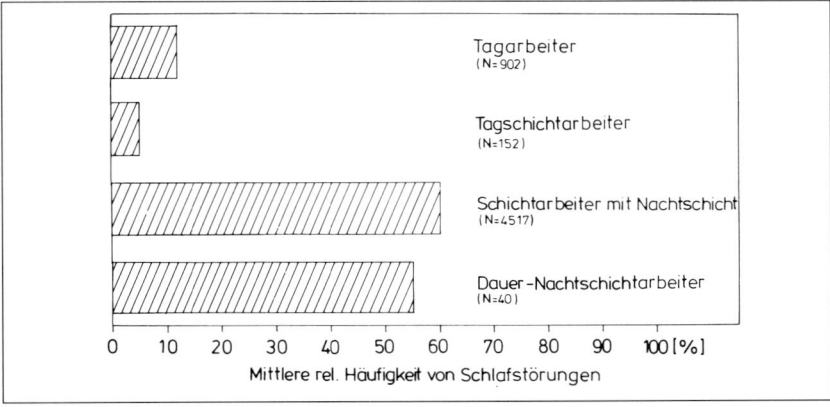

Abb. 2: Relative Häufigkeit der Klagen über Schlaf- und Erholungsstörungen bei Tagarbeitern und Nachtarbeitern.

Dieser Phasenzusammenhang ist also für die nächtliche Erholung von entscheidender Bedeutung, und seine Störung muß unweigerlich zu Defiziten hinsichtlich der Erholung führen, wenn es dem Organismus nicht gelingt, ihn auch bei Umstellungen der Lebensweise aufrecht zu erhalten bzw. wiederherzustellen. Dies gelingt offensichtlich in einem großen Teil der Fälle nicht, denn – wie Abbildung 2 zeigt – klagen Personen, die Nachtarbeit verrichten müssen, über beträchtlich höhere Anteile an Schlaf- und Erholungsstörungen.

Morgen- und Abendtypen

Aber auch schon die Schichtarbeit, die als Früh- und Spätschicht die Nacht nicht einbezieht, kann bereits zu Erholungsproblemen führen,

wenn man berücksichtigt, daß es *individuelle Unterschiede* in der tagesrhythmischen Phasenlage gibt, die sich auch im Verhalten als sogenannte Morgen- und Abendtypen zu erkennen geben. Abbildung 3 zeigt den
mittleren Verlauf der Körpertemperatur bei zwei Gruppen von gesunden
Personen, die mit Fragebogenmethoden in bezug auf ihr gewohntes und
bevorzugtes Verhalten als Morgen- oder Abendtypen eingeschätzt wurden. Es zeigt sich, daß sich beide Gruppen deutlich in bezug auf die zeitliche Ordnung ihrer tagesrhythmischen Körpertemperaturschwankun-
gen unterscheiden. Das nächtliche Minimum der Temperatur liegt bei
den Morgentypen um fast sechs Stunden früher als bei den Abendtypen,
die ja als „Morgenmuffel" allgemein bekannt sind.

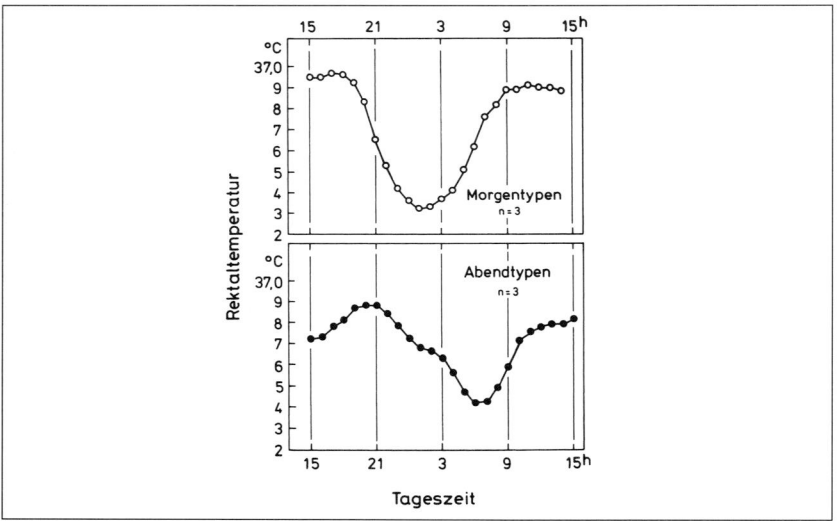

Abb. 3: Mittlere Tagesgänge der Rektaltemperatur bei je drei Morgen- und Abendtypen.

An Krankenschwestern wurde das Verhalten der Schlafdauer bei Früh-
schicht- und Spätschichtdiensten untersucht, und zwar wiederum auf-
gegliedert nach Personen, die als morgentypisch bzw. abendtypisch eingestuft wurden.[11] Dabei ergab sich, daß die Probanden an freien Tagen
und vor Spätschichten um so später zu Bett gehen und um so später
aufstehen, je abendtypischer sie sich einschätzen, während für die Morgentypen das umgekehrte gilt. Diese Unterschiede wirkten sich auch bei
der Frühschicht aus. Das spätere Zubettgehen der Abendtypen führt zu
einer Verkürzung der Schlafzeiten bis unter sechs Stunden, was bereits
kritische Erholungsdefizite verursachen kann.

127 Experimentelle Untersuchungen, bei denen Morgen- und Abendmenschen zu verschiedenen Zeiten zu Bett gehen mußten (21, 23, 1 und 3 Uhr), haben gezeigt (siehe Abbildung 4), daß Abendtypen bei frühem Zubettgehen erst mit einer langen Latenzzeit (im Mittel $3\frac{1}{2}$ Stunden) einschlafen können, während Morgentypen bis zu einem späteren Termin schwer wach zu halten sind und eine zunehmend geringere Schlafdauer erreichen. Am folgenden Tag zeigt sich bereits das nächtliche Erholungsdefizit an einem Absinken ihrer Vigilanz und psychischen Leistungsfähigkeit. Diese Ergebnisse hatten sich auch nach zehnmaliger Wiederholung der Versuche kaum verändert.[12]

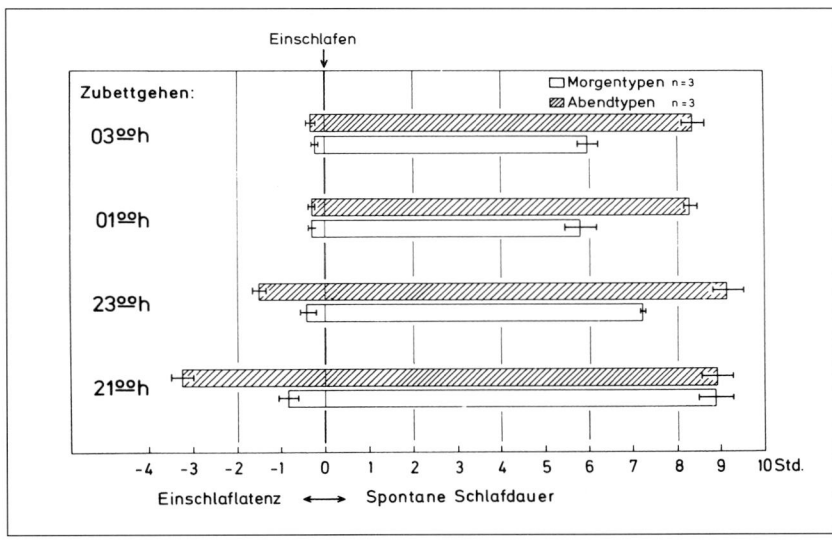

Abb. 4: Mittlere Einschlaflatenzen und spontane Schlafdauern von je drei Morgen- und Abendtypen nach unterschiedlichen Zeiten des Zubettgehens. Synchronisation über dem Einschlafzeitpunkt (nach Daten von Döhre, aus[9]).

Erholungsdefizite und gesundheitliche Störungen

Die besondere Betonung des Schlafes und der Schlafdefizite[13] bei Nacht- und Schichtarbeitern ist deswegen berechtigt und sogar notwendig, weil alle neueren Untersuchungen ergeben haben, daß *Erholungsdefizite* der *entscheidende Ausgangspunkt* für alle weiteren gesundheitlichen Schäden durch die Mißachtung der biologischen Zeitprogramme des Menschen sind. Mangelnde Schlaferholung führt zu Störungen der vegetativen Regulationssysteme, auf deren funktionellem Boden sich dann verschiedenste organische Krankheiten entwickeln können.[14, 15]

Die allgemeine Erfahrung zeigt, daß erhebliche *interindividuelle Unterschiede* in der Verträglichkeit und Toleranz von Nacht- und Schichtarbeit bestehen. Angesichts der Tatsache, daß Störungen und Unverträglichkeit aus der Mißachtung der biologischen Zeitprogramme des Menschen erwachsen, müssen die genannten Unterschiede vor allem auf Unterschieden in der Fähigkeit beruhen, die endogenen biologischen Zeitprogramme den besonderen zeitlichen Anforderungen der Schichtarbeit anzupassen. Die subjektive Erfahrung zeigt, daß es offenbar bis zu einem gewissen Grade Anpassungsvorgänge und Gewöhnungen an die jeweils geforderte Arbeitseinteilung gibt. Wir kennen aber auch das Umgekehrte, daß nämlich die Verträglichkeit der Nachtarbeit bei Wiederholung immer geringer wird und schließlich zur Aufgabe aus gesundheitlichen Gründen führen kann.

Die arbeitsmedizinische Forschung hat sich aufgrund dieser Erfahrungen in neuerer Zeit besonders der Frage zugewendet, welche Vorgänge im Organismus die Anpassung an unterschiedliche Arbeitszeiten bewirken können und welche interindividuellen Unterschiede dabei bestehen.

Im folgenden werden insbesondere die Forschungsergebnisse bezüglich der Nachtarbeit dargestellt, weil hier die Anpassungsanforderungen an den Organismus am größten sind. Damit ist aber nicht gesagt, daß die Probleme der Tagschichtarbeit nur graduell geringer sind, vielmehr können dabei u. a. die sozialen Folgen stärker in den Vordergrund treten.

Ist Anpassung an Nachtschichtarbeit möglich?

Um zu beurteilen, was mit der biologischen Tagesrhythmik des Menschen bei der Umstellung auf Nachtschichtarbeit passiert, zeigt Abbildung 5 die Körpertemperaturverläufe von einzelnen Nachtschwestern vor und nach einer längeren Nachtarbeitsperiode. Die Messungen wurden jeweils an sogenannten Kontrolltagen angestellt, die die Probandinnen bei gleichmäßig verteilter Kost in einer Schlafklimakammer ruhend und nach Belieben schlafend verbrachten. Es zeigt sich, daß die Reaktion auf die Nachtschichtarbeit sehr unterschiedlich sein kann. Im oberen Beispiel kommt es zu einer kompletten Phasenumkehr gegenüber der Kontrollmessung. Das Maximum der Körpertemperatur ist in

129 die Zeit der Nachtschicht gewandert, das Minimum liegt am Tage im Bereich des Tagschlafes. Man darf zunächst annehmen, daß diese den Anforderungen der Nachtarbeit am besten entsprechende Veränderung auch alle anderen Körperfunktionen betrifft, da die Körpertemperatur als ein zuverlässiger Marker der biologischen Tagesrhythmik gilt. Es bestehen aber auch Erfahrungen, nach denen Störungen der äußeren Zeitgeberprogramme die Phasenabstimmung verschiedener Körperfunktionen untereinander im Sinne einer inneren Desynchronisation stören können, z. B. während der Umstellungsphase nach Zeitzonensprüngen.

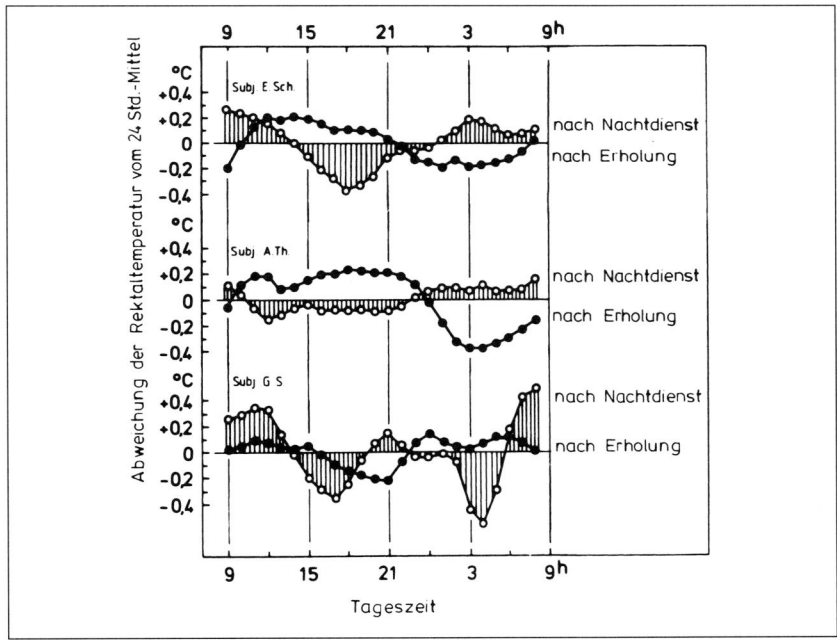

Abb. 5: Drei Beispiele für den Tagesgang der Körperkerntemperatur unmittelbar im Anschluß an eine längere Nachtarbeitsperiode und nach einer längeren Erholungszeit mit normaler Lebensweise. Zum Niveauausgleich der jeweils zu vergleichenden Kurvenpaare geben die Ordinaten die Abweichung vom 24-Stundenmittel der Körpertemperatur an. Die schraffierten Flächen bezeichnen den Flächenwert der Belastungskurve, der zu der entsprechenden Fläche der Erholungskurve in Beziehung zu setzen ist (= Flattening-Index) (nach[9]).

Im zweiten Beispiel ist es nicht sicher auszumachen, ob sich die tagesrhythmische Phasenlage verschoben hat. Vielmehr ist eine starke Abflachung der Tagesrhythmik eingetreten, welche dem Organismus bis zu einem gewissen Grade hilfreich sein kann, weil dadurch die Gegensätze zwischen äußeren Anforderungen und innerer biologischer Zeitordnung abgeschwächt werden. Außerdem steht dieser Anpassungsmechanismus schon nach kurzer Zeit zur Verfügung.

Im dritten Beispiel reagiert die Versuchsperson, die sich schon im erholten Zustand durch ein besonders früh liegendes Minimum der Körpertemperatur auszeichnet, mit einer starken Veränderung des biologischen Zeitprogramms: Statt der 24-Stunden-Rhythmik findet sich nach der Nachtarbeitsbelastung eine 12-Stunden-Periodik mit zwei Maxima und zwei Minima innerhalb des Kontrolltages. Man bezeichnet diese Reaktion als Frequenzmultiplikation, bei welcher der Organismus häufiger zwischen Leistungs- und Erholungseinstellung wechselt und dadurch versucht, den unzeitigen Anforderungen zu entsprechen.

Eine solche *Frequenzmultiplikation* bei der statt 12stündiger auch 8-, 6- oder 4stündige Perioden auftreten können, ist immer ein Zeichen dafür, daß *bereits Erholungsdefizite eingetreten sind.* Es ist schon seit langem bekannt, daß schlafgestörte Menschen häufig eine 12stündige Überlagerung der Tagesrhythmik ausbilden. Abbildung 6 zeigt in der obersten Kurve noch einmal den normalen Tagesrhythmus der Reaktionszeit bei ausgeruhten Personen. Die zweite Kurve der Abbildung zeigt dagegen die Häufigkeit von Fehlleistungen im Tageslauf bei Arbeitern, die im Dreischichtdienst tätig waren. Hier

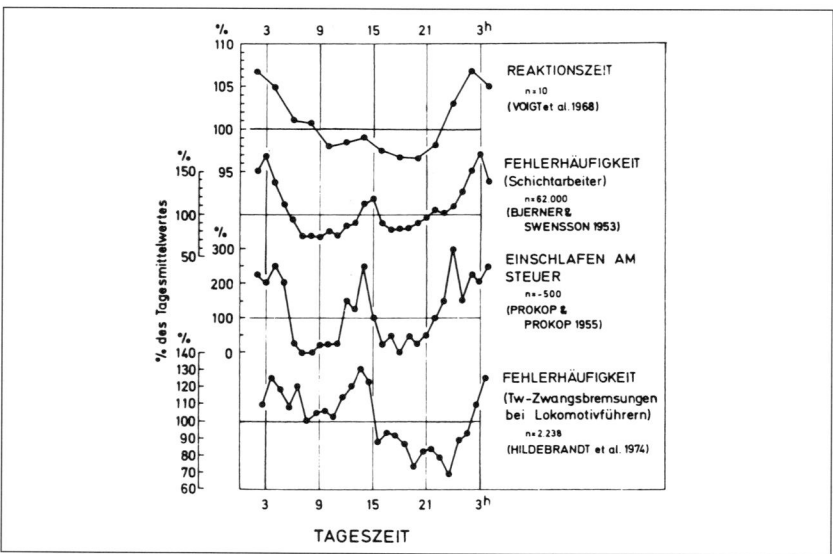

Abb. 6: Tagesgänge verschiedener Indikatoren der Vigilanzleistung beim Menschen mit unterschiedlichen Erholungsbedingungen (zusammengestellt nach[6]).

131   tritt bereits eine 12stündige Periodik hervor, die zur Ausbildung der Mittagssenke führt. Bei der dritten Kurve wird es ganz evident, daß Übermüdung zur Frequenzmultiplikation führt, denn die Häufigkeit von Unfällen durch Einschlafen am Steuer eines Kraftwagens ohne Beteiligung Dritter zeigt neben dem zu erwartenden nächtlichen Maximum einen zweiten großen Gipfel am frühen Nachmittag. Die unterste Kurve schließlich stammt von im Schichtdienst tätigen Lokomotivführern, bei denen die Häufigkeit von Fehlleistungen beim Hervortreten des Mittagsgipfels den ganzen Tagesgang deformiert erscheinen läßt. Dieser Mittagsgipfel war umso stärker ausgeprägt, je früher die entsprechende Dienstschicht am Morgen begonnen hatte.[16]

Immerhin läßt sich nachweisen, daß die als Optimum zu erwartende Phasenanpassung nur eine der möglichen physiologischen Antworten des biologischen Zeitprogramms auf die Umstellung auf Nachtarbeit ist. Es stellt sich dabei die Frage, welchen Zeitbedarf eine solche Phasenanpassung hat. Bei Flugreisen in andere Zeitzonen kann jeder erfahren, daß die Umstellung auf die neue Ortszeit je nach Größe und Richtung der Zeitverschiebung Tage bis Wochen benötigt. Hier sind die Voraussetzungen aber insofern besonders günstig, weil alle äußeren Zeitgeber-Faktoren der neuen Ortszeit angehören, während für den Nachtarbeiter nur einige der äußeren Faktoren umgestellt werden und die Familie z. B. weiter dem normalen Tageslauf nachgehen muß. Es ist ein inkohärenter Zeitgeberkomplex, dem sich der Nachtarbeiter gegenüber sieht.

Zur Prüfung der *tagesrhythmischen Phasenverschiebung* wurden Nachtschwestern untersucht, die nach längerer Erholungszeit mit normaler Lebensweise für drei Wochen hintereinander Nachtdienst verrichteten. Neben einer Kontrolluntersuchung im erholten Zustand wurden mehrfach intermittierend Kontrolltage in der Schlafklimakammer angesetzt. Als Indikator diente vor allem der Tagesgang der Körpertemperatur. Es zeigte sich, daß sich bei einem Teil der Probandinnen bereits nach zwei aufeinanderfolgenden Nachtdiensten der Tagesrhythmus der Körpertemperatur im Sinne eine Verspätung gegenüber der Kontrollgruppe zu verschieben begann. Nach weiteren Nachtschichten setzte sich die Phasenverschiebung fort und erreichte nach sechs Nachtdiensten eine vollständige Phasenumkehr gegenüber der Ausgangslage. Dies entsprach einer Verschiebungsgeschwindigkeit von ewa 1–2 Stunden pro Tag. Im weiteren Verlauf nahm lediglich die Tagesamplitude, die vorübergehend etwas abgeflacht war, weiter zu.[10, 12]

Verfolgte man bei diesen Untersuchungen eine größere Anzahl von Probanden im Verlauf ihrer Nachtdienstumstellung, so zeigte sich (vgl. Abbildung 7), daß durchaus nicht alle mit der geschilderten Phasenverschiebung reagierten. Die tagesrhythmischen Maxima von Körpertemperatur und Herzfrequenz verschoben sich nur in einem Teil der Fälle in die Nacht hinein, während eine solche Verschiebung bei anderen entweder ganz ausblieb oder sogar in die andere Richtung erfolgte. Mit solchen objektiven Messungen lassen sich also eindeutig Personen, die fähig zur Anpassung ihrer biologischen Zeitprogramme an eine umge-

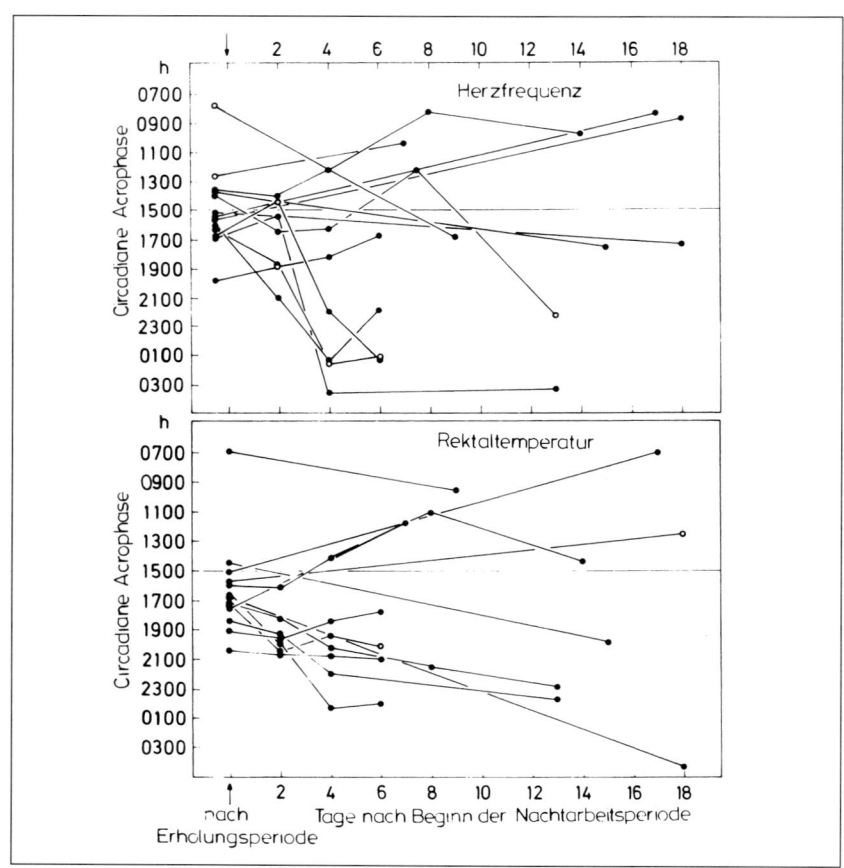

Abb. 7: Individuelle Verläufe der circadianen Akrophasen (berechnete Tagesmaxima) von Rektaltemperatur und Herzfrequenz bei Krankenschwestern im Laufe einer 21-tägigen Nachtschichtperiode. Die Ausgangswerte wurden nach einer längeren Erholungszeit mit normaler Lebensweise erhoben (nach[17]).

133 kehrte Lebensweise sind, von solchen trennen, die gegenüber solchen Belastungen intolerant sind und mit weniger geeigneten physiologischen Reaktionen antworten.

Während lange Zeit psychologische Persönlichkeitsmerkmale für diesen Unterschied verantwortlich gemacht wurden, wurde vor etwa 30 Jahren erstmals bemerkt, daß diejenigen Nachtarbeiter, die aus gesundheitlichen Gründen die Nachtarbeit aufgeben mußten, auffällig häufig Morgenmenschen waren, deren biologische Tagesrhythmik sich durch eine Verfrühung (Phasenvoreilung) auszeichnet und den Menschen zum Frühaufsteher macht.

Dieser Befund ist seitdem immer wieder bestätigt worden. Abbildung 8 zeigt die Urteile des Krankenpflegepersonals eines großen Klinikums, in welchem die Dauernachtschichtarbeiter durch die Einführung von Dreischichtarbeit abgelöst wurden, an der alle im Pflegedienst Tätigen teilnehmen mußten, über die Verträglichkeit der Nacht-

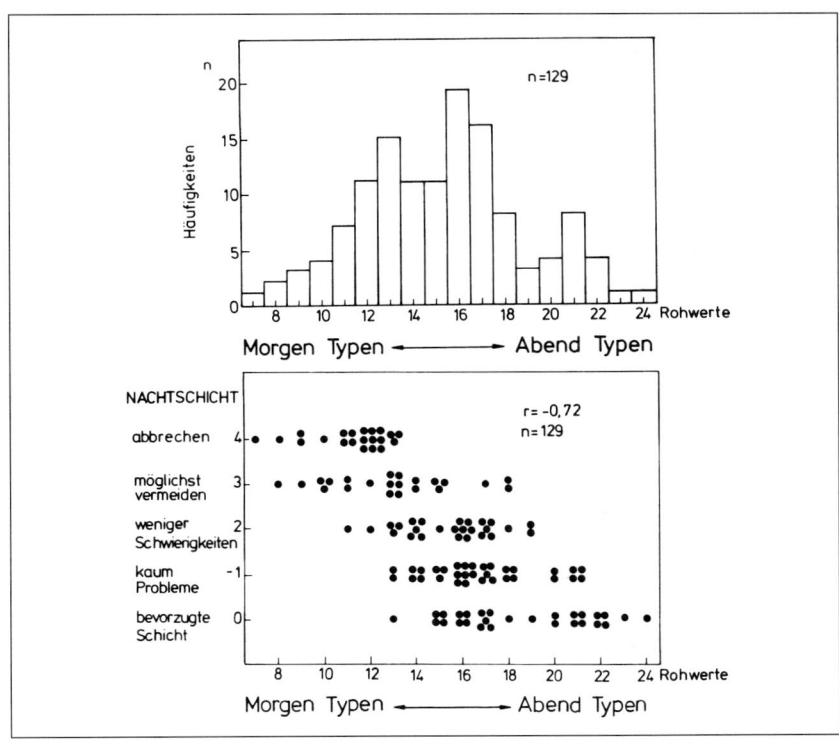

Abb. 8: Oben: Häufigkeitsverteilung der in einem 4-Fragen-Test zur Beurteilung der circadianen Phasenlage erhaltenen mittleren Scores von 129 Pflegekräften eines Klinikums. Unten: Beurteilungen der Nachtschicht-Toleranz beim selben Kollektiv in Abhängigkeit vom circadianen Phasentyp (aus [7]).

schichten, und zwar eingeteilt nach verschiedenen Ausprägungsgraden der Morgen-Abendtypen des circadianen Zeitprogramms. Es ist eindeutig ablesbar, daß die mehr morgentypisch eingestellten Personen die Nachtarbeit nicht tolerieren und belastend finden, während diejenigen, deren biologisches Zeitprogramm mehr abendtypisch eingestellt ist, die Nachtarbeit sogar bevorzugen können. Der obere Teil der Abbildung enthält die Häufigkeitsverteilung der circadianen Phasentypen, aus der ersichtlich wird, daß indifferente Typen am häufigsten vorkommen, während extreme Typen in beiden Richtungen immer seltener sind und vermutlich in pathologische Abweichungen übergehen.

Betrachtet man unter diesen Gesichtspunkten noch einmal die Befunde der Abbildung 7, so wird deutlich, daß Nachtschichttoleranz auf der *Fähigkeit zur Phasenverschiebung* der tagesrhythmischen Umstellungen beruhen muß, wie sie vorzugsweise bei Abendtypen eintritt, während Intoleranz der Nachtarbeit mit der Unfähigkeit zusammenhängt, das innere biologische Zeitprogramm zu verschieben und auf das geforderte Arbeitszeitprogramm abzustimmen.

Dieser Befund wurde auch unter strengen experimentellen Untersuchungsbedingungen bestätigt, wobei die Probanden über längere Zeit Nachtarbeit unter Aufsicht der Untersucher verrichteten und in mehrtägigen Abständen wiederholt Kontrolluntersuchungen in der Schlafklimakammer unterzogen wurden.[18] In Abbildung 9 sind die mittleren Veränderungen des Einschlafzeitpunktes, des Aufwachzeitpunktes sowie des tagesrhythmischen Minimums der Körpertemperatur für Morgentypen und Abendtypen im Verlauf der 14tägigen Nachtschichtperiode dargestellt. Während diese Zeitpunkte bei den Abendtypen mit einer Geschwindigkeit von ca. 1 Std. / Tag zur Anpassung an die Nachtarbeit verschoben werden, imponiert bei den Morgentypen, bei denen das nächtliche Temperaturminimum in charakteristischer Weise zunächst früher liegt, vor allem die Verlängerung der spontanen Schlafdauer durch Verspätung des Aufwachzeitpunktes, wobei die Einschlafzeitpunkte trotz völliger Beliebigkeit der Schlafzeiten an den Kontrolltagen unverändert bleiben. Die Morgentypen zeigen demnach keinerlei Phasenanpassung an die Nachtschichtperiode, sondern versuchen, ihr Erholungsdefizit an den Kontrolltagen durch vermehrten Schlaf auszugleichen.

Auch die Inanspruchnahme der beiden weiteren zu beobachtenden Reaktionsformen gegenüber Nachtarbeitsbelastung (vgl. Abbildung 5) wirken sich bei Morgentypen negativ aus. Vergleichende Untersuchungen haben ergeben, daß nur die Abendtypen mit einer Abflachung der

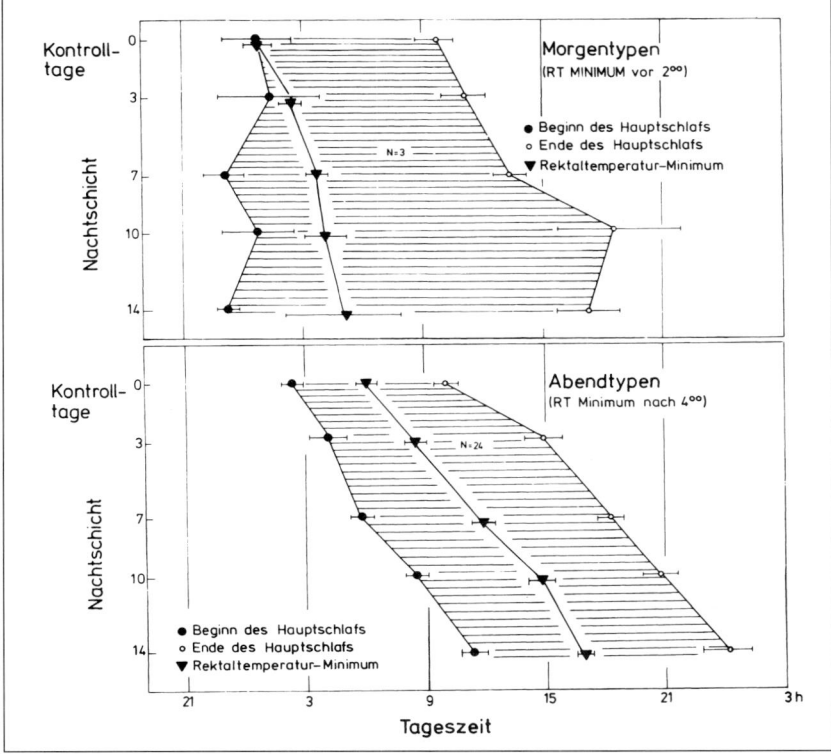

Abb. 9: Mittlere Tageszeiten von Beginn und Ende der Hauptschlafperiode sowie des täglichen Rektaltemperatur-Minimums an sog. Kontrolltagen mit vollständiger Bettruhe und gleichmäßig verteilter Nahrungsaufnahme während einer experimentellen Nachtarbeitsperiode bei Morgen- und Abendtypen (nach Daten von Moog, aus[19]).

tagesrhythmischen Umstellungen die Diskrepanz zwischen äußerem und innerem Zeitprogramm *abschwächen* können, während die Morgentypen bei unpassender Phasenlage sogar ihre tagesrhythmische Amplitude steigern. Der Grad an Überlagerung des 24-Stunden-Rhythmus mit Frequenzmultiplen, der mit einem circadianen Störungsindex gemessen werden kann, steigt als Zeichen der bereits eingetretenen Erholungsdefizite nur bei den Morgentypen steil an.[10]

Die damit erwiesene Intoleranz von Nachtarbeit bei den Morgentypen mit verfrühter Phasenlage ihres biologischen Zeitprogramms kommt auch darin zum Ausdruck, daß morgentypische Mitglieder des Krankenpflegepersonals im Dreischichtdienst verfrüht diese Tätigkeit aufgeben, während Abendtypen nur normale Fluktation zeigen (Abbildung 10).

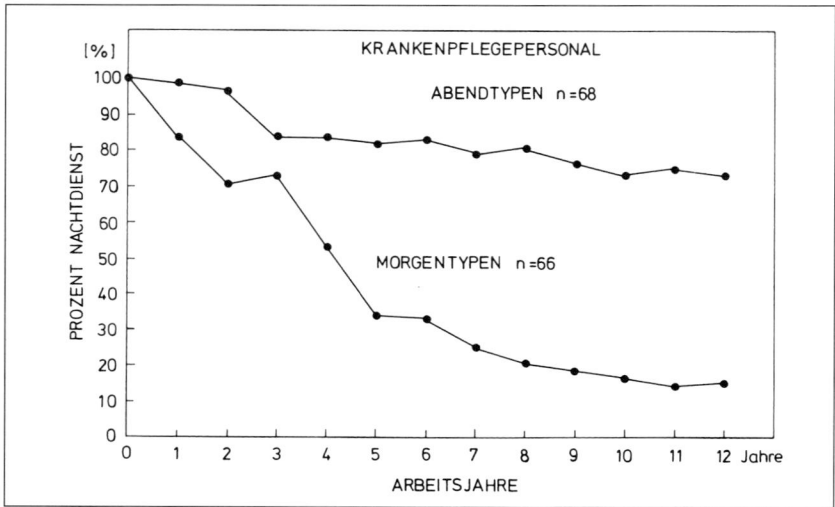

Abb. 10: Zeitlicher relativer Häufigkeitsverlauf der im Nachtdienst tätigen Pflegekräfte eines Klinikums, die nach Maßgabe eines Kurzfragebogens in Morgen- und Abendtypen eingeteilt wurden. Bei Aufnahme der Nachtdienst-Tätigkeit umfaßten die Kollektive 66 Morgentypen und 68 Abendtypen (= 100%) (nach Daten von Pöllmann, aus[7]).

Solche Befunde machen verständlich, weshalb Erhebungen über die gesundheitlichen Folgen der Nachtarbeit ohne Berücksichtigung der unterschiedlichen biologischen Verhältnisse bei Morgen- und Abendtypen keine tragfähigen Ergebnisse erzielen konnten. Durch die hohe Selbstselektion beziehen sich die oft erstaunlich positiven Ergebnisse hinsichtlich Leistungseigenschaften und Gesundheitszustand der Nachtarbeiter überwiegend auf anpassungsfähige Abendtypen, die nicht ausgeschieden waren.

Gesundheitsstörungen durch Nacht- und Schichtarbeit

Für die in ihrem biologischen Zeitprogramm nicht anpassungsfähigen Personen bedeutet Nachtarbeit permanent eine Leistungsanforderung ohne Leistungsbereitschaft und zugleich die auf den Tag verlegte Schlafzeit eine Erholung ohne Erholungsbereitschaft. Die *unvermeidliche Folge* eines anwachsenden Erholungsdefizits sind Störungen der vegetativen Regulationssysteme, die zunächst rein funktioneller Natur sind, bei längerer Dauer aber chronifizieren und zu organisch fixierten Krankheiten führen können. Die Tabelle 1 gibt eine Zusammenstellung der bei Nachtarbeitern am häufigsten zu beobachtenden Beschwerden und Gesundheitsstörungen.

Tabelle 1

Schlafstörungen
    Einschlafstörungen
    Durchschlafstörungen
    Unausgeschlafenheit
    Übermüdung
    Gefahr des Einschlafens bei der Arbeit (Napping)
Konzentrationsschwäche
Nervosität, Übererregbarkeit, Innere Unruhe
Kopfschmerzen, Schwindel, Hitzewallungen
Kreislaufregulationsstörungen
    Blutdrucksteigerung
    Herzrhythmusstörungen
    Angina pectoris
Appetitlosigkeit, Gewichtsabnahme
Magen-Darm-Beschwerden (Ulcuskrankheit)
Reizdarm (Colon irritabile)
Muskel-Gelenk-Schmerzen

Erhöhter Arzneimittelkonsum

Da das Erholungsdefizit den entscheidenden Ausgangspunkt dieser Gesundheitsstörungen darstellt, gilt die Tabelle auch für Schichtarbeiter ohne Nachtarbeit in dem Maße, wie die Schichteinteilungen und -wechsel zu mehr oder weniger ausgeprägten Erholungsdefiziten führen. Überdies sind die Arbeitsbedingungen der Nacht- und Schichtarbeiter durch mehr oder weniger beträchtliche Mehrfachbelastungen gekennzeichnet (Stress-Belastung durch Lärm, psycho-soziale Faktoren etc.), von denen angenommen wird, daß sie über das Erholungsdefizit hinaus zur Entstehung von Gesundheitsstörungen beitragen.

Über die Entwicklungsdynamik irreparabler gesundheitlicher Schäden bei Nacht- und Schichtarbeiten ist allerdings im einzelnen wenig bekannt. Es ist aber sicher, daß auch nach langen Latenzzeiten bei Nachtarbeitern erhöhte Häufigkeiten organischer Erkrankungen z. B. von Herzinfarkten nachweisbar sind.

Es darf aber nicht außer acht gelassen werden, daß es über den schädigenden Weg des Schlaf- und Erholungsdefizits hinaus offenbar noch andere Bedrohungen der Gesundheit durch Nacht- und Schichtarbeit gibt. Und diese betreffen vorzugsweise die zunächst nachtarbeitstoleranten Abendtypen. Wie Abbildung 11 nach Ergebnissen einer retrospektiven Studie zeigt, entwickelten die bis zu 18 Jahren im Nachtschichtdienst Tätigen eines großen Industriebetriebes im Laufe der Zeit ein beträchtliches Übergewicht, das im Mittel 35% des Sollgewichts erreichte, während dies bei den Arbeitern, die aus medizinischen Gründen aus der Nachtarbeit ausschieden, nicht zu beobachten war. Nachtarbeitstolerante (Abendtypen) können demnach – als *indirekte Folge* langjähriger Nachtschichtarbeit – mit dem Übergewicht ein Gesundheitsrisiko erwerben, dessen Folgen für Kreislauf und Stoffwechsel allgemein bekannt sind.

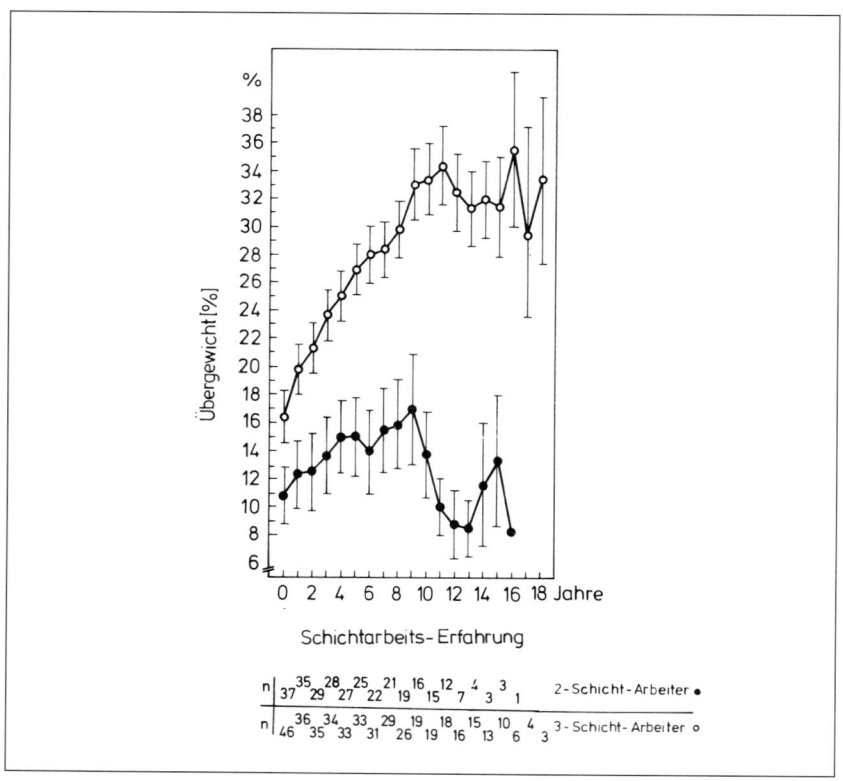

Abb. 11: Mittleres Verhalten des relativen Übergewichts von Dreischicht-Arbeitern und solchen Zweischicht-Arbeitern, die die Nachtschicht aus gesundheitlichen Gründen aufgeben mußten, in Abhängigkeit von den Dienstjahren (nach [20]).

139 Maßnahmen zur Verhinderung von Gesundheitsschäden

Was nun die Möglichkeiten einer Verminderung der Gefahren für Nacht- und Schichtarbeiter betrifft, besteht in der Literatur Einigkeit in der Empfehlung, Nachtschichtarbeit nur in *unausweichlichen Fällen zuzulassen*. Untersuchungen haben gezeigt, daß wegen der heute noch üblichen finanziellen Begünstigung von Nachtarbeit vielfach die Betroffenen selbst an der Nachtschichtarbeit festhalten. Es ist ein wichtiger arbeitsmedizinischer Grundsatz, gesundheitliche Gefährdungen nicht mit erhöhter Bezahlung, sondern durch längere Erholungszeiten auszugleichen.

Wo Nacht- und Schichtarbeit unumgänglich sind, ist eine Verbesserung der Arbeitsplätze sowie eine Optimierung der Schichtarbeitspläne unter Berücksichtigung der biologischen Zeitprogramme des Menschen anzustreben. Beim heutigen Stand der Forschung ist es dabei erforderlich, den individuellen biologischen Eigenschaften der Betroffenen Rechnung zu tragen. Dazu bieten sich zwei unterschiedliche Strategien an:[7, 18]

(1) Nachtarbeitsintolerante Personen (besonders Morgentypen) sollen jeden Anpassungsversuch vermeiden und daher, wenn nötig, nur in einzelnen Nachtschichten arbeiten, denen jeweils eine mindestens 24stündige Erholung folgen soll. Es gibt auch Versuche, bei mehrfach aufeinander folgenden Nachtschichten kurze (ca. 2stündige) Schlafpausen am Arbeitsort in die Nachtschicht zu integrieren, um durch einen solchen „Ankerschlaf" eine Verschiebung der circadianen Phasenlage zu verhindern.

(2) Nachtarbeitstolerante Personen (vorzugsweise Abendtypen) können dagegen ihre Fähigkeit zur Phasenanpassung durch längere Nachtarbeitsperioden nutzen (bis zu drei Wochen), wenn nicht psychosoziale Gründe dagegenstehen (z. B. familiäre Verpflichtungen). Zu beachten ist bei solchen Bestrebungen, daß die Nachtarbeitstoleranz mit *steigendem Lebensalter geringer* wird. Mehrere Untersuchungsreihen haben nachgewiesen, daß die circadiane Phasenlage bei Männern und Frauen mit steigendem Alter im Sinne der Morgentypen verschoben wird. Es muß auch unter Berücksichtigung der Arbeitserfordernisse immer wieder die Frage aufgeworfen werden, ob die Nachtschichten im Zeitraum von 22 bis 6 Uhr optimal angeordnet sind. Nach Angaben der Literatur werden in Europa mehr als 600 verschiedene Schichtpläne praktiziert, ein deutliches Zeichen dafür, daß ein generelles Optimum wegen der unterschiedlichen Erfordernisse und äußeren Voraussetzungen nicht möglich ist.

Neuerdings wird zur Förderung der Umsynchronisation des circadianen Systems vielfach von der Einnahme des von der Epiphyse (Zirbeldrüse) produzierten Hormons *Melatonin* Gebrauch gemacht, speziell auch zur Bekämpfung des Jet-lags nach Zeitzonensprüngen. Das Hormon wird normalerweise während der Nacht in die Blutbahn ausgeschüttet und am Tage durch Lichteinwirkung auf die Netzhaut gehemmt. Seine Funktion besteht in einer allgemeinen Umstimmung des Organismus auf Erholung und Schlaf. Kürzlich wurde über beträchtliche Gewichtszunahmen bei Menschen, die das Hormon regelmäßig einnahmen, berichtet. Die bisher vorliegenden Erfahrungen bei Nacht- und Schichtarbeitern reichen noch nicht zu einer sicheren Beurteilung aus. Eingriffe in den *außerordentlich komplizierten Hormonhaushalt* des Organismus und seine Regulationen sind sicher immer mit einem schwer kalkulierbaren Risiko verbunden. Es ist deshalb folgerichtig, daß Melatonin in der Bundesrepublik Deutschland neuerdings als zulassungspflichtiges Arzneimittel eingestuft wurde.

Ähnlich wie bei den Nachtschichten werden auch die Tagschichten (Früh- und Spätschicht) von den Betroffenen sehr unterschiedlich eingeschätzt. Befragungsergebnisse von einem in drei Schichten arbeitenden Krankenpflegepersonal zeigten zunächst, daß die Frühschichtarbeit gegenüber der Spätschicht insgesamt stark bevorzugt wird. Eine getrennte Prüfung der Urteile von Gruppen mit verschiedener Ausprägung der morgentypischen und abendtypischen Merkmale ergab aber, daß es vor allem die Morgentypen sind, die die Frühschicht bevorzugen, während Abendtypen erwartungsgemäß die Frühschicht wegen der für sie eigentümlich zu kurzen Schlafdauer negativ beurteilen und die Spätschicht positiv einschätzen.[11] Die Bevorzugung der Frühschicht (6–14 Uhr) gründet sich sicherlich zum Teil auch auf die günstigeren Bedingungen für soziale und Freizeit-Aktivitäten, die ja ganz überwiegend den Nachmittag und Abend einnehmen. Inwieweit bei der günstigen Beurteilung der Spätschicht (14–22 Uhr) durch die Abendtypen neben den besseren Erholungsbedingungen auch die Fähigkeit einer Phasenverschiebung des circadianen Systems eine Rolle spielt, ist bisher nicht untersucht.

Das biologische Zeitprogramm des Wochenrhythmus

Zu den biologischen Zeitprogrammen, die bei der Arbeitsorganisation des Menschen in Betracht gezogen werden müssen, gehört auch der

141 Wochenrhythmus. Die 7-Tage-Woche ist nicht nur durch die Mondviertel kosmisch vorgegeben und auch nicht nur eine durch soziokulturelle Tradition überkommene Zeitordnung, die sich gegenüber anderen Wocheneinteilungen weltweit durchgesetzt hat. Vielmehr ist diese auch als ein *biologischer Rhythmus* in den Lebensprozessen der Organismen einschließlich des Menschen verankert. Dies gilt nicht nur für den weiblichen Organismus, der besonders enge Beziehungen zum lunarperiodischen Geschehen aufweist, sondern auch für den männlichen. Selbst bei einzelligen Lebewesen und an isolierten Organen wurden sog. *circaseptane* (etwa 7tägige) *Funktionsrhythmen* festgestellt.[21, 22, 23] Beim Menschen wurden auch bei langdauernder vollständiger Umweltisolierung und ohne Zeitinformation circaseptane Funktionsschwankungen beobachtet. Der Organismus ist also fähig, selbst eine Funktionsrhythmik mit etwa einer Woche Periodendauer zu unterhalten.

Unter gewohnten Lebensbedingungen ohne besondere Belastungen scheint die endogene Circaseptanrhythmik von der äußeren Wocheneinteilung synchronisiert zu werden. Sie besitzt dann aber nur eine sehr kleine Amplitude und ist daher nur wenigen Untersuchern aufge-

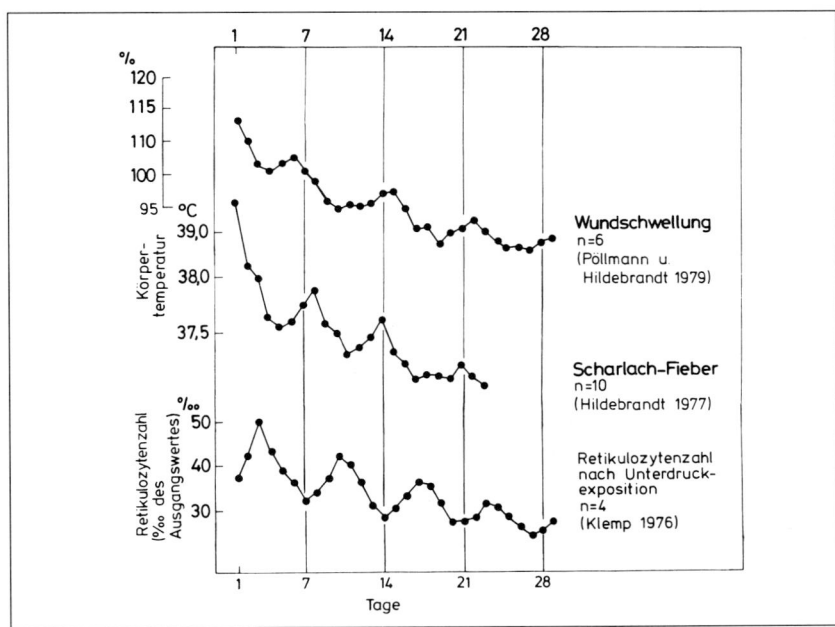

Abb. 12: Beispiele für den circaseptan-periodisch gegliederten Reaktionsverlauf der Wundheilung (Wundschwellung), des Fieberverlaufs bei unkompliziertem Scharlach sowie der erythropoetischen Reaktion (Retikulozytenzahl im strömenden Blut) nach Sauerstoffmangel-Exposition (Zusammenstellung aus[26]).

fallen. Wenn dem Organismus aber besondere Belastungen auferlegt werden, tritt sie sofort mit großer Amplitude hervor, ist dann aber nicht mehr vom äußeren Wochenrhythmus synchronisiert, sondern wird von dem belastenden Ereignis angestoßen und in ihrer Phasenlage von diesem bestimmt. Statt der spontanen Wochenrhythmik handelt es sich dann um eine sogenannte reaktive Periodik[24, 25] (Beispiele in Abbildung 12).

Ihre funktionelle Bedeutung besteht beim Menschen in erster Linie in der zeitlichen Gliederung aller Kompensations-, Abwehr- und Anpassungsprozesse, mit denen der Organismus besondere Beanspruchungen bewältigt. Normalerweise klingt eine solche reaktiv ausgelöste Circaseptan-Periodik im Laufe einiger Wochen gedämpft ab, bei Synchronisation mit dem äußeren Wochenrhythmus kann sie aber auch ständig – wenn auch mit geringerer Amplitude – unterhalten werden.

Im Prinzip erscheint es daher biologisch-medizinisch sinnvoll, wenn die Arbeitsbelastungen des Menschen in einem 7tägigen Rhythmus von einem arbeitsfreien Zeitraum mit ausgedehnterer Erholungsmöglichkeit unterbrochen werden.

Probleme des verlängerten Wochenendes

Es stellt sich die Frage, wie lange solche periodischen Erholungsphasen idealerweise dauern sollten. Die derzeitige Tendenz geht dahin, die Wochenarbeitszeit – auch durch überhöhte Tagesarbeitszeiten – auf möglichst wenige Wochentage zusammenzudrängen, um längere zusammenhängende Freizeitabschnitte verfügbar zu machen. Es ist bisher nicht bekannt, welchen Einfluß ein solches Zeitmuster der Arbeitsbelastung auf die biologische Wochenrhythmik hat.

Die vorliegenden Befunde über wochenrhythmische Schwankungen verschiedener Indikatoren zeigen, daß die Wochenmaxima von Unfallhäufigkeit, Herzinfarkthäufigkeit, Selbstmordrate oder täglicher Sterbehäufigkeit jeweils am Montag liegen.[27] Als wesentliche Mitursache für den sogenannten blauen Montag ist seit langem die am Wochenende eingetretene Arbeitsentwöhnung angesehen worden, die durch eine Verlängerung des arbeitsfreien Wochenendes nach Einführung der 5-Tage-Woche noch verschärft wird.[28, 29]

Dafür sind vor allem zwei Faktoren verantwortlich zu machen. Zum einen haben die experimentellen Untersuchungen über die Umsynchronisation des circadianen Systems bei Nachtarbeit ergeben, daß

143   Phasenverschiebungen des biologischen Zeitprogramms erst nach zwei Tagen in Gang kommen, während eine einmalige Veränderung des Tageslaufs sinnvollerweise noch keine Anpassungsreaktion des Organismus auslöst. Da das verlängerte Wochenende in der Regel mit starken Veränderungen des Tageslaufs verbunden ist, muß dagegen bereits mit Veränderungen des biologischen Zeitprogramms gerechnet werden, die an den folgenden Arbeitstagen die Symptome der „Arbeitsentwöhnung" verstärken. Hinzu kommt, daß Entwöhnungs-(Deadaptations-)prozesse nicht nur auf spezifische Leistungen beschränkt bleiben, sondern umfassende vegetative Reaktionen auslösen, die – wie alle Kompensationsreaktionen – periodisch gegliedert verlaufen. In diesem Zusammenhang tritt mit großer Regelmäßigkeit am 3. Tag nach Umstellung der Lebensweise bzw. Änderung der Belastungsverhältnisse eine sogenannte „Krise des dritten Tages" auf, die vermutlich auf die Beteiligung einer etwa 3tägigen Halbwelle der Circaseptan-Periodik zurückzuführen ist. Untersuchungen über die Fehlleistungshäufigkeit von Lokomotivführern in Abhängigkeit von der Dauer der vorangegangenen Ruhezeiten haben gezeigt, daß die Häufigkeit von Bedienungsfehlern in der folgenden Dienstschicht zwar mit fortschreitender Dauer der vorangegangenen Ruhezeit zurückgeht, daß es aber im Bereich von ca. 48 bis 72 Stunden, d. h. am dritten Tag, zu einem deutlichen Wiederanstieg der Fehlerhäufigkeit kommt, und zwar unabhängig von den Wochentagen.[16] Allgemein bekannt ist auch die Zunahme der Unfallhäufigkeit am dritten Tag von Skikursen, bei denen daher die Belastung an diesem Tag vermindert wird.

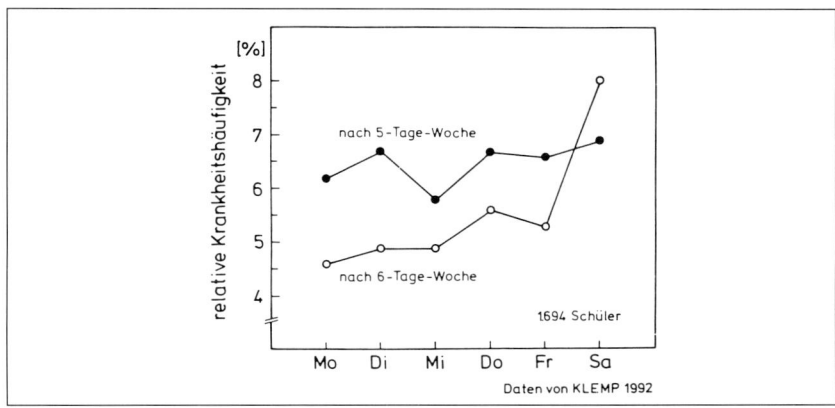

Abb. 13: Relative Krankheitshäufigkeit (Fehltage) von insgesamt 1694 Schülern einer Gesamtschule in der Woche nach einem eintägigen oder zweitägigen Wochenende (nach Daten von Klemp aus[30]).

Schließlich haben vergleichende Untersuchungen an einer Schule, an der sich 5- und 6-Tage-Wochen abwechselten, ergeben (vgl. Abbildung 13), daß nach einem verlängerten Wochenende das Fehlzeitenniveau der Schüler fast in der ganzen folgenden Woche signifikant höher lag als nach einem einfachen Wochenende. Der stark erhöhte Fehlzeitenpegel am Samstag resultierte vermutlich aus willkürlich erzwungenen 5-Tage-Wochen der Schüler.

Eine zwei- oder mehrtägige Änderung der Lebensweise bzw. des äußeren Zeitprogramms führt demnach auch unter Mitwirkung von reaktiv-periodischen Vorgängen zu umfassenderen Veränderungen biologischer Zeitprogramme, die Anlaß zu vielseitigen Überlegungen hinsichtlich der zeitlichen Organisation menschlicher Arbeit sein müssen.

Aufgrund dieser Verhältnisse ist z. B. vorgeschlagen worden, die Einrichtung der 5-Tage-Woche mit einem 2-tägigen Wochenende rückgängig zu machen und die freien Tage dem Jahresurlaub zuzuschlagen oder einen Tag der Woche der Gesundheitspflege zu widmen. Beim derzeitigen Stand der Forschung ist es aber noch nicht möglich, bindende Empfehlungen für die Gestaltung der wöchentlichen Arbeitszeitorganisation abzuleiten.

Biologischer Jahresrhythmus und Lunarrhythmus

An weiteren biologischen Zeitprogrammen, die Auswirkungen in der Lebenspraxis haben, verfügt der Organismus über einen komplexen Jahresrhythmus *(circannualer Rhythmus)*, der mit umfassenden Veränderungen der physischen und psychischen Leistungseigenschaften einem jahresrhythmischen Konstitutionswandel gleichkommt und analog zur Tagesrhythmik von äußeren Zeitgebern synchronisiert wird.[31] Diesbezüglich findet auch eine jahreszeitliche Verschiebung der circadianen Phasenlage statt, durch die der Mensch von Februar bis August um etwa eine Stunde morgentypischer und von August bis Februar wieder abendtypischer wird. Wegen der äußerst langsamen Phasenverschiebung kann daraus allerdings keine positive Begründung der abrupten Umstellungen auf Sommer- und Winterzeit abgeleitet werden.

Auch der *Menstruationsrhythmus* der Frau gehört zu den endogenen biologischen Zeitprogrammen des Menschen.[32,33] Er wird allerdings nicht (mehr) von äußeren Umweltrhythmen synchronisiert und hat einen großen Variationsbereich der Periodendauer. Die zyklusbedingten

145 Umstellungen umfassen auch mit zum Teil beträchtlicher Amplitude die körperlichen und psychischen Leistungsvoraussetzungen. Diese werden heute allerdings häufig durch hormonelle Eingriffe ausgeschaltet. Bei Männern und Frauen sind überdies lunarrhythmische (vom Mondumlauf abhängige) Funktionsänderungen nachgewiesen, die nach neueren Untersuchungen z. B. die Anfälligkeit für bestimmte Infektionskrankheiten verändern können.[34]

Arbeitszeitorganisation in der Nonstop-Gesellschaft

Im Rahmen der technisch-zivilisatorischen Entwicklung zur Nonstop-Gesellschaft lassen sich verschiedene Tendenzen erkennen, die einer medizinisch-biologisch begründeten Ausrichtung der Arbeitszeitorganisation entgegenstehen.

So erfolgt eine umfassend fortschreitende zeitliche Emanzipation aus den natürlichen Zeitordnungen, die zu immer größeren Freiheitsgraden im zeitlichen Verhalten führt und dabei vernachlässigt, daß die inneren biologischen Zeitprogramme des Menschen *konstituierende Bestandteile* seiner Lebensorganisation sind. Diese können nicht ohne Schaden für Leben und Gesundheit ausgeschaltet werden.

Mit dieser zivilisatorischen Entwicklung ist eine zunehmende Polarisierung von Arbeits- und Erholungswelt verbunden, bei welcher Arbeit vornehmlich als notwendiges Übel betrachtet und der Schwerpunkt des lebenswerten Lebens in die Freizeit verlegt wird. Arbeit wird nicht mehr als integrierender Bestandteil eines sinnerfüllten Lebens erlebt, sondern in erster Linie als wirtschaftlich notwendige Voraussetzung für die Gestaltung einer möglichst langen zusammenhängenden Freizeit.

Hinzu kommt als weitere Tendenz eine fortschreitende Abschwächung der sozio-kulturellen und vor allem auch religiösen Bedeutung des Wochenendes bzw. des Sonntags. Die im Grundgesetz verankerte Sonderstellung des arbeitsfreien Sonntags wird heute vorwiegend mit ökonomisch-technischen Argumenten, besonders auch im Hinblick auf die wirtschaftliche Konkurrenzfähigkeit, zunehmend in Frage gestellt.

Obwohl zahlreiche gut begründete medizinisch-biologische Gesichtspunkte zur zeitlichen Gestaltung menschlicher Arbeit vorgebracht werden können, die auf die Gefahren der genannten Tendenzen hinweisen, wird es schwierig sein, diesen Gesichtspunkten Geltung zu verschaffen, so lange die biologischen Zeitprogramme des Menschen in ihrer *Bedeutung unterschätzt* und erhöhte gesundheitliche Gefährdungen am Arbeitsplatz durch *höhere Bezahlung kompensiert* werden.

Literatur

[1] *Roenneberg, T.:* Zeit als Lebensraum. In: *Held, M./Geißler, K. (Hrsg.):* Ökologie der Zeit. Vom Finden der rechten Zeitmaße. Stuttgart 1993, S. 41–51. – [2] *Engelmann, W.:* Das Leben im Rhythmus. Die Bedeutung biologischer Rhythmen. In: *Held, M./Geißler, K. A. (Hrsg.):* Von Rhythmen und Eigenzeiten, Perspektiven einer Ökologie der Zeit. Stuttgart 1995, S. 43–54. – [3] *Hildebrandt, G.:* Der biologische Zeitkonflikt des Menschen. In: *Horvat, M. (Hrsg.):* Das Phänomen Zeit. Wien 1984, S. 147–181. – [4] *Aschoff, J./Wever, R.:* Spontanperiodik des Menschen bei Ausschluß aller Zeitgeber. Naturwissenschaften 49, S. 337–342 (1962). – [6] *Hildebrandt, G.:* Einführungsreferat: Chronobiologische Grundlagen der Leistungsfähigkeit und Chronohygiene. In: *Hildebrandt, G. (Hrsg.):* Biologische Rhythmen und Arbeit. – Bausteine zur Chronobiologie und Chronohygiene der Arbeitsgestaltung. Wien–New York 1976, S. 1–19. – [7] *Hildebrandt, G./Pöllmann, L.:* Arbeitsphysiologische und chronobiologische Gesichtspunkte zur Gestaltung der Arbeitszeit. In: *Kissel, O. R. (Hrsg.):* Das Arbeitsrecht der Gegenwart. Dokumentation für das Jahr 1988. Band 26. Berlin 1989, S. 49–82. – [8] *Knauth, P./Rutenfranz, J.:* Duration of sleep related to the type of shift work. In: *Reinberg, A./Vieux, N./Andlauer, P. (eds):* Night and Shift Work. Biological and social aspects. Oxford 1981, pp. 161–168. – [9] *Hildebrandt, G./Breithaupt, H. et al.:* Arbeitsphysiologische Bedeutung und Bestimmung der circadianen Phasentypen. Zschr. f. Arbeitswissenschaft 311 (N. F.), S. 98–102 (1977). – [10] *Hildebrandt, G.:* Survey of current concepts relative to rhythms and shift work. In: *Scheving, L. E./Halberg, F. (eds):* Chronobiology: principles and applications to shifts in schedules. Alphen aan den Rijn, The Netherlands 1980, pp. 261–292. – [11] *Deitmer, P.:* Unterschiede in der subjektiven Schichtdienst- und Nachtdienstverträglichkeit in Abhängigkeit von der circadianan Phasenlage. Eine Fragebogenstudie an Krankenhauspflegepersonal. Med. Inaug.-Diss. Marburg/Lahn 1988. – [12] *Breithaupt, H./Gehse, M./Hildebrandt, G./Stratmann, I.:* The course of adaptation of the circadian system to night work in night nurses. Chronobiologia 6, S. 81 (1979). – [13] *Zulley, J.:* Schlafen und Wachen. Ein Grundrhythmus des Lebens. In: *Held, M./Geißler, K. A. (Hrsg.):* Ökologie der Zeit. Vom Finden der rechten Zeitmaße. Stuttgart 1993, S. 53–61. – [14] *Rentos, P. G./Shepard, R. D. (eds.):* Shift Work and Health. U. S. Department of Health, Education, and Welfare. HEW Publication No. (NIOSH) 76–203, Washington D. C. 1976, pp. 1–283. – [15] *Rutenfranz, J.:* Arbeitsphysiologie. In: *Valentin, H./Lehnert, G. et al. (Hrsg.):* Arbeitsmedizin, Band 1. Stuttgart–New York 1985, S. 22–144. – [16] *Hildebrandt, G./Rohmert, W./Rutenfranz, J.* (1974): 12 and 24 hour rhythms in error frequency of locomotive drivers and the influence of tiredness on it. Int. J. Chronobiology 2, S. 175–180 (1974). – [18] *Moog, R.:* Die individuelle circadiane Phasenlage – Ein Prädiktor der Nacht- und Schichtarbeitstoleranz. Naturwiss. Inaug.-Diss. Marburg / Lahn 1988. – [19] *Hildebrandt, G.:* Individual differences in susceptibility to night and shift work (Introductory remarks). In: *Haider, M./Koller, M./Cervinka, R. (eds):* Night- and shiftwork, longterm effects and their prevention. Frankfurt–Bern–New York 1986, pp. 109–122. – [20] *Moog, R./Hauke, P./Kittler, H.:* Individual differences in tolerance to shift work related to morningness / eveningness. In: *Hildebrandt, G./Hensel, H. (eds):* Biological Adaptation. Stuttgart–New York 1982, pp. 95–101. – [21] Literaturübersicht in *Halberg, F. et al.:* Circaseptan (about 7-day) and circasemiseptan (about 3,5 day) rhythms and contributions by *Ladislav Derer.* 2. Examples from Botany, Zoology, and Medicine. Biologia (Bratislava) 41, S. 233–252 (1986). – [22] *Halberg, F. et al.:* Circaseptan (about 7-day) and circasemiseptan (about 3,5 day) rhythms and contributions by *Ladislav Derer.* 1. General methodological approach and biological aspects. Biologia (Bratislava) 40, S. 1119–1141 (1985). – [23] *Hildebrandt, G.:* The time structure of adaptive processes. In: *Hildebrandt, G./Hensel, H. (eds):* Biological adaptation. Stuttgart–New York, 1982, pp. 24–39. – [24] *Hildebrandt, G.:* Circaseptane Reaktionsperiodik beim Menschen. Eine Zeitstruktur von Krankheit und Heilung. Therapeuticon 4, S. 402–413 (1990). – [25] *Hildebrandt, G./Bandt-Reges, I. (1992).* Chronobiologie in der Na-

turheilkunde. Grundlagen der Circaseptanperiodik. Heidelberg 1992. – [26] *Hildebrandt, G.:* Therapeutische Physiologie, Grundlagen der Kurortbehandlung. In: *Amelung, W./Hildebrandt, G. (Hrsg.):* Balneologie und medizinische Klimatologie, Band 1: Berlin–Heidelberg–New York–Tokyo 1985, S. 1–271. – [27] *Undt, W.:* Wochenperioden der Unfallhäufigkeit im Vergleich mit Wochenperioden von Herzmuskelinfarkt, Selbstmord und täglicher Sterbeziffer. In: *Hildebrandt, G. (Hrsg.):* Biologische Rhythmen und Arbeit. Bausteine zur Chronobiologie und Chronohygiene der Arbeitsgestaltung. Wien–New York 1976, S. 73–79. – [28] *Hittmair, A.:* Freizeit und Urlaub als Therapie und Prophylaxe. Monatskurse f. Ärztl. Fortbildung 10, H. 6., S. 1–6 (1960). – [29] *Schaefer, H./Blohmke, M.:* Sozialmedizin. 2. Aufl. Stuttgart 1978. – [30] *Hildebrandt, G.:* Chronobiologische Aspekte des Kindes- und Jugendalters. Bildung und Erziehung 47, S. 433–460 (1994). – [31] *Hildebrandt, G.:* Rhythmus und Saisonalität als biologische Konstanten In: *Dilg, P./Keil, G./Moser, D. R. (Hrsg.):* Rhythmus und Saisonalität. Sigmaringen 1995, S. 13–27. – [32] Literaturübersicht in *Hildebrandt, G.:* Biologische Rhythmen und ihre Bedeutung für die Bäder- und Klimaheilkunde. In: *Amelung, W./Evers, A. (Hrsg.):* Handbuch der Bäder- und Klimaheilkunde. Stuttgart 1962, S. 730–785. – [33] *Hildebrandt, G.:* Allgemeine Grundlagen der physikalischen Medizin und Kurortbehandlung. In: *Schneider, J./Goecke C./Zysno, E. A. (Hrsg.):* Praxis der gynäkologischen Balneo- und Physiotherapie. Stuttgart 1988, S. 11–23. – [34] *Mikulecky jr., M./Ondrejka, P.:* Moon cycle and acute diarrheal infections in Bratislava 1988–1990. In: *Gutenbrunner, Chr./Hildebrandt, G./Moog, R. (eds):* Chronobiology & Chronomedicine. Basic Research and Applications. Frankfurt am Main u. a. 1993, pp. 356–359.

Mißachtung natürlicher Rhythmen

Ursachen und Folgeschäden von Hochwasser sowie Möglichkeiten zur Schadensvermeidung

Durch eine in den vergangenen Jahren festgestellte Häufung von Hochwasser-erscheinungen und den damit verbundenen Folgeschäden wurde vor allem in Mitteleuropa, Nordeuropa und den USA eine Diskussion über die Ursachen von Überschwemmungskatastrophen entfacht. Einmal mehr wurde deutlich, daß Maßnahmen im Einzugsgebiet, aber auch die Eingriffe in die Gewässer-systeme selbst maßgeblich zur Erhöhung der Hochwassergefährdung und dem Ausmaß der Hochwasserschäden beigetragen haben. Diese Eingriffe dienten vor allem in der Vergangenheit neben der Schaffung von Wirtschafts- und Siedlungsflächen und einer Erhöhung des Hochwasserschutzes insbesondere der Schiffbarmachung bzw. der Schiffbarkeitsverbesserung. Das an die Land-

Dipl. Geogr. **Dirk-I. Müller-Wohlfeil,** geb. 1961 in Hamburg. 1983–1989 Studium der Geographie mit den Nebenfächern Bodenkunde, Volkswirtschafts-lehre und Soziologie sowie forstliche Standortlehre an den Universitäten Hamburg und Göttingen. For-schungsaufenthalt in Oslo (1990 bis 1992) mit Pro-jektarbeiten in Norwegen und Schweden zur Boden- und Gewässerversauerung (Arbeitsschwerpunkte: hydrologische Simulation, Geographische Informa-tionssysteme und Vegetationskunde). Danach in Witzenhausen Tätigkeit im Bereich modellgestützter ökohydrologischer Feldstudien. Ab 1993 wissensch. Mitarbeiter am Potsdam Institut für Klimafolgenfor-schung e.V. innerhalb der Abteilung „Globaler Wandel und natürliche Systeme". Ar-beitsschwerpunkt: Untersuchung der Richtung und des Ausmaßes von regionalen Auswirkungen möglicher globaler Umweltänderungen auf die Hydrologie und Was-serverfügbarkeit. Seit Dezember 1996 Angestellter des Dänischen „National Envi-ronmental Research Institute (Danmarks Miljøundersøgelser)".

Dirk-Ingmar Müller-Wohlfeil, Danmarks Miljøundersøgelser, Vejlsøvej 25, 8600 Silkeborg, Dänemark schaft und die Klimarhythmen angepaßte Abflußverhalten der Flüsse wurde dadurch massiv verändert und die Fließgeschwindigkeiten gravierend erhöht. Ein Umdenken hat zwar in den vergangenen Jahren stattgefunden. Doch wieder wird die „natürliche" Entwicklung der Fließgewässer über Renaturierungsmaßnahmen gesteuert und eine Eigenentwicklung selten zugelassen.

Die anthropogene Beeinflussung des Landschaftshaushaltes insbesondere in hochindustrialisierten, dichtbesiedelten Ländern kann auf verschiedenen raum-zeitlichen Ebenen in Flußeinzugsgebieten besonders gut untersucht werden, denn die Verteilung von Energie und umweltrelevanten Stoffen in Ökosystemen ist vorwiegend an Wasser gebunden. Hydrologische Systeme und Einzugsgebiete besitzen damit eine integrierende Funktion für größere heterogene Landflächenkomplexe. Daraus folgt, daß die im Abfluß eines Fließgewässers erkennbaren zeitlichen Muster (Abflußkurven über Pegelaufzeichnungen) und stofflichen Zusammensetzungen nicht nur aus gewässerökologischer und wasserwirtschaftlicher Sicht bedeutsam sind, sondern auch in flächenintegrierter Form die auf die Landschaften und ihre Flüsse einwirkenden Störungen widerspiegeln. Der folgende Beitrag konzentriert sich daher auf Fließgewässer und die darin vorkommenden extremen hydrologischen Ereignisse, namentlich das Auftreten von Hochwassererscheinungen unter dem Einfluß der Nonstop-Gesellschaft.

Unter natürlichen Bedingungen ändern sich die Breite und Wassertiefe eines Flusses in *Abhängigkeit der sich ändernden Wasserführung,* welche ihrerseits *jahreszeitlichen* und auch *tageszeitlichen Rhythmen* unterliegt. Dort, wo unter den durch diese Rhythmen geprägten Wasserstandsschwankungen die Flüsse insbesondere in Niedrigwasserperioden nicht für die Schiffahrt zur Verfügung standen, wurden Regulierungsmaßnahmen durchgeführt, um eine räumlich wie *zeitlich ununterbrochene Schiffbarkeit* – außer in Phasen mit Eisdeckenbildung auf dem Fließgewässer – zu ermöglichen. Dabei wurde, wie auch beim zunehmenden Ausbau der Flüsse zu autobahnähnlichen Großschiffahrtsstraßen, immer wieder mißachtet, welche räumlichen und zeitlichen *Verbindungen* zwischen dem Fluß und seinem Einzugsgebiet bestehen und in welcher Weise der Verlauf eines Flusses und seine natürliche *Fließgeschwindigkeit* auch der natürlichen *landschaftlichen Entwicklung* seiner Umgebung entspricht. Parallel dazu war und ist man vielfach bestrebt, Niederschlagswasser sowohl in der dicht besiedelten wie auch in der agrarisch genutzten Landschaft *so schnell wie möglich* in den vorgelagerten Fluß („Vorfluter") abzuführen. Dadurch wurde die natürliche Puffer-

151 fähigkeit der Landschaft gegenüber dem Niederschlagsgeschehen zunehmend außer Kraft gesetzt. Ein Verzicht auf dieses Verfahren und die wieder verstärkte Einbeziehung der Bodenpassage bei der Abflußbildung würden nicht nur dem Wasserbedarf der Vegetation und der Menschen (über die verbesserte Grundwasserneubildung) zugute kommen, sondern sie würde zusammen mit Rückhaltevermögen natürlicher Flüsse und Auen wesentlich zu einem *gleichmäßigeren Ablaufverhalten* beitragen. Die zunehmende *Entkopplung des Landschaftswasserhaushaltes von natürlichen Rhythmen* und Geschwindigkeiten ist eine der Ursachen für die Verschärfung der Hochwassergefährdungspotentiale in vielen Flüssen und ihren Vorländern.

Zunächst gehe ich ausführlich auf das Hochwasserverhalten in Flüssen ein und lege dar, wie dieses durch die Entwicklung der Nonstop-Gesellschaft beeinflußt wird.

Wasserwirtschaftlich läßt sich Hochwasser als ein vorübergehender Anstieg des Durchflusses oder des Wasserstandes in einem oberflächlichen Gewässer definieren, der einen für jeden Durchflußquerschnitt aus der Statistik oder den örtlichen Gegebenheiten zu bestimmenden Schwellenwert übersteigt.[1] Das Hochwassergeschehen an Flußläufen wird nur dann verständlich, wenn die natürlichen Grundlagen im Ablaufverhalten getrennt von den anthropogenen Einflüssen analysiert werden.

Natürliche Rhythmen im Abflußverhalten der Flüsse, deren Mißachtung zu Hochwasserschäden führen können

Hohe Wasserstände in Flüssen und potentiell die Ausbildung von Hochwassererscheinungen sind in den meisten Fällen ursächlich und auslösend an die Klima- und insbesondere die Niederschlagsbedingungen gebunden.[2,3,4] Wilhelm unterscheidet *periodische* – klimatisch gesteuerte und – *aperiodische* wettergesteuerte – Hochwasser und hebt damit die Regelmäßigkeit des Eintretens der hochwasserauslösenden Niederschlags- und Temperaturbedingungen hervor.[5] Es ist allgemein üblich, Flüsse nach ihrem *klimaabhängigen Abflußverhalten* zu klassifizieren. Beispielsweise ist die Elbe als Strom des *Regen-Schnee-Typs* vor allem durch Winter- und Frühjahrs-Hochwasser geprägt. Demgegenüber ist die Abflußdynamik des Rheins durch *Frühlings- und Sommerabflüsse* gekennzeichnet, da vor allem im Flußoberlauf mehr Winterniederschläge als Schnee gespeichert werden.[6]

Hochwasser in großen Einzugsgebieten und großen Flußtälern sind auf starke Niederschläge von *mehreren Tagen Dauer*, zum Teil in Verbindung mit Schneeschmelze oder Eisaufbruch in Flüssen zurückzuführen. Bei allen großen Rheinhochwassern der vergangenen Jahre trafen die auslösenden Niederschläge auf wassergesättigte Böden.[7] *In kleinen Einzugsgebieten* sind es vor allem die mit sommerlichen Gewittern verbundenen Starkregen, die in *kurzer Zeit* größte Abflüsse und somit ca. 60% der dort aus Hochwassern resultierenden Schäden verursachen. Winterhochwasser fallen in der BRD oft mit der *Großwetterlage* West zyklonal (Wz) zusammen (siehe Abbildung 1). Auch in anderen Ländern konnte die Bindung von Hochwassererscheinungen an typische Wetterlagen nachgewiesen werden.[8,9]

Die *Rhythmik* der in Deutschland vorherrschenden *Witterungs- und Klimabedingungen* wurde insbesondere von Bissoli und von Schönwiese untersucht.[10,11] Naturgemäß lassen sich generelle Trends im Jahresverlauf bei der Entwicklung der Lufttemperatur eher als bei den Niederschlägen feststellen. So ist die mittlere Lufttemperatur im Januar fast ausnahmslos geringer als im Juni. Daß aber auch bei den Niederschlägen Muster bzw. Jahresrhythmen existieren, verdeutlicht Abbildung 2. Dort sind die kalendergebundenen dreitägig übergreifenden Mittelwerte der Abweichungen des Niederschlages eines einzelnen Ortes (Station „Hohenpeissenberg" des deutschen Wetterdienstes) von dessen mittlerem Jahresgang für jeweils 35 gleitend aufeinander folgende Jahre (1881-1915, 1886-1920, usw.) dargestellt. Die Abbildung, die die „kalendermäßig mehr oder weniger festliegenden typischen Witterungen" kennzeichnet, verdeutlicht, daß sogar für diese Abweichungen Muster existieren, die sich im Laufe der Jahre nach und nach verändern. Die Berücksichtigung dieser als Witterungsregelfälle (Witterungssingularitäten) bezeichneten Erscheinungen in einer Vielzahl von Bauernregeln (z. B. dem „Siebenschläfer") verdeutlicht, daß die Menschen schon seit Urzeiten Kenntnis von den wiederkehrenden Extremen des Wettergeschehens besaßen.

Änderungen der Rhythmen: Klimawandel und mögliche Hochwassergefahren

Das langfristige Wettergeschehen wird über das Klima zusammenfassend beschrieben. Dazu werden üblicherweise (den Regeln der „World Meteorological Organisation" folgend) mindestens 30 aufeinanderfol-

153

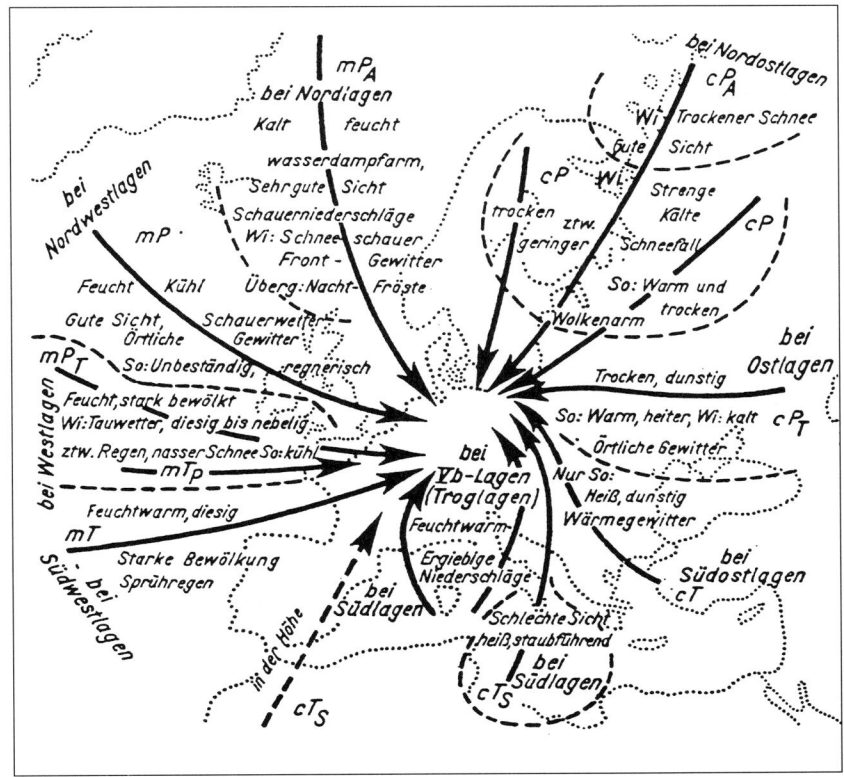

Abb. 1: Die Luftmassen Europas und ihre hydrologisch relevanten Eigenschaften.
(Quelle: Heyer, E.: Witterung und Klima, 8. Auflg., Leipzig 1988, S. 27/28)

Luftmasse	*Herkunft*	*Eigenschaften*
1.) cP_A	*Nordsibirische Polarluft*	*extrem kalt*
2.) mP_A	*Arktische Polarluft*	*sehr kalt und feucht*
3.) cP	*Festlands-Polarluft*	*kalt*
4.) mP_A	*Grönländische Polarluft*	*kalt und feucht*
5.) cP	*Rückkehrende Polarluft*	*trocken*
6.) mP_T	*Erwärmte Polarluft*	*feucht*
7.) cT_P	*Festlandsluft*	*(wird in Mitteleuropa gebildet)*
8.) mT_P	*Meeresluft*	*feucht und mild*
9.) cT	*Kontinentale Tropikluft*	*trocken und heiß*
10.) m_T	*Atlantische Tropikluft*	*feucht und warm*
11.) cT_S	*Afrikanische Tropikluft*	*trocken und heiß*
12.) mT_S	*Mittelmeer-Tropikluft*	*sehr schwül*

gende Beobachtungsjahre herangezogen (Normalwertperiode). Liegen neue Beobachtungsdaten vor, so können sich auch die Bezugszeiträume (z. B. 1931-1960, 1951-1980) ändern. Die allmähliche Veränderung der Muster von Witterungserscheinungen im Laufe der Jahre (vgl. Abbildung 2) verdeutlicht, daß das Klima eines Ortes nicht als konstant angesehen werden kann. Gerade während der letzten Jahrzehnte sind jedoch zusätzlich einige signifikante Änderungen festgestellt worden, die über übliche Klimavariabilitäten hinausgehen. Die Erforschung dieser Entwicklungen mit Hilfe von allgemeinen atmosphärischen Zirkulationsmodellen (General Circulation Models/GCM) deutet nach dem derzeitigen Stand der Wissenschaften auf mögliche zukünftige Tendenzen, von denen einige gravierende Wirkungen für den Wasserhaushalt besitzen könnten.

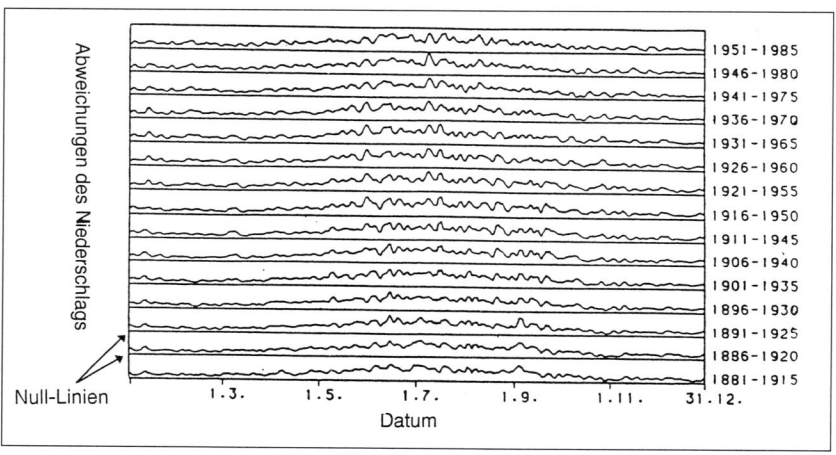

Abb. 2: Kalendergebundene Mittelwerte der Niederschläge für die Station Hohenpeissenberg.

Im Zuge möglicher Klimaänderungen können sich aufgrund von Änderungen der räumlichen und zeitlichen Muster, z. B. des Niederschlags und der Temperatur, beim Abflußverhalten *Amplitudenänderungen* (Änderung der höchsten und der niedrigsten Werte) und *Phasenverschiebungen* (späteres oder früheres Eintreten der Ereignisse) ergeben.[12] Entsprechend würden sich z. B. die Wahrscheinlichkeit oder das Wiederkehrintervall für das Eintreten bestimmter Abflüsse verändern.

Während im mediterranen Raum und den niederen Breiten oftmals die Zunahme von Dürreerscheinungen zu befürchten ist, kann es in den hohen nördlichen Breiten zu einer Erhöhung der Hochwasserwahrscheinlichkeiten kommen, die insbesondere auf höhere Niederschläge zurückzuführen sind.[13] Eine Zunahme der Niederschläge für Nordamerika und Mitteleuropa während der vergangenen Jahrzehnte ist bereits jetzt nachweisbar. Eine Studie für das Gebiet der Bundesrepublik deutet auf eine Häufigkeitszunahme hochwasserauslösender Wetterlagen in der jüngsten Vergangenheit hin. Auch die Simulationsergebnisse der GCM lassen auf eine *Intensivierung* des hydrologischen Geschehens und auf eine Zunahme von Starkniederschlagsfrequenzen in den hohen Breiten schließen. Sollte der *Anteil leichter und mittlerer Niederschläge zurückgehen*, so stände auch für Grundwasserneubildung und damit für die Trinkwassernutzung weniger Wasser zur Verfügung.

Das Auftreten bestimmter Witterungsbedingungen bildet eine wesentliche Voraussetzung für die Bildung *extremer Zu- und Abflüsse;* anthropogene Einflüsse sind hierbei allenfalls globaler Natur. Demgegenüber *beeinflussen die durch menschliche Besiedlung und regionale wirtschaftliche Entwicklung bestimmte Flächennutzung die Geländeeigenschaften und nicht zuletzt der Zustand der Fließgewässer das Ausmaß der Hochwasser.* Im folgenden sollen Beispiele die Entwicklungsschranken der Nonstop-Gesellschaft für direkte anthropogene Einflüsse auf das Hochwassergeschehen belegen.

Unbeabsichtigte Folgen menschlichen Handelns auf die Abflußdynamik

Die Versiegelung der Landoberflächen durch den Menschen (Straßen, Plätze und Dächer) fördern den Direktabfluß gefallener Niederschläge, die oft unmittelbar, d. h. ohne Zwischenspeicherung durch Kanäle, *ohne zeitliche Verzögerung* in die Flüsse gelangen, während das Wasser auf natürlichen Böden, insbesondere in bewaldeten Gebieten schnell versickern kann. *Abflußverstärkend* wirken dagegen Verdichtungen, Verschlämmungen und Verkrustungen des Bodens.

Der von der Bebauungsdichte abhängige Versiegelungsgrad kann bei massiver Stadtkernbebauung Werte bis 98% erreichen.[14] Niederschläge kommen auf entsprechenden Flächen nach Abzug von Benetzungen und der Auffüllung vereinzelter Muldenspeicher direkt zum Abfluß. Eine Zunahme der Bebauung führt infolge der Erhöhung des Direktabflusses in diesen Gebieten mit geringer Oberflächenrauhigkeit zu einer Erhöhung und einem *schnelleren Eintreten der Abflußwellenschei-*

tel. Demgegenüber wirkt die Vegetation als effektiver Speicher. Grasland kann bis zu 2 Liter pro Quadratmeter aufnehmen, Wald sogar bis zu 5 Liter. Als Ergebnis einer *Verdopplung der für Siedlung, Gewerbe und Verkehr genutzten Flächen seit 1950* haben sich die Hochwasserstände am Rhein um durchschnittlich 15 bis 20 cm erhöht. Gegenwärtig weist die Bundesrepublik zu 13% bebaute, teilversiegelte Flächen auf.[15] Erste wesentliche Einflüsse des Menschen auf das Abflußverhalten in Mitteleuropa ergaben sich mit der Änderung der Landnutzung bereits im Mittelalter, insbesondere bei großflächigen Entwaldungen, die das Rückhaltevermögen verringerten. Wo das Bergland bereits primär in nur geringem Maße Niederschlagswasser vor dem Ablaufen zurückhält, besteht im Tiefland vor allem ein Problem durch das Fehlen von Überflutungsräumen. Am Oberrhein wurde im Zuge der Ausbaumaßnahmen während der vergangenen Jahrzehnte ca. *80% der Auen beseitigt und damit Rückhalteflächen reduziert.*

Intendierte Eingriffe in das Abflußgeschehen der Flüsse

Im Falle von extremen Starkniederschlägen sind die Gebietseigenschaften von untergeordneter Bedeutung, weil es bei vollständiger Bodenwassersättigung großer Teile des Flußeinzugsgebietes nicht zu einer Verstärkung der Oberflächenabflußbildung kommen kann, da zusätzliches Niederschlagswasser nicht mehr infiltriert. Demgegenüber erhalten die Eigenschaften und der Zustand des Vorfluters mit zunehmender Größe des Einzugsgebietes eine wachsende Bedeutung.[16] Innerhalb des Fließgewässers und seiner angrenzenden Aue sind unter den gegebenen Bedingungen eine Vielzahl wasserbaulicher Maßnahmen maßgeblich für die Ausbildung hoher Pegelstände verantwortlich. Dieser mögliche Zusammenhang wird im folgenden beispielhaft aufgezeigt.

Die Folgen der Erschließung der Flüsse als Schiffahrtsstraßen

Trotz der Tatsache, daß Flüsse schon immer periodisch über die Ufer traten und dabei massive Überschwemmungen auslösten, besaßen flußnahe Gebiete stets eine große Anziehungskraft für die menschliche Besiedlung. Fließgewässer kamen von jeher den Verkehrsbedürfnissen der Siedler entgegen. Bereits für die Zeit um 3000 v. Chr. lassen sich Nutzungen für die Schiffahrt und Fischerei, die Trink- und

157 Brauchwasserversorgung, wie auch die Wasserkraftgewinnung nachweisen. Während sich Flüsse für die sie kreuzenden Verkehrswege als Hindernisse darstellten, die oftmals durch Furten oder Brücken überwunden wurden, bahnten Flußtäler Routen im Schiffs- und Landverkehr. Neben dem Reit- und Tragetier ist das Binnenschiff das älteste Verkehrsmittel.

Schon von jeher wurden Eingriffe in den Wasserhaushalt und damit in jene die Wassernutzbarkeit bestimmenden Abläufe vorgenommen, um das *„zeitlich schwankende und räumlich ungleichförmig verteilte Wasserdargebot mit dem Lebens- und Arbeitsrhythmus der Menschen … in Einklang zu bringen“*.[17] Während bis ins 19. Jahrhundert vielfach ein technisches Niveau noch nicht erreicht war, das zum Bau größerer Schiffe sowie zu einem umfassenden Ausbau der Wasserwege benötigt wurde, orientierte sich der Schiffsbau in erster Linie an den natürlichen Möglichkeiten der Schiffbarkeit, blieben Baumaßnahmen an Fließgewässern zunächst weitgehend auf Kanäle beschränkt. Das Bestreben, auch kleine und kompliziertere Flüsse als Verkehrswege zu nutzen, förderte den Bau kleinerer, manövrierfähiger Schiffe.

Das wohl bekannteste und belegbar nachhaltigste Beispiel einer Beeinflussung des Hochwasserabflußgeschehens durch menschliche Einwirkungen in Mitteleuropa ist die Geschichte des Oberrheinausbaus. Die Hauptabsicht der während der ersten Ausbauphase durch Oberbaudirektor Tulla mit der „Rheinkorrektion" (1817-1880) initiierten Maßnahmen, bei der die vielen ursprünglichen Flußarme in einem einheitlichen Mittelwasserbett (vgl. Abbildung 3) vereinigt wurden, bestand darin, die Hochwassergefahren durch den „ungebändigten Wildstrom" zu beseitigen und durch die Trockenlegung des Rheintales eine „Inkulturnahme" zu ermöglichen. Mäanderschleifen wurden durchstochen und die Lauflänge des Stromes damit nach und nach um insgesamt 23% verkürzt.[18] Nachfolgende Rheinregulierungen dienten durchweg der Sicherung einer Mindestfahrtiefe für die an Bedeutung gewinnende Schiffahrt und einer zeitlich wie räumlich *durchgehend möglichen Schiffbarkeit* (nonstop) durch die *Gewährleistung konstanter Abflußverhältnisse*. Ein System zur Niedrigwasserregulierung des Rheins, das in den Jahren 1907-1956 durch Buhnen, Schwellen und Leitwerke für eine Niedrigwasserrinne von 80 m Breite geschaffen wurde, ermöglichte ab 1936 den *ganzjährigen Schiffahrtsverkehr* bis Basel.

Der Bau von insgesamt zehn Staustufen am Oberrhein zwischen den Jahren 1928 und 1977, der damit verbundene Wegfall von 130 km² natürlichen Überschwemmungsgebietes, die Erhöhung der Fließge-

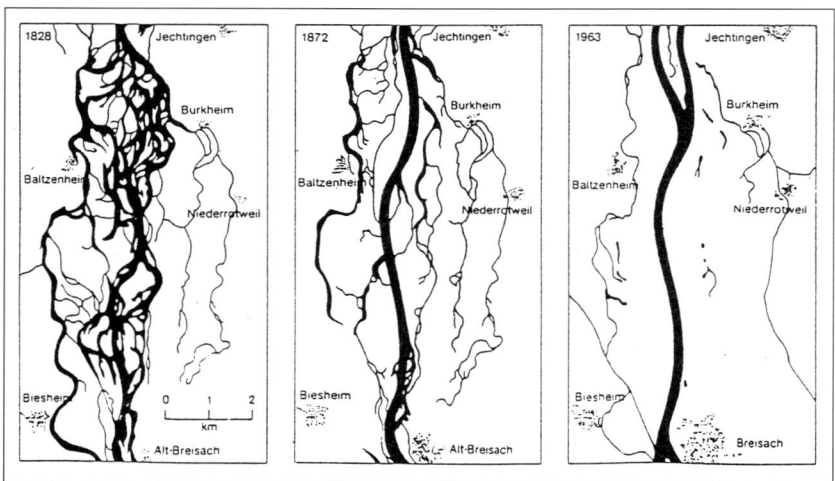

Abb. 3: Veränderungen des Rheinverlaufs in der Höhe von Breisach.
*(Quelle: Internationale Kommission zum Schutze des Rheins gegen Verunreinigung [IKSR],
zitiert in: Umweltpolitik – Wasserwirtschaft in Deutschland – Eine Information des Bundes-
umweltministeriums März 1994)*

schwindigkeiten durch Konzentration des Abflusses vieler Flußzweige
in einem einheitlichen Bett und die Verkürzung der Flußläufe hatten
zur Folge, daß sich die *Laufzeiten der Hochwasserscheitel von Basel nach
Karlsruhe von 64 Stunden auf 23 Stunden reduzierten* und der Hochwasserschutz rheinabwärts wesentlich gemindert wurde.[19]

Da die Maßnahmen im Oberlauf über die erhöhte Fließgeschwindigkeit und die größere Transportkraft zur Tiefenerosion im
Flußbett und Flußeintiefung bis zu 7 m führte, hatte man im Unterlauf
nicht nur wegen des schnelleren und konzentrierteren Abflusses, sondern auch durch Geschiebeablagerungen unterhalb der jeweiligen Ero-
sionsstrecken gerade bei Staustufen mit Hochwasserproblemen und
Schwierigkeiten für die Schiffahrt zu kämpfen. So wurden im Oberlauf
zur Wiederauffüllung des Flußbettes z. B. bei Iffezheim (Landkreis Ra-
statt) bislang insgesamt 2,3 Millionen m³ Kies in den Rhein geschüttet.
Allein für diese Maßnahmen wurden bis zum heutigen Tage mehr als
60 Millionen DM aufgewendet.[20]

Heutzutage treffen die Wellenscheitel der Nebenflüsse fast zeit-
gleich mit dem der Rheinwelle zusammen. Eine Erhöhung der Schei-
telflüsse ist ebenso feststellbar wie ein *schnellerer Anstieg der Hochwasserwellen (Aufsteilung)*. War im Bereich Karlsruhe vor dem Ausbau aller
Staustufen ab 1928 noch ein Schutz gegen ein 200-jährliches Hochwasser gegeben (welches also mit statistisch gesicherter Wahrscheinlichkeit

159   alle 200 Jahre eintritt), so bestand dieser Schutz 1977 an gleicher Stelle lediglich gegen ein 60-jährliches Ereignis.[21]

Auch wenn durchaus beachtet werden muß, daß in der Bundesrepublik, insbesondere seit Beginn der 70er Jahre des laufenden Jahrhunderts, eine signifikante Zunahme der Niederschläge zu verzeichnen war, ist die auffällige Häufung von Spitzenhochwassern nach Abschluß des modernen Oberrheinausbaus 1977 zweifellos bemerkenswert. Hier führte also die *Mißachtung der natürlichen Rhythmen* (Witterungsbedingungen bei Winter- und Sommerhochwassern) zur *Erhöhung der Frequenzen ungewollter Ereignisse.*

Im Falle der *Saar* wurde die ab einer Mindesttauchtiefe von 3,5 m auch bei sehr geringen Abflüssen mögliche Schiffbarkeit durch Errichtung von 6 Staustufen, die Ausführung von Kurvendurchstichen und Kurvenausweitungen, die Einführung von Regelprofilen und durch Deichbauten in den 70er und 80er Jahren gewährleistet.[22] Obgleich die Notwendigkeit zur Erstellung von Regelprofilen in vielen Fällen Baggerungen im Sohlen- und Uferbereich zur Fahrrinnenverbreiterung erforderlich machte, und sich die durchflossenen Fließquerschnitte damit vergrößerten, kam es im Endeffekt zu einer *Beschleunigung der Saarhochwasser.* Diese Tendenz wird durch Staustufen mit großen Fallhöhen ebenso verstärkt wie durch den Umstand, daß im Zuge verschiedener Hochwasserschutzbaumaßnahmen (Deich- und Staumauerbau) mehrere km^2 an Rückhalteflächen des Einzugsgebietes nun nicht mehr zur Dämpfung des Hochwasserablaufes zur Verfügung stehen. Simulationsberechnungen zufolge ist mit einem *um 7 Stunden vorgezogenen Eintreffen* der Hochwasser als Resultat des Ausbaus der Saar ebenso zu rechnen wie mit einem mittleren Anstieg der Abflußhöhen um 3% bzw. dem Anstieg der Scheitelabflüsse von 5%. Dadurch kommt es zudem unterhalb der Saarmündung aufgrund der *zeitlichen Annäherung der Hochwasserwellen* von Saar und Sauer, die beide in die Mosel münden, zu einer Erhöhung der Scheitelabflüsse in der Mosel.

Ökologische Folgen anthropogener Maßnahmen am und im Fließgewässer

Aus ökologischer Sicht führt die Isolation des Flußes von der zugehörigen Aue und das mit der Eintiefung der Flüsse verbundene Absinken der Wasserspiegel zur Zerstörung der Auenökosysteme, die vor Beginn der anthropogenen Nutzung und Umgestaltung flußnaher Gebiete alle Flüsse Mitteleuropas begleiteten.

Die Pflanzengemeinschaften der Auen sind auf den unregelmäßigen Wechsel von Trockenfallen und Überflutung angewiesen. Im Gegenzug bezieht der Fluß Nährstoffe insbesondere in Form pflanzlichen Zerreibsels aus der Aue, welches eine wesentliche Grundlage für die Nährstoffversorgung vieler den Fluß bewohnender Insekten, Muscheln, Fische, Wasservögel und Amphibien bildet.[23] Auen sind damit nicht nur landschaftlich klar abgrenzbare Biotope, sondern besitzen auch wesentliche *Eigenschaften von Chronotopen*, die durch Zeiträume und deren Merkmale, insbesondere die Rhythmik des Lebens, geprägt sind.[24] Hoch- und Niedrigwassser wirken damit wie „Jahreszeiten". Die Wiederkehr ihres Auftretens ändert zeitlich begrenzt die Lebensbedingungen, ohne das System irreversibel zu schädigen. Obgleich die Sukzessionen durch diese Dynamik ständig gestört werden, wachsen in Europa infolge des Nährstoffreichtums die größten Eichen, Eschen, Ulmen, Fichten und Ahorngewächse in Auwäldern. Unterbleiben die regelmäßigen Überschwemmungen, so dominieren über kurz oder lang einzelne Arten, die Biodiversität wird reduziert. Die Artenvielfalt ist abhängig von der beseitigenden und wiederaufbauenden Kraft der Hochwasser.

Während intakte Auwälder bei Übertritt der Flüsse eine abflußdämpfende Wirkung besitzen, fördert die Abtrennung der Aue vom Fließgewässer im Zuge des Flußausbaus das Auftreten von Spätfrösten im Vorland dadurch, daß eine frostmildernde Wirkung des Wasserspeichers Aue zunehmend fehlt. Die wechselseitige Beeinflussung des Wasserhaushalts zwischen Fluß und Aue findet sowohl über das Grundwasser als auch über das Oberflächenwasser statt. *Periodische Abflußschwankungen ermöglichen die Dynamik von Erosion und Sedimentation.* Bäche besitzen ein hohes Wiederbesiedlungspotential, da die verfrachteten Sedimente mit Nährstoffen angereichert sind und Pflanzensamen und Kleintiere beinhalten.

Die wechselseitige Abhängigkeit von Fluß und zugehöriger Aue aus ökosystemarer Sicht verdeutlicht, daß Hochwasser nicht nur schädigend, sondern durchaus notwendig sein können. Die dem Auftreten der zugehörigen hydrologischen Prozesse zugrundeliegenden natürlichen Rhythmen bestimmen die angepaßte und hochspezialisierte Entwicklung des Ökosystemkomplexes Aue-Fließgewässer.

Diesen Rhythmen zuwider laufen die mit der Gewässerumgestaltung und einer *„rund ums Jahr"* angelegten Nutzung verbundenen *Uhren- und Kalenderzeiten* der Wasserwirtschaft und der Schiffahrt.

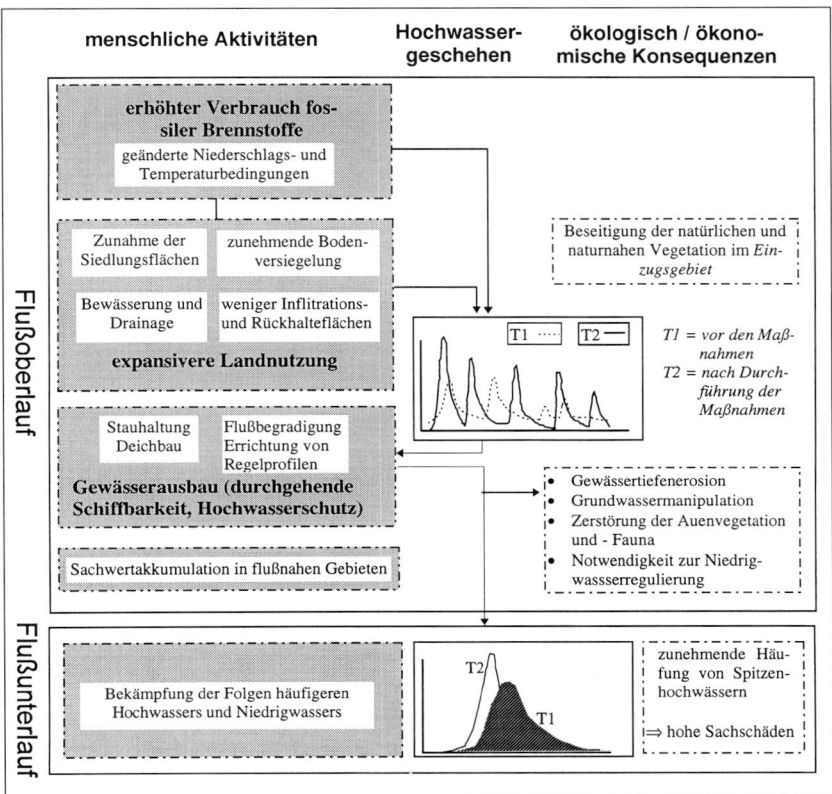

Abb. 4: Wirkungen der Nonstop-Gesellschaft auf das Hochwassergeschehen.

Daß diese Mechanismen nicht auf natürliche Ökosysteme wie Auwälder beschränkt sind, zeigt das Beispiel des alten Ägyptens, dessen Wohlstand und Armut ganz auf dem *alljährlich* durch Monsunregen im äthiopischen Hochland ausgelösten sommerlichen Nilhochwasser basierte. Der Umfang der Ernte hing unmittelbar von den Wasserständen in den überfluteten und bewässerten Flächen ab, und die Pegelstände waren damit Maß für die abzuführenden Steuern. Dabei gab es durchaus Grenzen, die bei Überschreitung zu Deichbrüchen, Zerstörungen und Epidemien führen konnten.

Ein weiteres Merkmal der Nonstop-Gesellschaft zeigt sich aus umweltpolitischer Sicht auch darin, daß in den letzten Jahrzehnten Auenwiesenlandschaften massiv *in intensiv genutzte Ackerlandschaften mit teilweise drei Ernten jährlich umgewandelt wurden.* Oft müssen in diesen Gebieten Wassermangelsituationen durch künstliche Bewässerungen ausgeglichen werden.

In der Rheinaue gab es bis vor kurzem größere Wälder nur noch in Schutzgebieten. Eine Übersicht über die bisher dargestellten Zusammenhänge liefert Abbildung 4.

Hochwassergefahren und damit verbundene Kosten

Die Begriffe Hochwassergefahren und Hochwasserschäden sind in allererster Linie anthropozentrisch. Kommt es in natürlichen Systemen zu Hochwasserschäden, so sind diese selten irreversibel. Massiv nachhaltige Schäden ergeben sich meist erst aus einer menschlichen Nutzung der betroffenen Regionen. Zeiträume ohne größere Hochwasser führen zu einer zusätzlichen Anhäufung von Schadenspotentialen, da das Bewußtsein, im Überflutungsgebiet zu leben, mit der Zeit abnimmt.[25] Das Gefährdungspotenial im Gebiet des Oberrheins unterhalb von Iffezheim liegt nach Schätzungen bei etwa 20 Milliarden DM.[26] Vor allem in Mitteleuropa gab es zumeist längere Perioden mit geringer Hochwassertätigkeit (50er, 60er und 70er Jahre).

Entsprechend kritisiert Kerschner[27] am Beispiel der Situation in Österreich die Siedlungs- und Erschließungtätigkeit in von Hochwasserführung und Wildwasserbächen unmittelbar gefährdeten Bereichen, die oft mit einem Verstoß gegen geltende Gesetze verbunden sei und zu einer Erhöhung der Schäden in den letzten Jahren geführt habe. Der Umstand, daß vermeintlich hochwassersichere Stellen an den größten Flüssen zuerst besiedelt wurden und sich dort demzufolge die meisten größeren Städte befinden, verdeutlicht die bis heute zu verzeichnende Zunahme der „Ansammlung potentiellen Schadens".

Durch Hochwasserschäden hervorgerufene Kosten

Bei den durch Hochwasser verursachten Schäden lassen sich Verletzungen von Mensch und Tier, Schäden an Gebäuden und Einrichtungen und Ausfälle durch Betriebsunterbrechungen voneinander unterscheiden. Je schlechter die sozioökonomischen Bedingungen eines Landes sind, desto höher ist in der Regel der relative Anteil an Personenschäden. Demgegenüber sind Warnsysteme in den Industrienationen besser entwickelt und Evakuierungen gegebenenfalls möglich. In Ländern wie der Bundesrepublik führte die dichte Besiedlung der Täler und Auen zwangsläufig zu hohen Verlusten an Sachwerten bei Überschwemmungen.

163 Nach Angaben der Bayrischen Rückversicherung[28] (Tabelle 1) zählen die Ereignisse der Jahre 1993/95 zu den kostenträchtigsten dieses Jahrhunderts in Deutschland. Die Schäden der Oder-Überschwemmungen 1997 sind noch nicht abschätzbar.

Zeitpunkt	Gebiet	Kosten in Mio. DM
Jan. 1926	Rhein, Mosel, Weser und Elbe	1.300
Dez. 1993	Rhein, Mosel, Saar, Nahe, Neckar	1.000
Jan. 1995	Rhein, Nahe, Main und Fulda	500

Tab. 1: Geschätzte Gesamtschäden historischer Hochwasserereignisse in der BRD.
(Quelle [28])

Der Anteil der zu begleichenden Hochwasserschäden an Schädigungen aus Naturkatastrophen steigt bundesweit ständig (vgl. Tabelle 2)

Zeitraum	Prozentsatz, um den Hochwasserschäden Hagel- und Sturmschäden übersteigen	Anteil (%) der Hochwasser- und Überschwemmungsschäden an der Gesamtentschädigungssumme für Elementarschäden
1960–1969	29	14
1970–1979	132	42
1980–1989	134	38
1990–1994	276	43
1993/1994	317	55

Tab. 2: Relative Zunahme des Anteils von Hochwasserschäden innerhalb der Elementarschadensversicherung.
(Quelle: Schäfer, Gebäudeversicherung Baden-Württemberg)

Die Tabelle 3 liefert Beispiele für volkswirtschaftliche Schäden durch Hochwasser während der letzten Jahre.

- In den Niederlanden mußten im Januar 1995 mehr als 250.000 Menschen und Millionen von Tieren evakuiert werden. In Frankreich waren zur gleichen Zeit 43 Departements betroffen. Es gab 15 Todesopfer, 40.000 Wohnungen wurden beschädigt und 5.000 Personen evakuiert. Wären in der Kölner Altstadt während dieser Ereignisse Wasserstände von über 11 m ü. NN eingetreten – was durchaus im Bereich des Möglichen lag –, hätten mehr als 100.000 Menschen evakuiert werden müssen, der Zoologische Garten und viele Industrieanlagen wären überschwemmt worden.

Region	Kosten	Zeitraum
VR China	15 Mrd.US $ (0,4 Mrd. versichert)	Sommer 1991
USA: Mississippi	> 20 Mrd. US $	Juli 1993
Westeuropa davon:	2 Mrd.US $ (0,5 Mrd. versichert)	Dezember 1993
Rheinland-Pfalz	500-700 Mio DM	Dezember 1993
Italien	9,3 Mrd.US $ (0,65 Mrd.versichert)	November 1994
Westeuropa davon:	> 6 Mrd US $	Jan. / Feb. 1995
BRD	500 Mio. DM	Jan. / Feb. 1995
Köln/NRW	65 Mio. DM	Jan. / Feb. 1995

Tab. 3: Beispiele für Hochwasserereignisse und damit verbundene Sachkosten während der 90er Jahre.

Quellen [10, 29, 30, 31, 32]

- Im Schweizer Kanton Wallis wurden als Folge eines Hochwassers in der Saltina, einem kleinen Rhonezufluß, im September 1993 innerhalb von 3 Stunden 250.000 m^3 Schlamm und Geröll in der Stadt Brig akkumuliert. Es ergaben sich Schäden in Höhe von 500 Millionen Schweizer Franken.

Beispiele für die Kosten des Hochwasserschutzes

Nicht zuletzt unter dem Einfluß der Hochwasserereignisse in den ersten Monaten der Jahre 1993 und 1995 entschloß sich die Stadt Köln zum verstärkten Bau von Schutzmauern, zur Förderung einer Bodenentsiegelung und zur Verbesserung der Regenwasserversickerung sowie zur Renaturierung wesentlicher Wasserläufe. Bei einer Zielhöhe der Schutzanlagen von 11,30 m, entsprechend dem Bemessungshochwasser mit 100-jähriger Wiederkehrwahrscheinlichkeit, ergeben sich Baukosten von 150 Millionen DM für konstruktiven Hochwasserschutz und 322,50 Millionen DM für Stadtentwässerung.

Zum Rückhalt einer Hochwasserwelle am Rhein über 12 Tage bzw. einer Wasserstandsminderung am Pegel Köln von nur 6 cm müßte nach Angaben der LAWA Rückhalteraum von 100 Millionen m^3 geschaffen werden. Die Baumaßnahmen erfordern Investitionskosten von 1 Milliarde DM beim Einsatz großer Rückhaltebecken bzw. 0,5 Milliarden DM bei der Verwendung kleiner Becken. In der BRD wird die

165 Grundinstandsetzung der vorhandenen Rheindeiche schätzungsweise ein Volumen von mehr als 1 Milliarde DM umfassen.

Die zuvor genannten Zahlen nehmen sich dabei noch bescheiden aus, gemessen an den Gesamtkosten, die bislang für Hochwasserschutzmaßnahmen in den Niederlanden aufgewendet wurden. Letztere werden auf etwa 4 Billionen Gulden geschätzt, gegenüber 3 Milliarden Gulden für die Realisierung des unter dem Eindruck der Hochwasser der Jahre 1993 und 1995 beschlossenen „Deltaplans für große Flüsse" (vor allem für Maßnahmen der Deichverstärkung).[33]

Welcher Umgang mit bestehenden Hochwassergefahren ist erforderlich?

Auch wenn eine Zunahme der durch Hochwasserschäden und deren Abwehr verursachten Kosten während der vergangenen Jahre weltweit festgestellt werden kann, ist die Ursachendiskussion bei weitem nicht abgeschlossen. Dennoch setzt sich zunehmend die Einschätzung durch, daß nachhaltige Maßnahmen ökologisch sinnvoll und vertretbar sein müssen.

Welches sind die aus ökologischer und volkswirtschaftlicher Sicht notwendigen Schritte im Umgang mit dem Abflußverhalten unserer Fließgewässer?[34]

Bei aller Unsicherheit, die mit der Unfähigkeit einhergeht, aus gemessenen Niederschlägen das Ausmaß von Hochwasserereignissen zu prognostizieren, setzt sich seit Anfang bis Mitte der 70er Jahre zunehmend die Erkenntnis durch, daß ökologische Maßnahmen in der Landschaftsplanung und Gewässerbau zu berücksichtigen sind. Dennoch lassen sich immer wieder umstrittene Beispiele insbesondere im Wasserstraßenbau nachweisen, bei denen entsprechende Leitlinien nur schwer zu erkennen sind. Dazu gehören insbesondere der Bau des Rhein-Main-Donau-Kanals und das „Verkehrsprojekt 17 der deutschen Einheit", von dem insbesondere brandenburgische und Berliner Gewässer betroffen sind.

Maßnahmen technischen Hochwasserschutzes sollten schwerpunktmäßig auf besiedelte Gebiete begrenzt bleiben, weil landwirtschaftliche Flächen bei standortgemäßer Bewirtschaftung keinen Hochwasserschutz erfordern. Entsprechende Bewirtschaftungsweisen dienen darüber hinaus der Verbesserung der Wasserqualität und einer Schaffung geeigneter Erholungsgebiete.

Bleibende Hochwassergefahren sind wieder in das Bewußtsein aller Betroffenen zu rücken. Statistische Wahrscheinlichkeiten und Grenzen müssen erkannt werden. Jenseits des Bemessungshochwassers bleibt die Hochwassergefahr. Deshalb sollte auch Bauland in überschwemmungsgefährdeten Gebieten möglichst nicht ausgewiesen werden.

Ein Leitgedanke sollte sein, daß *natürliche Rhythmen in ursprünglichen Landschaften für die Dynamik der Wasserzufuhr verantwortlich* sind, so daß eben auch unter natürlichen Bedingungen hohe und niedrige Wasserstände im Wechsel miteinander auftreten. Allerdings besitzen natürliche Landschaften durchweg höhere Pufferkapazitäten, so daß höchste Hochwasserstände unter sonst gleichen Bedingungen seltener auftreten. Entsprechend sollten *abflußdämpfende Bewirtschaftungsformen*, die die Infiltration der Niederschläge fördern, eingesetzt werden, um die *Höhe der Scheitelabflüsse* zu vermindern. Kleinräumige Landschaftsstrukturen sind durch die Anlage von Feldrainen und Hecken zu fördern, und der *Anteil der schnellen* und künstlichen *Entwässerung z. B. durch Gräben ist zu reduzieren*. Der Schutz des Bodens als größtem Wasserspeicher in der Fläche ist dabei ebenso zu gewährleisten, wie dessen Bedeckung mit abflußhemmender Vegetation. Feuchtflächen sind auch aus ökologischen Gründen zu erhalten und wieder herzustellen.

Mit Hinblick auf einen ökologisch förderlichen und ökonomisch verträglichen Hochwasserschutz ist es erforderlich, neue Wasserrückhalteräume, insbesondere in flußnahen Flächen, zu schaffen. Maßnahmen zum Wasserrückhalt müssen die Aue und die Gewässer selbst mit einschließen.

Ein naturnaher Ausbau der Flüsse zielt auf die weitgehende Wiederherstellung der *Dynamik, Funktions- und Entwicklungsmöglichkeit des Fließgewässers ab.* Lange Fließstrecken sind zu fördern und Befestigungen zu entfernen. Dort, wo der Ablauf durch die mit der Gewässerrenaturierung verbundene Erhöhung der Fließwiderstände am stärksten behindert wird, sollte einer drohenden Überschwemmungsgefahr mit einer Gewässerverbreitung begegnet werden. Zusätzlich müssen naturgemäße Maßnahmen gegen Erosion und für die Stabilisierung der Sedimentation ergriffen werden.

Bei allen notwendigen Bemühungen und Maßnahmen darf nicht vergessen werden, daß sich natürliche Systeme im Ursprung des Wortes nicht konstruieren lassen und es somit paradox erscheint, von „Maßnahmen zur Gewässerrenaturierung" zu sprechen. Probleme ergeben sich oft bereits dadurch, daß die Flächen oder Flußstrecken, für die

167 Maßnahmen durchgeführt werden sollen, eine minimal notwendige Größe bzw. Länge oft unterschreiten. Darüber hinaus besteht ein wesentliches Problem in der Berücksichtigung aller Umweltfaktoren und Arten. Noch immer dominiert auch beim naturnahen Ausbau vielfach die Uniformität, und permanente Eingriffe werden nötig. Je eher der Fluß eine dem ursprünglichen Gefälle entsprechende Neigung erhält, desto größer sind die Chancen für eine naturnahe Entwicklung, die wenig Pflege bzw. korrigierende Eingriffe erforderlich macht. Dort, wo eine zu starke Eintiefung stattgefunden hat, sollte eine natürliche Profilentwicklung durch die Zugabe von Geschiebe gefördert werden. Der Eigenentwicklung von Flüssen kommt zugute, daß sie sich schneller als die meisten anderen Landschaftselemente und Lebensräume regenerieren können. Insbesondere sollte bei kleinen und mittleren Gewässern, aber auch bei geeigneten Gewässerabschnitten größerer Flüsse eine Eigenentwicklung entsprechend den sich in Phasen niedrigeren und höheren Wasserstandes äußernden Rhythmen der Natur zugelassen und unterstützt werden. Lediglich massive Hochwassergefahren sind durch weitgehend naturgemäße Maßnahmen im Einzugsgebiet, der Aue und im Gewässer selbst zu reduzieren.

In diesem Zusammenhang möchte ich in Erinnerung rufen, daß ich mich bei meinen Ausführungen in erster Linie auf die Beachtung rechter Zeitmaße – die chronologische Dimension konzentriert habe. Von vergleichbarer Bedeutung sind *räumliche* Zusammenhänge – die chorologische Dimension (Chorologie als Lehre der kausalen Wechselbeziehungen der im gleichen Raum vereinigten Geofaktoren). Innerhalb eines Einzugsgebiets stehen die Landflächen miteinander und mit ihrem Vorfluter in *raumzeitlicher Wechselbeziehung.* Jedem Gewässerabschnitt läßt sich ein Einzugsgebiet und jedem Flußabschnitt im Oberlauf läßt sich ein zugehöriger Unterliegerabschnitt chronologisch und chorologisch zuordnen. Dies verdeutlicht, daß Entscheidungen der Gewässer- und Landschaftsplanung nicht allein auf kommunaler oder Landesebene getroffen werden können. Entsprechende Maßnahmen müssen insbesondere mit Hinblick auf einen umfassenden, ökologisch wie ökonomisch verträglichen Hochwasserschutz die Auswirkungen auf den gesamten Fluß und seine Aue mit berücksichtigen.

Natürliche *Rhythmen, Eigenzeiten natürlicher Systeme und landschaftsspezifische Geschwindigkeiten* (z. B. Fließgeschwindigkeiten) sind in noch stärkerem Maße als bisher in der Ökosystemforschung, der Hydrologie und der Wasserwirtschaft fachübergreifend zu thematisieren. Ein wesentliches Problem besteht darin, daß die Fachdisziplinen entsprechend ihrer forschungsgeschichtlichen Entwicklung und den bislang dominie- renden Forschungsschwerpunkten auf unterschiedlichen räumlichen und zeitlichen Skalen arbeiten.

Erst etwa seit einem Jahrzehnt werden zunehmend Anstrengungen unternommen, Prozesse und ihre Wechselwirkungen im Ökosystem und in komplexen Landschaften hinsichtlich ihrer *zeitlichen Muster* auf verschiedenen räumlichen Maßstabsebenen zu untersuchen. Dazu trugen einerseits Bestrebungen bei, Landschaften und Regionen hinsichtlich des Verhaltens ihrer Natursysteme zu regionalisieren (d. h. in Gebiete weitgehend homogenen Verhaltens zu untergliedern) und die in kleinen Untersuchungsgebieten gewonnenen Untersuchungsergebnisse zum Systemverhalten auf größere Gebiete zu übertragen, bzw. Informationen aus größeren Gebieten zur Einschätzung des Systemverhaltens in kleineren, aber nicht detailliert untersuchten Flächen zu nutzen. Andererseits zeigte sich in der Klimaforschung und damit auch in der Klimawirkungsforschung, daß eine *Änderung der Rhythmen und zeitlichen Muster* der Klimaelemente vermutlich mindestens so signifikant sein kann und dabei unter Umständen in den Auswirkungen noch erheblich gravierender als die Änderung der Mittelwerte.

Die stärkere Berücksichtigung der zeitlichen Dimension bei der Abschätzung von Auswirkungen der Nonstop-Gesellschaft auf die Natur, ihre Strukturen und Prozesse, wird damit zukünftig in noch höherem Maße als bisher in der Forschung und der praktischen Landschafts- und Regionalplanung erforderlich sein.

Literatur

[1] *Dyck, S./Peschke G.:* Grundlagen der Hydrologie, 2. bearb. Aufl., Berlin 1989, S. 348. – [2] *Länderarbeitsgemeinschaft Wasser* – LAWA: Leitlinien für einen zukunftsweisenden Hochwasserschutz / Hochwasser – Ursachen und Konsequenzen. Unveröff. Bericht des LAWA-Arbeitskreises „Hochwasser", Mai 1995. – [3] *Martini, K.:* Hochwasserschutz in Rheinland-Pfalz – Vorsorge treffen für Menschen und Land – Regierungserklärung der Ministerin für Umwelt und Forsten, 9. 12. 1994. Staatszeitung Rheinland-Pfalz. – [4] *Kleeberg, H.-B.:* Hochwasserflächenmanagement in Flußeinzugsgebieten. In: Wasser & Boden, 2/1996, S. 24. – [5] *Wilhelm, F.:* Hydrogeographie. Das geographische Seminar, Braunschweig 1987, S. 70. – [6] *Simon, M.:* Anthropogene Einflüsse auf das Hochwasserabflußverhalten im Einzugsgebiet der Elbe. In: Wasser & Boden, 2/1996, S. 19. – [7] *Caspary und Bárdossy:* Markieren die Winterhochwasser 1990 und 1993 das Ende der Stationarität in der Hochwasserhydrologie infolge von Klimaänderungen? In: Wasser & Boden 3/1995, S. 19. – [8] *Das Norwegische Wasser- und Energiewerk (NVE):* div. Pressemeldungen zu den Hochwasserereignissen im Sommer 1995, die zu den höchsten in der Geschichte des Landes zählten. – [9] *Ely, L./Enzel, Y./Cayan, D.R.:* Anomalous north pacific atmospheric circulation and large winter floods in the southwestern United States. In: J. Climate, Vol. 7, 6/1994, S. 977-987. – [10] *Schönwiese, C.-D.:* Klima-Rhythmen. In: *Held M. / Geißler K. A.* (Hrsg.): Von Rhythmen und

169 Eigenzeiten – Perspektiven einer Ökologie der Zeit. Stuttgart 1995, S. 81-96. – [11] *Bissoli, P.:* Eintrittswahrscheinlichkeit und statistische Charakteristika der Witterungsregelfälle in der Bundesrepublik Deutschland und West-Berlin. Berichte des Instituts für Metereologie und Geophysik der Universität Frankfurt/Main. Nr. 88. Frankfurt 1991. – [12] *Kleeberg, H.-B./Niekamp, O.:* Vorstudie zur Formulierung von Forschungen zur Verfügbarkeit von Wasser. Mitteilungen des Instituts Wasserwesen und der Universität der Bundeswehr München, Nr. 55. – [13] *Weijers, E.P./Veillinga, P.:* Climate Change and river flooding. Instituut voor Milieuvraagstukken, R-95/01, Vrije Universiteit Amsterdam, März 1995, S. 24/30. – [14] *Schumann, A. H.:* Der Einfluß von Veränderungen der Umweltbedingungen und sozio-ökonomischer Faktoren auf Hydrologie und Wasserwirtschaft. Schriftenreihe Hydrologie/Wasserwirtschaft der Ruhr-Universität Bochum. 1993, S. 106. – [15] *Malek, O.:* Hochwasservorsorge. Unveröff. Manuskript eines Vortrags im Rahmen des Kongresses „Hochwasserkatastrophen – Ursachen und Präventivmaßnahmen" am 29./30. Juni 1995 in Köln. – [16] *Bronstert A.:* Hochwasser in Deutschland unter Aspekten globaler Veränderungen. Unveröff. Statuspapier anläßlich eines gleichlautenden DFG-Rundgesprächs, das am 9. Oktober 1995 in Potsdam stattfand. – [17] *Baumgartner, A./Liebscher, H.-J.:* Allgemeine Hydrologie – Quantitative Hydrologie. Berlin/Stuttgart 1990, S. 13. – [18] *Mock, J.:* Auswirkungen des Hochwasserschutzes. In: *Böhm, H.R./Dehnicke, M.* (Hrsg.): Wasser. Darmstadt 1992, S. 176-196. – [19] *BMV (Bundesminister für Verkehr):* Schlußbericht der Hochwasserstudienkommission für den Rhein. Bonn 1978. – [20] *Südwestfunk Baden Baden:* „Die Rache des Rheins". Eine Fernsehsendung des SWF3 am 15.5.95 um 15.30. – [21] *Strähle, H:* Hochwasserschutzstrategien des Landes Baden-Württemberg – integriertes Rheinprogramm am Oberrhein. Unveröff. Manuskript eines Vortrags im Rahmen des Kongresses „Hochwasserkatastrophen – Ursachen und Präventivmaßnahmen" am 29./30. Juni 1995 in Köln. – [22] *Busch, N./ Engel, H./Daamen, K.:* Auswirkungen des Saarausbaus zur Großschiffahrtsstraße auf den Hochwasserablauf in Saar und Mosel. In: Wasser & Boden, 2/1996, S. 12-18. – [23] *Reichholf, J.:* Feuchtgebiete. München 1988, S. 154. – [24] *Geißler, K. A./ Held, M.:* Grundbegiffe zur Ökologie der Zeit. In: *Held, M./Geißler, K.A.* (Hrsg.): Von Rhythmen und Eigenzeiten – Perspektiven einer Ökologie der Zeit. Stuttgart 1995, S. 193-208. – [25] *Rother, K.-H.:* Hochwasserschutzstrategien in Rheinland-Pfalz. Unveröff. Manuskript eines Vortrags im Rahmen des Kongresses „Hochwasserkatastrophen – Ursachen und Präventivmaßnahmen" am 29./30. Juni 1995 in Köln, S. 15. – [26] *Steidle, H.:* Das integrierte Rheinprogramm Baden Württemberg – Möglichkeiten und Grenzen der Hochwasserrückhaltung. In: Wasser & Boden, HG. 48, 2/1996, S. 8. – [27] *Kerschner, H.:* Naturereignisse – Naturgefahren. In: Geographische Rundschau, 1/1995, S. 46-51. – [28] *Ebel, U.:* Möglichkeiten der Hochwasserversicherung in Deutschland. Unveröff. Manuskript eines Vortrags im Rahmen des Kongresses „Hochwasserkatastrophen – Ursachen und Präventivmaßnahmen" am 29./30. Juni 1995 in Köln. – [29] *Münchener Rück:* Topics – Annual review of natural catastrophes 1994. München 1995. – [30] *Plate, E.:* Hochwassermanagement: Eine Übersicht. Unveröff. Manuskript eines Vortrags im Rahmen des Kongresses „Hochwasserkatastrophen – Ursachen und Präventivmaßnahmen" am 29./30. Juni 1995 in Köln. – [31] *Oelmann, H:* Das Kölner Hochwasserschutzkonzept Zukunft. Unveröff. Manuskript eines Vortrag im Rahmen des Kongresses „Hochwasserkatastrophen – Ursachen und Präventivmaßnahmen" am 29./30. Juni 1995 in Köln. – [32] Wie [6]. – [33] *Hillen, R. / Jorissen, R.E.:* River flooding and flood management in the Netherlands. Unveröff. Manuskript eines Vortrags im Rahmen des Kongresses „Hochwasserkatastrophen – Ursachen und Präventivmaßnahmen" am 29./30. Juni 1995 in Köln. – [34] Einen guten Überblick bieten die bereits zitierten Autoren Reichholf, Mock, Steidle, die LAWA und Malek.

Mißachtung der Zeitskalen
Abschied vom Prinzip Versuch-und-Irrtum

Die kritische Innovationsgeschwindigkeit ist die Geschwindigkeit, jenseits derer es regeltechnisch und lerntheoretisch schwierig bzw. unmöglich wird, die Innovationsrichtung sinnvoll zu steuern. Die Tendenz zur permanenten Hochgeschwindigkeit in der Nonstop-Gesellschaft, die Rhythmen von Ruhe und Aktivität nicht verstehen kann und in Ruhezeiten ausschließlich Rationalisierungsreserven erkennt, unterminiert damit ein zentrales Prinzip, auf dessen Wirksamkeit sie aufbaut: das Prinzip von Versuch und Irrtum. Die zeitpolitischen Konsequenzen dieses Unterminierens eines zentralen gesellschaftlichen Entwicklungsprinzips werden diskutiert.

Die Natur kennt keine Pausenlosigkeit, ebensowenig irgendeine der uns bekannten Gesellschaften. Das Anhalten, das Innehalten, das Pausieren sind lebensnotwendige Existenzformen. Ohne sie verlieren wir die Orientierung: Rastloses Umherirren wäre unser Schicksal. Es gibt Anzeichen dafür, daß wir uns auf dem Weg dorthin befinden. Wir feiern die Beschleunigung und sehen es als Fort-

Christine von Weizsäcker, Biologin, geb. 1944, lebt in Bonn.
Wissenschaftliche Beiträge zur Evolutionsbiologie und Technikanalyse,
Beiträge zum öffentlichen Diskurs um Technologie und Demokratie.
Zahlreiche Veröffentlichungen und Gastvorlesungen.
Vizepräsidentin von Ecoropa, Stellvertretende Vorsitzende
des Kuratoriums der Stiftung Warentest, Rodale Lecturer 1996
der National Association for Science, Technology and Society, USA.

Christine von Weizsäcker, Postfach 13 01 65, 53061 Bonn.

schritt an, wenn wir „rund um die Uhr" aktiv sein können. Wer Pausen macht, wer innehält, verpaßt etwas, so wird uns täglich suggeriert. Lücken, so die Werbung des ZDF für das eigene lückenlose Programmangebot, „sind dazu da, geschlossen zu werden". Dies ist schlichtweg falsch und, wenn man sich die Effekte anschaut, höchst problematisch.

In der Chemie kennen wir das Phänomen der „Führung durch den schnellsten Prozeß". Diese führt in der Regel zu raschestmöglicher Vereinfachung und thermodynamischem Stillstand. Bedenklich kann es in der Biologie zugehen, wie ein Experiment zeigt, an das ich mich mit Schrecken erinnere. Dieser Versuch ging der Frage nach, wie Fische das Formationsschwimmen im Schwarm zustande bringen. Forscher studieren die Fähigkeiten von Lebewesen häufig dadurch, daß sie ausprobieren, wie sich die Abwesenheit bestimmter Fähigkeiten auswirken. In diesem Fall griffen sie sich einen Fisch aus dem Schwarm heraus, amputierten sein Großhirn und setzten ihn wieder in den Schwarm. Dieser arme Fisch war nicht mehr in der Lage, die Mitfische und seine Umgebung wahrzunehmen (geschweige denn „Rücksicht" darauf zu nehmen). Ihn bremsten somit keine widersprüchlichen Wahrnehmungen. Er sauste schnell und in einsichtslosem Zickzack durch das Aquarium. Fiel er als Unbelehrbarer aus dem Schwarm heraus? Nein, der ganze Schwarm orientierte sich an diesem unbeirrbar vorgetragenen „schnellsten Prozeß". Wer zuerst die Richtung wählt, bestimmt die Richtung!

Beschleunigung geht mit der Vernachlässigung von Wirklichkeitsaspekten einher. Dies produziert Gefahren. Ohne Innehalten gibt es zwar ein Fortkommen, doch keine gerichtete und sinnvolle Steuerung.

Heißt dies, daß wir alle Aspekte der Wirklichkeit jederzeit mitberücksichtigen müssen? Das können wir nicht. Heißt dies, daß wir eine vollständige Voraussage der Zukunft leisten müssen? Das wäre Hybris, und damit würden wir einen wichtigen Aspekt der Wirklichkeit vernachlässigen: Menschen sind nicht allmächtig und allgegenwärtig in Zeit und Raum. Menschen sind historisch und lokal gebunden. Wir werden notwendigerweise immer vieles vernachlässigen müssen. Doch wer vernachlässigt was und für wie lange? Es ist völlig in Ordnung, um ein sehr einfaches Beispiel anzuführen, während des Schlafs große Teile der Realität auszublenden und während des Wachens die Träume.

Die Beschleunigung und die Nonstop-Aktivität setzen eines unserer *grundlegenden Entwicklungsprinzipien*, das von *Versuch und Irrtum*, außer Kraft. Dieses ist notwendigerweise auf Phasen der Aktivität und Phasen der Ruhe, der Beschaulichkeit, der Distanzierung und des Innehaltens angewiesen. Der Wechsel von Versuch und Irrtum, der sich ja

173 in einem Rhythmus von Aktivität und Anhalten, Tun und Lassen, Handeln und Betrachten ausdrückt, kollidiert mit dem heutigen gesellschaftlichen Druck, alles zu jeder Zeit an jedem Ort zur Verfügung zu haben.

Für viele, die sich heute Sorgen um das Wirtschaftswachstum machen, erscheint die Beschleunigung des wissenschaftlich-technologischen Fortschritts als Rettungsanker. Für andere, vor allem für Wissenschaftler und Techniker, erscheint er konsens- und identitätsstiftend.

Die wissenschaftliche Methodik hat ihre Stärken vielfach demonstriert. Sie ermöglicht unter sehr eingeschränkten Bedingungen genaue Prognosen. Die Glaubwürdigkeit dieser Prognosen ist das Fundament des wissenschaftlich-technologischen Fortschritts. Wie sicher ist dieses Fundament? Wie unterscheiden sich wissenschaftliche Prognosen von anderen Arten von Zukunftsbildern, von Prophezeiungen, Wunschdenken und Hoffnungen?

Prognosen

Prognosen sind Versuche, aus der Analyse vergangener Ereignisse Gesetzmäßigkeiten zu gewinnen und damit – unter genau festgelegten äußeren Rahmenbedingungen – Aussagen über zukünftige Ereignisse zu ermöglichen. Diese Aussagen haben den Charakter von *Erwartungswahrscheinlichkeiten:*

• In Prognosen werden ihre Grundannahmen und Voraussetzungen klar benannt. Das heißt in der Praxis, daß der größte Teil der wissenschaftlichen Anstrengungen im Labor in das „künstliche" *Konstanthalten* und *Stabilhalten* vieler äußerer Bedingungen geht, damit einfache Verknüpfungen zwischen Ursache und Wirkung zustande kommen und die wenigen übriggebliebenen veränderlichen Größen in einfachen, mathematisch formulierbaren Beziehungen beschreibbar werden.

• Auch die theoretische Ableitung der Gesetzmäßigkeiten muß, sollen sie als solche angesehen werden, in den Veröffentlichungen nachvollziehbar dargelegt werden. Die Entstehung und das Ergebnis wissenschaftlicher Prognosen müssen überprüfbar sein. Die große Attraktivität und der große Erfolg der wissenschaftlichen Methodik liegt an der geforderten strengen Bescheidenheit, an der Logik der Begrenzung und an der Kommunizierbarkeit. Sie kristallisieren sich im *klassischen Prinzip von Versuch und Irrtum.*

Die Verbindung zwischen dieser idealisierten, undogmatischen und auf-
geklärten Wissenschaft einerseits und und der Demokratie andererseits
hieße dann: „Jeder kann versuchen, jeder kann irren und jeder kann lernen." Doch das aufgeklärte wissenschaftliche Ideal ist in Gefahr. Es
müßte keine Tutzinger Zeitakademien geben, wenn es so einfach wäre,
das Prinzip Versuch-und-Irrtum immer zu berücksichtigen: „Alle können versuchen, alle können irren und alle können lernen – wenn der
zeitliche und räumliche Rahmen berücksichtigt wird."

Die Angabe und die Darstellung stabiler, vernünftiger Rahmenbedingungen für aussagekräftige, wirklichkeitsrelevante Versuche, ist jedoch selbst ein Problem. Bei hochdynamischen, sehr komplexen und
langfristigen Fragestellungen ist der Streit innerhalb der Wissenschaft
um den „sinnvollen" Zuschnitt des Versuchsrahmens besonders heftig.
Hochdynamisch ist zum Beispiel die Technologieentwicklung. Hoch-
komplex sind etwa Ökosysteme. Langfristigkeit erfordert zum Beispiel
das Konzept „Sustainable Development".

Wissenschaftliche Prognose auf der einen Seite und Prophetie auf
der anderen Seite sind in diesem Bereich nicht leicht zu unterscheiden,
vielleicht sogar ununterscheidbar. Oder anders ausgedrückt: Wissenschaftliche Prognose im strengen Sinne ist in diesem Bereich eigentlich
gar nicht möglich. Es handelt sich vielfach um die Auswertungen von
„Meinungen", die von Experten geäußert werden. Im Extrem wird das
zu einer Mischung aus Raten mit Machtausübung. Die ausdrückliche
Nennung der Annahmen über die Randbedingungen fehlt in Experimenten oft ebenso wie die nachvollziehbare Ableitung der Gesetzmäßigkeiten. Sachlichkeit wird häufig mit Interessenswahrnehmung
und Machtausübung vermischt, und dieser fragwürdige Vorgang wird
dann strategisch hinter dem Schleier des erdrückenden Zahlenmaterials
versteckt. Dies geschieht, wenn Wissenschaft, die Selbstreflektion
scheut, ihre Doppelrolle als Sachwalter und Interessensvertreter ver-
drängt und daher die Hintergründe für die Wahl der räumlichen und
zeitlichen Rahmenbedingungen nicht offenlegt.

Noch einmal: Einfache Systeme, kurzfristige Fragestellungen und
gut begrenzbare Versuchsbedingungen erlauben eine Quantifizierung
nach mathematisch-statistischen Schätzmethoden. Die bewußt und
nachvollziehbar vollzogene Ausgrenzung von Wirklichkeitsbestandtei-
len kann zur „schöpferischen Grenzziehung" werden. Die *schöpferische
Grenzziehung* ist ein notwendiger Schritt des Lernens. Meine Überlegungen zur „Fehlerfreundlichkeit" und zu den Vorbedingungen ko-evo-
lutiven Lernens lassen mir dies plausibel erscheinen.[1,2] Ein Beispiel aus

175 der Geschichte der Physik mag die „schöpferische Grenzziehung" erläutern: Galilei ließ eine Flaumfeder im Vakuum fallen. Durch das „unwirkliche Vakuum", das heißt durch das Ausgrenzen der Wechselwirkung der Feder mit der Luft, wurden die allgemeinen Fallgesetze sichtbar. Die Flaumfeder fällt im Vakuum wie ein Stein.

Das Prinzip Versuch-und-Irrtum im bescheidenen Kernbereich verlangt die Meisterschaft, die sich erst in der Begrenzung zeigt. Nicht im totalen Zugriff bezieht es sich auf das Ganze der Welt; im Finden und Erkennen der eigenen Grenzen erfährt es das Ganze.

Prognose greift aktiv in die Gestaltung der Zukunft ein

Gerade die Auswahl und Begründung des zeitlichen Rahmens, innerhalb dessen ein Schätzmodell hinlänglich verläßliche Resultate liefert, ist dabei von zentraler Bedeutung. Es ist aber auch eine besonders schwierige Kunst. Bei Wetterprognosen rechnet man mit einer Nützlichkeit von ein bis vier Tagen, bei Wirtschaftsprognosen mit einer Aussagekraft für höchstens ein bis zwei Jahre. Die Skepsis und Unzufriedenheit der davon jeweils besonders betroffenen Bauern bzw. Wirtschaftsführern selbst diesen kurzfristigen Prognosen gegenüber beruht vielfach auf einem Mißverständnis. Bauern und Wirtschaftsführer wollen „sichere" Prognosen, die erfolgreiche Handlungsorientierung garantieren; Wissenschaftler können demgegenüber aber nur Erwartungswahrscheinlichkeiten angeben.

Entscheidungen beruhen vielfach auf Zukunftserwartungen. Viele unserer Zukunftsentscheidungen lassen wir – trotz Skepsis – von wissenschaftlichen Prognosen leiten. Je größer das Ansehen und das Gewicht der wissenschaftlichen Prognosen für die Entscheidungsfindung wurde, desto größer und weitgespannter wird die Verantwortung der Wissenschaftler und Wissenschaftlerinnen. Beeinflußt doch ihre Verfahrenswahl die Prognose und damit auch die politischen Entscheidungen. Da Prognosen nicht nur auf die Zukunftsentscheidungen einwirken, sondern ihre Veröffentlichung die *Erwartungsbildung selbst* prägt, indem sie die Blickrichtung und die staatliche Förderungspolitik beeinflussen, verschieben Prognosen die in ihnen angenommenen Randbedingungen: Sie wirken selbstzerstörend oder selbstbestätigend. Dieser Prozeß der Erwartungsbildung und Verhaltensänderung wird in den Prognosen selbst häufig unzureichend abgebildet.[1]

Daraus ergibt sich eine tragische Situation: Die moderne Wissen- schaft und Technik konnte in Bezug auf die Einfachkeit, Wiederholbarkeit und Begrenzbarkeit eindrucksvolle Erfolge erzielen. Die wissenschaftlichen und technologischen Erfolge verlockten zu einer *Beschleunigung* und einer *Eingriffstiefe*, die die Wissenschaft und Technik notwendig aus diesem Kernbereich ihres Selbstverständnisses und ihres spezifischen Könnens hinauskatapultierten. Die Richtung und der Zuschnitt von Wissenschafts- und Technologiepfaden und ihre jeweilige öffentliche Subventionierung sind nicht naturgesetzlich; sie sind ein drängendes politisches Thema. Sie sind u.a. ein Gegenstand der Zeitpolitik.

Hypothetizität

Besonders eindrucksvoll läßt sich an manchen Mega-Technologien demonstrieren, wie das normale experimentelle Vorgehen der Wissenschaft, das auf Versuch-und-Irrtum beruht, verlassen wird. Wolf Häfele, einer der „Väter" des Schnellen Brüters in Deutschland, lieferte eine sehr klare Analyse des wissenschaftlich-technologischen und sozialen Charakters des Ausbaus der Atomenergie. Er behauptete, es handle sich um eine technologische Unternehmung im Bereich der „Hypothetizität".[4] Was heißt das? Es bedeutet, daß diese Technologie auf der Hypothese (das heißt, einer nicht bewiesenen Grundannahme) fußt, daß man ihre Randbedingungen politisch *langfristig* im Griff behalten kann. Diese Hypothese kann – so Häfele – gar nicht abschließend bewiesen werden, verlangt also Kühnheit. Eine solche Technologie verläßt den Bereich des klassischen Experiments mit seiner zeitlichen und räumlichen Begrenzung. Häfele nennt dies entwaffnend ehrlich „ein technologisches Abenteuer von der Größenordnung der Geschichte der Menschheit", und er bekennt sich zu diesem Abenteuer.

Ein weiteres Beispiel für einen Technikpfad, der in den hypothetischen Bereich gerät, ist die moderne Gen- und Biotechnologie. Auch manche ihrer Wirkungen und Risiken sind räumlich und zeitlich nicht begrenzbar. Freisetzungen von gentechnisch manipulierten Organismen können als irreversibel und nicht rückrufbar gelten.[2] Sie sind dann keine Experimente im klassischen Sinne mehr.

Die Wahl der Technologiepfade nimmt zunehmend den Charakter einer selbstbewahrheitenden oder selbstwiderlegenden Prophezeiung an. Die dunkle, häufig von der Öffentlichkeit nicht wahrgenom-

177 mene Seite der Förderung bestimmter Technologien, die zu „Schlüssel-technologien" ernannt wurden und durch öffentliche Subventionen ge-fördert werden, ist die krasse Benachteiligung anderer, konkurrierender technologischer und sozialer Erfindungspfade.

Nicht alle Bürger wollen sich zum technologischen Mega-Aben-teuer des hypothetischen Typs bekennen. Ihnen fehlt häufig die Freude daran, aus möglichst grandiosen Fehlern in langfristig zementierten, fremdbestimmten Lernpfaden zu lernen. Sie fordern *fehlerfreundliche Technologien,* die die Souveränität der Nutzer achten und vor systemati-schem Zwangskonsum schützen. Der Widerwillen der Öffentlichkeit gegen „hypothetische" Technologien hat sicher auch mit der Vermutung zu tun, hier hätten die technologischen und sozialen Problemlösungs-alternativen keine faire Chance und dem Eindruck, auf einer Pferde-rennbahn zu sein, bei der es üblich ist, die technologischen Pferde zu dopen und die Jockeys zu bestechen.

Die Kontroverse um die Atomenergie ist erstens eine Kontrover-se darum, wer das Subjekt des Versuchs ist, d. h., wer die Abenteuer de-finiert und eingeht. Es ist zweitens eine Kontroverse darum, wer das Objekt des Irrtums ist, d. h., wer die Folgen zu tragen hat. Und es ist drittens eine Kontroverse um das Subjekt des Lernens, d. h., wer Er-fahrung und Erkenntnis aus dem Irrtum gewinnen kann.

Die Anfrage an die klassische wissenschaftliche Prognose heißt: „Wie wird die Zukunft aussehen?" Im Bereich der Hypothetizität muß sie durch die Frage ergänzt werden: „Welches Zukunftsabenteuer wollen wir eingehen?" Diese zweite Frage ist eng verknüpft mit einer dritten, die politisch sehr wichtig ist: „Wer erarbeitet die verschiedenen Optio-nen und wer entscheidet über sie?"[3]

Letzteres führt in einen weitgespannten Fragenfächer: Wie paßt ein „wissenschaftlich-technologisches Abenteuer von der Größenord-nung der Geschichte der Menschheit" in die *Zeitmuster* einiger unserer kulturellen Errungenschaften, auf die wir mit Recht stolz sind? Wie paßt es zur Demokratie? Wie zum Minoritätenschutz? Wie zur Chan-cengleichheit und zur Wahlfreiheit?

Es gibt kein internationales Forum, in dem hinreichend umfas-send, hinreichend langfristig und hinreichend differenziert über tech-nologiepolitische Mega-Entscheidungen verhandelt würde. Schon die jetzige Erwachsenengeneration der Menschheit ist nicht hinreichend beteiligt – ganz zu schweigen von den betroffenen *zukünftigen* Genera-tionen. Der internationale Diskurs zu den Themen Umwelt und Ent-wicklung, der sich speziell mit Fragen der Sustainability, der Nachhaltigkeit beschäftigt, zeigt schon jetzt die Tendenz zu einer expertokratischen Hierarchisierung des „Versuchendürfens". Das „globale Umweltmanagement" ist ein Expertenprivileg. Dazu kommt noch eine besondere Schwierigkeit, die von der Natur der Sache her vorgegeben ist. Selbst wenn es Vertreter der Interessen der Natur und der zukünftigen Generationen gibt, die es gut und ehrlich meinen und die sich nicht zur Legitimierung anderer Politikbereiche zur Verfügung stellen, so mangelt es ihnen doch an einer letzten, wichtigen Kontrollinstanz. Sie können nicht durch den Originalton der Betroffenen korrigiert werden.

Die hohe Geschwindigkeit der technologischen Veränderungen, deren Pausenlosigkeit und zunehmende Eingriffstiefe einerseits sowie die Ohnmacht und Langsamkeit des politischen Diskurses andererseits klaffen auseinander. Unter diesen Bedingungen können die Beziehungen zur Umwelt und zu den zukünftigen Generationen in der Politik nicht fair angesiedelt werden.

Hypothetizität hat ein drastisch verändertes Zeitmuster. Erinnern wir uns an den Zeitrahmen für erfolgreiches Lernen durch das Prinzip Versuch-und-Irrtum. Auf den Versuch folgt die Phase des Anwendens und Sammeln von Erfahrungen. Wenn die Geschwindigkeit der Veränderungen weiter gesteigert wird und zugleich nonstop, ohne Phasen langsamerer Entwicklung, hochgehalten wird, fehlt die Zeit, die Wirkungen zu verstehen und zuzuordnen, also Irrtümer, Fehler ebenso wie gelungene Veränderungen zu verstehen. Die Tendenz zur Nonstop-Hochgeschwindigkeitsgesellschaft hebelt damit den Kern des Entwicklungspfades aus, auf dessen Leistungen sie ruht: der wissenschaftlich-technischen Entwicklung, die sie gerade voraussetzt.

Bei wissenschaftlich-technologischen wie auch bei anderen Abenteuern kommt es nicht nur auf die Fallhöhe, sondern auch die Fallgeschwindigkeit an. Die Gestaltung der Zeit wird in manchen Fällen offensichtlich zur Überlebensfrage. Um ein drastisches Bild zu wählen: Wer aus großer Höhe ohne Fallschirm springt, hat kaum die Chance, Irrtümer sorgfältig wahrzunehmen und daraus zu lernen.

Gerade bei großräumigen und langfristigen Unternehmungen spielt die eingebaute zeitliche Verzögerung und Abpufferung eine lebenserhaltende und erkenntnisfördernde Rolle. Man könnte die Zeiten, die die Abpufferungspotentiale eröffnen, nutzen, um die Wirkungen von Innovationen besser zu verstehen und Fehler zu korrigieren. Vielfach wurde jedoch genau gegenläufig unterstellt, daß „Verdünnung" vor Schaden bewahren würde. Die Hochschornsteinpolitik ist ein bereits „klassisch" gewordenes Beispiel dafür. So können die „verdünnten" Effekte langsam akkumulieren bis hin zu dem Punkt, daß dann Gefahren geballt und „völlig überraschend" hereinbrechen. Trotz der vielfachen Verdrängung ist die alltägliche Befindlichkeit der Menschen in der Risikogesellschaft[1] vom Wissen über diese spezielle Gefährdungs-Struktur geprägt.

Kritische Innovationsgeschwindigkeit

Die Beziehung zwischen den Zeitmustern des Wagens und des Lernens ist also wichtig. Die zeitlichen Vorgaben für ein bekömmliches Zusammengehen von Innovation und Sicherheit sind wichtig. In einer offenen Zukunft kann Sicherheit immer nur die Sicherheit des rechtzeitigen Lernens sein. Für die zeitliche Beziehung zwischen Innovation und Lernen habe ich eine wichtige Kenngröße ausgemacht: die *kritische relative Innovationsgeschwindigkeit.*

Die kritische relative Innovationsgeschwindigkeit definiere ich als die Geschwindigkeit, jenseits derer es regeltechnisch und lerntheoretisch schwierig oder unmöglich wird, die Innovationsrichtung sinnvoll zu steuern.[1] Eine derartige Entwicklung tritt ein, wenn die Geschwindigkeit der technischen Innovation der Geschwindigkeit der Antwort der Umwelt zu schnell vorauseilt. Zur Veranschaulichung könnte das Beispiel einer sehr raschen Abfolge von neuen Chemikalien in Waschmitteln dienen. Zwischen der Einführung neuer waschaktiver Substanzen und deren Anreicherung im Schlick der Flüsse vergehen unter Umständen Jahrzehnte. Die ganz realen, unangenehmen „Nebenwirkungen", die durch vielfältig vernetzte Wirkungsketten entstehen können, lassen sich vielleicht erst dann wirklich nachweisen. Eine Forderung, die schädlichen Substanzen zu vermeiden, stößt ins Leere, wenn die Forderung nach Vermeidung des Schadens schon die nächste oder übernächste Generation von Waschmitteln trifft, und wenn die jeweils neuen Substanzen in Bezug auf den nachgewiesenen Schaden nur neu, nicht aber gezielt besser sind. Jenseits der kritischen Innovationsgeschwindigkeit gibt es „Neuerung ohne Steuerung" und man kann aus Schaden nicht mehr klug werden.

Gerade die erstaunliche Fähigkeit des komplexen Gefüges der natürlichen und der sozialen Umwelt, Eingriffe über lange Zeiten elastisch abzufedern oder ganz abzufangen und erst mit großer Verzögerung Zeichen der Destabilisierung zu zeigen, läßt die Zeitmuster des technologischen Eingreifens und die Zeitmuster der Antworten aus der

Umwelt häufig auseinanderklaffen. Die Robustheit der Natur fördert also systematisch etwas, was man zugespitzt die „falschen, schnellen Erfolgsmeldungen des Reduktionismus" nennen könnte. Wenn nun technische Produkte jeweils so schnell ersetzt werden, daß sich ihre Schwächen und unangenehmen „Nebenwirkungen" erst zeigen, nachdem sie schon längst wieder durch ein neues Produkt (bzw. durch eine Abfolge weiter entwickelter Produkte) ersetzt sind, dann ist Technikfolgenabschätzung ad absurdum geführt.[8] Nach dem ersten Innovationsschritt folgt ein zweiter, für den gilt schon eine gewisse, sozusagen technologie-autistische Beliebigkeit dafür, was als innovationsrelevant erklärt wird. Fortschritt braucht sich dann nicht mehr hinterfragen zu lassen. *Man kann es auch nicht.*

Bevor die möglichen schädlichen Konsequenzen des zweiten Produkts nachweisbar sein werden, wird es bereits wieder durch ein drittes abgelöst sein. Das weitere Vorgehen wird dann jeweils unabhängig von denjenigen sozialen und ökologischen Kosten entschieden, die sich erst langsam zeigen. Das heißt, jenseits der kritischen Innovationsgeschwindigkeit lassen sich die langfristigen Kosten nicht systematisch klein halten.

Geschwindigkeit und Eingriffstiefe der naturwissenschaftlich-technologischen Entwicklung haben jenseits der kritischen relativen Innovationsgeschwindigkeit zur Folge, daß wesentliche Elemente des wissenschaftlichen Selbstverständnisses, nämlich die Fähigkeit zur kritischen Analyse und die gezielte Lern- und Reaktionsfähigkeit, überholt werden. Neben den ökologischen Kosten gibt es bei der Sprengung des angepaßten Zeitrahmens und der angepaßten Geschwindigkeit die unmittelbaren Kosten eines Verlustes der Kohärenz und Komplexität des langfristigen Lernpfades.

Was bedeutet in diesem Zusammenhang die Tendenz zur Nonstop-Gesellschaft? Ist es nicht vorrangig, so könnte man fragen, die zu hohe Geschwindigkeit, die das Problem verursacht? Diese Fragen verkürzen unsere heutigen Probleme des Überschreitens der kritischen Innovationsgeschwindigkeit: Wenn auf eine Phase hoher Innovationsgeschwindigkeit Phasen des Ausprobierens und Sichzeitlassens folgen würden, könnten Fehler entdeckt und durch produktive Weiterentwicklung behoben werden. In einer Nonstop-Gesellschaft gelten aber alle Phasen der Ruhe, Pausen, Warten etc. als Produktivitätsreserven, die es schleunigst zu nutzen gilt. Von daher verschärft die *Permanenz* des Überschreitens der kritischen Innovationsgeschwindigkeit die Probleme.

181 Zur Tragödie der Naturwissenschaft

Erfahrungen und die Erkenntnisse des einzelnen Lernenden und der Gemeinschaft der Lernenden wurden in der Frühentwicklung der modernen Naturwissenschaft den hierarchischen kirchlichen und staatlichen Strukturen entgegengesetzt. Dies war der Aufbruch der Aufklärung aus der Bevormundung. Es ist traurig zu sehen, wie bei einer Sprengung der vernünftigen Zeitmuster Wissenschaft ihrerseits hierarchisierend wirkt und diejenigen lähmt, die nicht zur Expertenschicht, d. h., zu den privilegierten Ausbildungs- und Instrumentariumsbesitzern gehören. Die Bevormundungstendenzen wachsen durch den Geschwindigkeitsdruck. Fast jede Familie kennt dies, um ein alltägliches Beispiel zu wählen, unter dem Stress von Aufbruchssituationen. Zu hohe Geschwindigkeit verhindert Lernen und Gestaltung in vielerlei Kontexten.

Das Prinzip Versuch-und-Irrtum, in dem die Kontexte durch den schwierigen Prozeß der Setzung von räumlichen und zeitlichen Versuchsgrenzen erfahren werden, unterscheidet sich wesentlich von einem geschwindigkeitsgeprägten *dekontextualisierenden Universalitätsanspruch* für das jeweils eigene Projekt, in dem die räumlichen und zeitlichen Bedingungen gerade bewußt und mit hohem Stoff- und Energieeinsatz ausgeblendet werden. Die Tendenz zur Nonstop-Gesellschaft bewirkt, daß die Ausblendung der raum-zeitlichen Bezüge, wie sie für die Wissenschaft im Labor prägend ist, auf die ganze Welt ausgeweitet wird. Die Machtförmigkeit des wissenschaftlich-technologischen Zugriffs auf die Wirklichkeit nimmt bei permanent hoher Geschwindigkeit überhand.

Im politischen Raum ruft Macht nach Kontrolle. Machtkontrolle ist jedoch nur möglich, wenn die *zeitpolitischen Bedingungen* ihrer Möglichkeit eingehalten werden. Den davongaloppierenden selbstbewahrheitenden Prophezeiungen („self-fulfilling prophecies") hypothetischer technologischer Strukturen müssen die Systemzeiten demokratischen Diskurses selbstbewußt entgegengestellt werden. Dies wäre auch gut um der Wissenschaft selbst willen. Sie ist gerade dabei, in eine Erfolgsfalle zu laufen und gerät in Gefahr, hinter die Aufklärung und damit den Anspruch zurückzufallen, unter dem sie selbst angetreten ist.

Dies führt mich zu einer weiteren Forderung: *Prognoseverzicht*[1] ist dort zu üben, wo durch Prognose Zwang erzeugt wird. Prognoseerfolg wird zunehmend um einen hohen Preis erkauft. Er erfordert eine massive Einschränkung des freien Entscheidungsspielraums der jetzigen und zukünftigen Generationen. Das heißt, er zwingt dazu, alle jene

Handlungen zu unterlassen, die von den Planern nicht vorgesehen wurden. Fehlschläge werden dann der Dummheit, Unbotmäßigkeit, ja Kriminalität der Verplanten, nicht aber den gefängnisengen, phantasielosen und anthropologisch fragwürdigen Konzepten der Planer angelastet.

Es stimmt zwar, daß die zeitweilige Vernachlässigung vieler Aspekte der Wirklichkeit und die Konzentration auf Einfachkeit und Wiederholbarkeit die Voraussetzung für Prognoseerfolge ist. Das darf im Umkehrschluß nicht dazu führen, daß Menschen und Natur vereinfacht und homogenisiert werden, um es den Planern leicht zu machen. Bestimmte Prognoseerfolge werden damit erkauft, daß es eine Zweiklassen-Gesellschaft neuer Art gibt: mit einer Oberklasse der Wagenden und Lernenden und einer Unterklasse der Konsumierenden und Funktionierenden. Schon jetzt lese ich zwischen den Zeilen vieler Zukunftsszenarien die Einplanung der zukünftigen Generationen als Museumswächter und Wartungspersonal für unsere Großprojekte.

Zeitpolitik und demokratiegerechte Technologiepolitik

Wir sind weit davon entfernt, eine demokratiegerechte und nachhaltige Technologiepolitik zu haben. Die Kompetenz der vielen Akteure muß vor expertokratischen Monopolen geschützt werden, die den Vorteil ausnutzen, gerade in Krisenzeiten sehr willkommene schnelle Lösungen anzubieten. Experten geraten leicht in Versuchung, die Nachfrage nach Experten zu fördern. Dies können sie erreichen, wenn ihre Lösungen so gestaltet sind, daß sie in eine unabsehbare Perlenschnur von Engpässen und Krisen führen. Daraus ergeben sich zwar keine nachhaltigen technologischen und gesellschaftlichen Problemlösungen, aber es etabliert sich eine garantiert nachhaltige Nachfrage nach schnellem Krisenmanagement durch Experten. Will man das nicht, muß man sich Zeit nehmen und Zeit zum Nachdenken schaffen.

Das *Menschenrecht auf Versuch und Irrtum* muß verteidigt und gerecht verteilt werden. Es ist unlösbar mit der Souveränität des Lernens verknüpft. Dazu gehört die Setzung eines zeitlichen und räumlichen Rahmens, innerhalb dessen Versuchen, Irren und Lernen *sustainably,* d. h. nachhaltig, und mit gerechtem Zugang stattfinden kann. Der gleiche Zeitrahmen gilt für das Umsetzen des Gelernten in kompetentes Handeln.

Es ist ein maßvoller Zeitrahmen, der notwendig ist, um die Fähigkeit zu Verantwortung zu wahren beziehungsweise wiederherzustellen. Dieser Zeitrahmen wird heute oft verletzt. Verantwortung kann nicht beliebig delegiert werden, auch wenn das kurzfristig Zeit „spart".

Der Charakter wissenschaftlicher Prognosen angesichts einer offenen, dynamischen, komplexen und langfristigen Zukunft ist eine Herausforderung zur politischen Bearbeitung, nicht aber zur expertokratischen Beendigung von Politik. Demokratie ist eine Regierungsform, die nur im Rhythmus von Aktivität und Betrachtung, von Aktion und Diskussion funktionieren kann. Die Technologieentwicklung ist dem einzufügen.

Verantwortung heißt: Einbeziehung aller Betroffenen in technologische Entscheidungen mit hypothetischem Charakter. Falls dies wegen der sehr weitreichenden Folgen systematisch nicht möglich ist, muß man auf Technologien ausweichen, deren räumliche und zeitliche Reichweite der *räumlichen* und *zeitlichen Reichweite* der demokratischen Willensbildung entspricht.

Verantwortung heißt, das Überschreiten der kritischen relativen Innovationsgeschwindigkeit zu vermeiden, um die Vorbedingungen des Lernens und der Verantwortungsfähigkeit für sich selbst und andere zu hüten.

Wissenschaft muß sich einordnen in das breite Spektrum von Erfahrung und Wissenserwerb, das in unserer und in anderen Kulturen geboten ist. Prognoseverzicht ist der mitunter notwendige Verzicht auf die Monopolisierung der Zukunftsgestaltung durch die aktuell Schnellsten und Mächtigsten. Die Bewunderung für diejenigen, die ihre Bereitschaft äußern, sich schnell riesenhafte, nie einlösbare Verantwortungslasten aufzuladen, sollte zurückstehen hinter der Bewunderung für die, die sich um die Verteilung von Zeiträumen und Verantwortungsräumen in menschen- und sachgerechte Portionen bemühen. Letztere verteidigen das Prinzip von Versuch und Irrtum.

Literatur

[1] *Weizsäcker, Chr. von* und *Weizsäcker, E.U. von*: Fehlerfreundlichkeit. In: *Kornwachs, K.* (Hg.): Offenheit-Zeitlichkeit-Komplexität: zur Theorie d. offenen Systeme. Frankfurt/New York, 1984, S. 167-201. – [2] *Weizsäcker, Chr. von:* Fehlerfreundlichkeit: Ein Kriterium zukünftiger Technikentwicklung. In: *Schaeffer, R.* (Hg.): Ist die technisch-wissenschaftliche Zukunft demokratisch beherrschbar? Beiträge zum Kongreß der Heinrich-Böll-Stiftung. Bonn/Frankfurt, 1990, S. 197-202. – [3] Literaturhinweise zu diesem Abschnitt siehe *Popper, K.R.*: Prognose und Prophetie in den Sozialwissenschaften. In: *Topitsch, E.* (Hg.): Logik der Sozialwissenschaften. Köln 1965;

Hahn, H.: The next 200 years. New York 1976; *Bruckmann, G.* (Hg.): Langfristige Prognosen. Möglichkeiten und Methoden der Langfristprognostik komplexer Systeme. Würzburg 1977. – [4] *Häfele, W.:* Hypotheticality and the New Challenges: The Pathfinder Role of Nuclear Energy. Minerva, Volume XII 1974, p. 401. – [5] *Wills, P.R.:* The ecological hazards of transgenic varieties – Scrambling Nature's Algorithm. Paper presented at the International Conference on Redefining the Life Sciences, Penang, 7-10 July 1994. Forthcoming publication by Third World Network, Penang. – [6] *Burns, T.R.* und *Ueberhorst, R.:* Creative Democracy. Systematic Conflict Resolution and Policymaking in a World of High Science and Technology. New York, 1988. – [7] *Beck, U.:* Risikogesellschaft. Frankfurt a. M., 1986. – [8] Die einzige durchgängige Unterscheidung zwischen den Begriffen Nebenwirkung und Hauptwirkung, die ich finden konnte, ist die, daß Hauptwirkung das ist, *was man wollte,* Nebenwirkung das, *was man nicht wollte;* s. dazu unter zeitökologischem Blickwinkel *Adam, B.:* Timescapes of Modernity. London, forthcoming; *Weizsäcker, Chr. von:* Einführungsvortrag. In: *Österreichischer Nationalrat* (Hg.): Bericht der parlamentarischen Enquête-Kommission betreffend „Technikfolgenabschätzung am Beispiel der Gentechnologie" – Gutachten und Stellungnahmen, Band 3. Wien, 1993, S. 44. – [9] *Weizsäcker, Chr. von:* Die Chance der Unvollkommenheit. In: Systeme als Programm.- (arcus;8). Köln: R. Müller, 1989, S. 41.

Zeit der Erneuerung

Zur Verbindung von Zeitpolitik und Stoffökonomie im Begriff der Reproduktion

Die Ökonomie des Industriesystems kennt ihre Zeitlichkeit nicht – nicht die Zeit der Produktivität, die sie in Anspruch nimmt, und nicht die Zeit der Produkte, die daraus hervorgehen. Die Industrie hat den Dingen ihre Zeit genommen. Doch was bleibt in der Zeit, ist der Stoff, aus dem sie gemacht sind. Denn als Stoffe gehen die industriellen Naturprodukte in den Naturhaushalt ein und verbinden sich mit dem Stoffhaushalt des ökologischen Systems, welches Ergebnis auch immer aus dieser Verbindung hervorgehen mag. Die Aufgabe, den anthropogenen und den ökologischen Haushalt in der Zeit zu synchronisieren, verlangt daher – statt der Abstraktion und Negation von Rhythmen, Saisona-

Dr. **Sabine Hofmeister,** geb. 1954 in Berlin. Studium der Landschaftsplanung, Promotion zum Dr. Ing. 1988, Habilitation für das Lehrgebiet „Ressourcenplanung und Umweltmanagement" am Fachbereich Umwelt und Gesellschaft der TU Berlin 1997. Von 1990 bis 1992 Leiterin des Umweltamtes Steglitz von Berlin; seit 1992 Wissenschaftliche Assistentin am Institut für Management in der Umweltplanung an der TU Berlin. Ihre Arbeitsschwerpunkte sind „Theorie und Methodik ökologischer Ökonomie", „Umwelt- und Ressourcenmanagement", „Stoffwirtschaft" und „Nachhaltige Raumentwicklung". Veröffentlichungen u. a.: Stoff- und Energiebilanzen – Zur Eignung des physischen Bilanzprinzips als Konzeption der Umweltplanung, 1989; Stoffbilanzen als Instrument der räumlichen Planung (gemeinsam mit K.-H. Hübler), 1990; Stoffstrommanagement und ökologische Planung, 1994; Auf dem Weg in eine nachhaltige Stoffwirtschaft?, 1994; Nature's Temporalities: Consequences for Environmental Politics, 1997; Von der Abfallwirtschaft zur ökologischen Stoffwirtschaft – Wege zu einer Ökonomie der Reproduktion (Habilitationsschrift), erscheint 1998.

Dr. Sabine Hofmeister, TU Berlin, Sekr. FR 2–7, IMUP, Franklinstraße 28/29, 10587 Berlin.

lität und Reproduktivität – den Blick auf die „Eigenzeiten" der Stoffe, über die
sich die beiden Haushalte physisch miteinander vermitteln.

> *„Der Zug der Zeit ist ein Zug, der seine Schienen vor sich herrollt."*
> (Robert Musil)[1]

D er Zeitzug der Industriegesellschaft kennt seine Schienen nicht – außer für den Moment, in dem er darüber hinwegrast. Der „Zug der Zeit" weiß um seine künftigen Grundlagen so wenig wie um die Spuren, die er hinterläßt. Er scheint sich aus sich selbst heraus zu erneuern – ja, er kennt nichts als sich selbst ... Der Zeitzug der Industriemoderne frißt gleichsam die zurückgelegten wie die vor ihm liegenden Strecken, und er wird dabei immer schneller – schneller, wie der von ihm in Gang gesetzte Prozeß der Vernichtung von Vergangenheit und Zukünften zugunsten eines Moments von Gegenwart, den er kaum noch bemerkt – ja, dem er gar zu entfliehen sucht ...

Dieser Zeitzug löscht in seiner rasenden Gegenwärtigkeit mögliche Zukünfte aus. Die Zukunft als das Ziel menschlichen Tuns, die Zukunft als *Hoffnung* verliert angesichts der ausgelöschten Schienen, die der Zeitzug der Industriegesellschaft hinterläßt, und angesichts der Schienenlosigkeit der eigenen, der individuellen Zeit immer mehr an Bestand. Die Zukunft des Industriesystems enthält kaum noch Versprechen – sie schrumpft zusammen auf das, was Vergangenheit und Gegenwart für sie noch übriglassen, und sie wird stetig ärmer. Es scheint, als wäre die Zeit, die kaum noch erfahrene und erlebte – die kaum noch *lebendige* Zeit – nicht viel mehr als ein Nonstop-Unternehmen zur Vernichtung von *Zukunftsoptionen*.

Doch was treibt diesen „Zug der Zeit", der losgerissen von seinen Schienen dahinrast, an?

Das Industriesystem, dessen Entwicklungsdynamik sich entlang seiner *ökonomischen* Identität entfaltet, sucht das Wesentliche im Abstrakten, während es im Wirklichen nur Belangloses sieht (Musil). Die abstrakte, über das Geld vermittelte Ökonomie des Industriesystems kennt weder ihren *Raum* noch ihre *Zeit*. Denn die Bewegung der modernen Geldwirtschaft ist die des *Fortschritts* – das Fortschreiten auf den „Horizont" als das immerwährende, aber unerreichbare Ziel zu.[2] Der Horizont ist nirgends, und die dazu gehörende Bewegung in der *Zeit* ist linear und endlos. Der Fortschritt der Industrie erfährt seine Gültigkeit aus einem in die Zeitlosigkeit strebenden Prozeß der rasenden Beschleunigung.

187   Das Versprechen des Geldes – das Versprechen der mit der Geldwirtschaft verbundenen abstrakten Wertlogik – täuscht die Befreiung des wirtschaftenden Menschen von seiner Zeit und seinem Raum vor. Dieser betrügerische Versuch des Industriesystems, den Haushalt der Menschen von Zeit und Raum befreien zu wollen, ist zugleich der Versuch, die Ökonomie dieses Systems von ihrer *physischen* Substanz freizumachen und freizuhalten.[3] – Ein Befreiungsversuch, der mit der Trennung des selbstherrlichen Subjekts von der Objektnatur hineingeführt hat in die Industrie, und von dem wir jetzt zu ahnen beginnen, daß er eben an jener Trennung scheitern wird.

Indem das Industriesystem in seiner Ökonomie seinen physischen Körper verleugnet, leugnet es zugleich auch seine Zeitlichkeit. Doch alle Mühen, die Folgen der Verdrängung des Natürlichen durch Verdrängung kompensieren zu wollen, scheitern am Natürlichen. Denn die ökologische Natur reagiert (wie unsere eigene Natur auch) auf Kompensationen wieder mit Folgen und mit Folgewirkungen auf die Folgen. Mit allem, was die Industriegesellschaft unternimmt, um die unerwünschten Reaktionen des ökologischen Systems auf die kontraproduktiven physischen Resultate ihrer Ökonomie zu unterdrücken, löst sie wiederum Reaktionen aus, die um nichts weniger kontraproduktiv sind als die, die kompensiert werden sollten. Der *Umweltschutz* als ein Politikkonzept der Industriegesellschaft, das in seinem Kern einen solchen Kompensationsversuch darstellt – einen Versuch, die „ökologische Krise" bewältigen zu wollen, ohne das *ökonomische* Naturverhältnis der Industrie ankratzen zu müssen – ist am Ende. Die Kompensationsstrategie geht nicht auf.[4]

Der „Teufelskreis" droht sich zu schließen: Die ökologische Substanz der Ökonomie des Industriesystems, das gerade noch glaubte, sich von jener befreit zu haben, droht vor unseren Augen zusammenzubrechen. Jetzt zeigt sich, daß die Freiheit der Industriemoderne ein Gespenst ist. Die zum Objekt gemachte, verdrängte und abgehängt geglaubte physische Natur kehrt wie ein Bumerang in die Gesellschaft zurück. In ihren bis zur Unkenntlichkeit entstellten ökologischen Funktionen, die wir als „Störungen" des ökologischen Systems wahrnehmen, wird die Natur unverkennbar zu einem sozialen *Subjekt*: In der Gestalt der „ökologischen Krise" wird die Natur zu einem *destruktiven* Subjekt und als solche zur sozialen und ökonomischen Wirklichkeit des Industriesystems. Denn die zerstörte Natur wird *zerstörerisch*. Als solche beeinflußt die Natur auf kontraproduktive Weise die ökonomische *Praxis* des Industriesystems, welches jene zugleich auf der Ebene seines ökonomischen Bewußtseins noch zu leugnen sucht. Was im Industriesy- stem als eine Häufung von „*Natur*katastrophen" in der Zeit erscheint und als *ökologisches* Problem gedeutet wird, ist im Kern womöglich schon die Ankündigung eines katastrophalen Zusammenbruchs des industrieökonomischen Systems selbst: Die immer rigoroser in den sozialen und ökonomischen Raum hineinwirkende ökologische Natur droht die Substanz dieses Systems auszuhöhlen. Was die Industrie bislang noch für ihr Gegenüber gehalten hat – was sie sich als Objekt gegenüber *gesetzt* hat – kehrt nunmehr als eine subjektiv wirkende Kraft *in* die Gesellschaft zurück: Hatte bislang die industrielle Wirtschaftsweise das „ökologische Problem" hervorgebracht, so sind wir jetzt in Gefahr, daß das sogenannte „ökologische Problem" restriktiv eine Wirtschaftsweise hervorbringt, für deren Gestaltung uns kaum noch Handlungsspielräume bleiben werden. Die „ökologische Krise" hat eine Qualität erreicht, die eine ökonomische und soziale Krise in einem unvorstellbaren Ausmaß möglich – ja, sogar immer wahrscheinlicher erscheinen läßt.

Die „ökologische Krise" bringt eine große Gefahr für das soziale und ökonomische System mit sich, doch zugleich auch eine ebenso große Chance: Das Industriesystem beginnt damit, sich über seine physische Identität mit der ökologischen Natur ökonomisch bewußt zu werden. Der in den letzten Jahren begonnene Diskurs um die Prinzipien einer Ökonomie der Nachhaltigkeit und die sich in diesem Rahmen abzeichnende „Ökologisierung" des ökonomischen Denkens lassen sich als vielversprechende Anzeichen dafür deuten, daß die Industriegesellschaft in einen Prozeß der ökonomischen Bewußtwerdung über ihr Naturverhältnis schon eingetreten ist. Indem das Industriesystem die ökologische Natur als eine ökonomisch kontraproduktive Kraft erzeugt hat, erhält es offenbar zugleich die Chance, sich über die *Produktivität* dieses Systems, die seine einzige Produktivität ist, und die es noch immer für seine eigene (und nur für seine eigene) hält, zu vergewissern. Auf diesem schmerzvollen, aber unumkehrbaren Weg kehrt die Physis in das ökonomische Bewußtsein zurück.

Das Geheimnis der „guten" Haushaltsführung: Die physische Verbindung von Produktion und Reproduktion

Doch die als soziales Subjekt zurückkehrende ökologische Natur bringt die *Zeit* mit: Nicht die abstrakte, meß- und teilbare Zeit, die „Uhren-

189 Zeit" als ökonomisierte Zeit fällt in das soziale und ökonomische Haus der Industrie ein – nein: es ist die „Eigenzeit" der Natur.

Was aber können wir von den Zeitmaßen der Natur lernen?

Kaum haben wir verstanden, daß die Zeitskalen des anthropogenen Haushaltes und die Zeitskalen des ökologischen Haushaltes nicht miteinander übereinstimmen – daß sie nicht in demselben Rhythmus miteinander schwingen – schon müssen wir einsehen, daß das Lernen von den Zeitmaßen der Natur nicht die Antwort auf das Problem der Synchronisation beider Haushalte bedeutet, sondern vor allem *Fragen* aufwirft. Denn die Natur hat keine Eigenzeit – sie hat Eigen*zeiten*: Zeitmaße, die um Millionen von Jahren auseinanderklaffen, wie die Zeitmaße der Eintagsfliege im Vergleich zu den Zeitmaßen, nach denen geologische Prozesse ablaufen. Ja, die „Zeit der Natur" ist ein hochkomplexes *Zeitengeflecht*: Wir kennen geologische und evolutive Zeitmaße und die Zeitmaße der Organismen, und das sind, wie wir anhand unserer eigenen Natur erkennen können, schon recht viele. Wir sprechen von den „Systemzeiten" ökologischer Lebensgemeinschaften, von Zeitmaßen der ökologischen Lebensräume, ohne jedoch schon mit Gewißheit sagen zu können, anhand welcher Merkmale und Eigenschaften sie sich beschreiben ließen.[5] Es scheint also nicht einfach zu sein, von den Zeitmaßen der Natur zu lernen ...

Ja, und wie „natürlich" sind die Zeitmaße der ökologischen Natur noch? Hat die Industrie nicht bereits deutlich eingegriffen in den Naturhaushalt und dabei auch die Zeitmaße von Ökosystemen verändert? Sind nicht die meisten der bekannten Umweltprobleme, wie die Veränderung des Weltklimas, Hochwasserkatastrophen und die Verschmutzung der Weltmeere, auf nicht naturzeitgerechte Bewirtschaftungsformen zurückzuführen, die einen womöglich irreversiblen Wandel auch der ökologischen Zeitmaße zur Folge haben? Es gibt die „intakte" Natur *außerhalb* der Gesellschaft, von deren Zeitlichkeit das „rechte Zeitmaß" gelernt und auf den menschlichen Haushalt übertragen werden könnte, nicht mehr. Die Möglichkeit des restriktiven Ankoppelns der anthropogenen Wirtschaftsweise an die Zeitmaße der Natur ist *irreversibel* verschenkt. Das Industriesystem hat in seiner mit Blick auf die Physis unbewußt gebliebenen Ökonomie damit begonnen, den Naturhaushalt zu seinem eigenen Produkt umzugestalten und damit den Weg *zurück* zur Natur endgültig verschlossen. Der Versuch, die sozialisierte Natur im nachhinein zu „entsozialisieren", würde scheitern und zudem auf der sozialen und politischen Ebene unverantwortbare Opfer verlangen („Ökodiktatur"). Was bleibt, ist die

Chance, die Gestaltung des Naturhaushaltes *ökonomisch* bewußt und rational zu organisieren.

Mit Blick auf diesen Transformationsprozeß können wir tatsächlich von der Natur lernen: Denn die ökologische Natur kennt das Geheimnis der *guten Haushaltsführung*, das auch mit Blick auf die *Zeitlichkeit* des anthropogenen Haushaltes wegweisend zu sein verspricht: Produktivität ist hier zugleich *Reproduktivität*. Ja, das Geheimnis der Naturproduktivität besteht offenbar darin, daß es die lebendige Natur versteht, *indem* sie produziert, ihren eigenen Haushalt *wieder*herzurichten – ihn zu reorganisieren und zu reproduzieren. Gerade das aber hat die menschliche Wirtschaftsgesellschaft mit der Industrie verlernt.

Reproduktion meint zunächst nicht mehr als Wiederherstellung: Wiederherstellung eines Zustandes, der dem Ausgangszustand insoweit entspricht, als er die Voraussetzungen für den Neubeginn des Wirtschaftsprozesses schon in sich trägt. Reproduktion ist in diesem Sinne etwas Selbstverständliches – ja, etwas fast schon Banales. Und doch hat die industrielle Ökonomie mit Blick auf die Wiederherstellung ihrer *physischen* Grundlagen ganz und gar versagt.

In der abstrakten Wertlogik seiner Ökonomie hat das Industriesystem Produktionsprozeß und Reproduktionsprozeß auseinandergerissen: Indem es die ganze ökologische Natur in den Prozeß der ökonomischen *Ver*wertung hineingesogen hat – indem es die Funktionen der ökologischen Natur in ihrer Ganzheit ökonomisch verwertet – bringt es umgekehrt auch die *ganze* Natur als sein Produkt wieder hervor. Diesem *produktiven* Bündnis, das sie auf der Ebene ihrer ökonomischen Praxis mit der Natur eingegangen ist, verdankt die Industrie ihre ungeheuere Dynamik und Innovationsgeschwindigkeit. Aber zugleich wird dieses Bündnis durch dasselbe ökonomische System konsequent geleugnet: Auf der Ebene der ökonomischen *Be*wertung nämlich glaubt die industrielle Ökonomie, die ökologische Natur weiter ignorieren zu dürfen. Das ökonomische Bewußtsein des Industriesystems (seine Bewertungsrationalität) will vom ökonomischen Sein (von seiner Verwertungspraxis) nichts wissen. Hier erscheint die Produktivkraft der Natur, der menschlichen und der nicht-menschlichen Natur, die die *einzige* Produktivität dieses ökonomischen Systems ist, als ein außerökonomischer, „asozialer" Raum: als die *Um*welt dieses Systems, als seine *Reproduktionssphäre*.[6]

Mit diesem Riß zwischen ökonomischer Produktionssphäre und physischer Reproduktionssphäre, wie ihn die Ökonomie des Industriesystems hervorgebracht hat, werden zugleich die „Zeiten" auseinandergerissen: Der menschliche Haushalt und der ökologische Haushalt gehören *verschiedenen* Zeitdimensionen an. Da beide aber *physisch* durch die Verwertungspraxis industrieller Ökonomie hindurch zu ein und demselben Haushalt verschmolzen sind, erzeugt das sich selbst täuschende ökonomische Bewußtsein der Industrie wiederum ökonomische Kontraproduktivität dort, wo es ökologische Produktivität in Anspruch genommen hat. Doch das Aufeinanderprallen nicht miteinander synchronisierter Haushaltsführungen führt in dem *einen* Haushalt, in dem der anthropogene Haushalt mit dem ökologischen Haushalt der Natur untrennbar verbunden ist, zu den als „Naturkatastrophen" und „Umweltproblemen" mißverstandenen physischen Prozessen. Auf diese bittere Weise wird sich die menschliche Wirtschaftsgesellschaft mehr und mehr über die „Eigenzeiten" der Natur bewußt.

Doch noch kennt die Ökonomie des Industriesystems ihre Zeitlichkeit und die der Produkte, die sie hervorbringt, nicht. Was die Praxis dieser Ökonomie erzeugt, sind „Naturdinge", die das Bewußtsein derselben Ökonomie noch als „Weltdinge" wahrnimmt. Was vorindustriell eher zufällig entstanden ist – Produkte, die in Folge physischer Alterungsprozesse zu sozialen „Unwertphänomenen" (Kuchenbuch[7]) werden – erzeugt das Industriesystem entlang der abstrakten ökonomischen Wertlogik als sein ubiquitäres Produkt: Denn die Entwertung der Dinge und unmittelbar damit verbunden ihre ökonomische *Externalisierung* – das Herausschleudern der Dinge in die als Umwelt gedeutete „Reproduktionssphäre" – gerät, ausgehend von dem der Industriegesellschaft eigenen ökonomischen Naturverhältnis, gar zu einer rationalen Strategie. Entlang dieses, auf der Spaltung von Produktions- und Reproduktionssphäre beruhenden Entwicklungsmodus „darf" es nicht mehr darum gehen, anthropogene Produkte als *dauerhafte* Produkte herzustellen. Ist der abstrakte Wertschöpfungsprozeß abgeschlossen, sieht das ökonomische Bewußtsein des Industriesystems nicht mehr, was es physisch hervorgebracht hat. Das Wesen dieser Ökonomie ist darauf ausgerichtet, den abstrakten Wertschöpfungsprozeß in immer kürzeren Zeitabschnitten und auf sich stetig erweiterndem Niveau zu wiederholen. Wo das abstrakte Wertkalkül die physische Wirklichkeit des anthropogenen Haushalts überlagert, werden statt dauerhafter Produkte *Abfälle* erzeugt.

In Hannah Arendts „Vita activa"[8] finden wir eine brillante Analyse dieses Phänomens der industrieökonomischen „Unwerterzeugung": Die Industriegesellschaft unterscheidet sich, nach Arendt, als Arbeitsgesellschaft von der vorindustriellen Produktionsweise und der Arbeiter als „animal laborans" vom „homo faber" dadurch, daß diese Gesellschaft gerade nicht mehr „Weltdinge" als dauerhafte Produkte *neben* der Natur, sondern Konsumgüter als vergängliche Dinge, als *„Naturdinge"* herstellt.

> „Unter allen Gegenständen, die wir in der Welt vorfinden und die uns umgeben, besitzen die Konsumgüter den geringsten Grad an Beständigkeit, sie überdauern kaum den Augenblick ihrer Fertigstellung. Gerade diese [...] ‚guten Dinge', die für das Leben des Menschen so unbezweifelbar ‚nutzbringend' sind, daß sie seine eigentlichen Lebensnotwendigkeiten darstellen, ‚sind gemeinhin von so geringer Dauerhaftigkeit, daß sie ganz von selbst verderben und umkommen, wenn sie nicht durch Verbrauch verzehrt werden'. Nach kurzem Aufenthalt in der Welt kehren sie in den Schoß der Natur zurück, die sie hervorgebracht hat, sei es, daß der Prozeß des menschlichen Lebewesens sie verzehrt hat oder daß sie ohne dieses Zwischenstadium in das Wesen oder Verwesen der Natur zurückfallen. In der ihnen von Menschen verliehenen Gestalt jedenfalls, durch die sie in der vom Menschen hergestellten Dingwelt für einen kurzen Augenblick erscheinen, als gehörten auch sie dazu, verschwinden sie schneller als irgendein anderes Ding. Weltlich gesehen sind sie die unweltlichsten der Weltdinge, und gerade darum auch die natürlichsten aller Dinge, die der Mensch hervorbringt. Sie brauchen nicht eigentlich erzeugt, sondern nur zubereitet und präpariert zu werden, und als solche Natur in der Welt kommen und gehen sie im Einklang mit der immer wiederkehrenden, kreisenden Bewegung des Natürlichen." (S. 88 f.)

Da aber entlang der Entwicklung des Industriesystems *alles* zum Gegenstand des Konsums wird, läßt sich das Hergestellte vom „Nicht-Hergestellten" nicht unterscheiden. Alles gerät zu einer „Natur in der Welt" – zum vom Menschen hervorgebrachten Natürlichen (S. 76 ff.). Ja, im Grunde kennt die Industrie nichts anderes als sich selbst, weil sie die *ganze* Natur in den ökonomischen Prozeß der Verwertung internalisiert hat – sie als Ganze konsumiert und produziert. Das Industriesystem hat „[...] die schützenden Mauern eingerissen, durch welche alle vergangenen Zeiten die Welt, das Gebilde von Menschenhand, gegen die Natur abschirmte [...]" (S. 115).

Auf Arendt aufbauend läßt sich daher sagen, daß es das *spezifische* Naturverhältnis der Industriegesellschaft und ihrer Ökonomie ist, das

193   sich durch den Widerspruch zwischen Verwertungspraxis und Bewertungsrationalität konstituiert, durch den Produktion und Reproduktion auseinandergerissen worden sind: Während physisch „Naturdinge" hergestellt werden, sagt der ökonomische Verstand noch, daß es sich dabei um die „Weltdinge" handele – „Weltdinge", wie sie die vorindustrielle Produktion noch hervorgebracht hatte. Was in der Ökonomie der Industriegesellschaft noch immer als das Produkt des „homo faber" – das von der Natur unterscheidbare „Weltding" – erscheint, ist in der Wirklichkeit derselben Wirtschaftsgemeinschaft längst seiner „Weltlichkeit" entrissen: Es ist *Natur*.

Das ökonomisch unbewußte Naturprodukt der Industrie geht unmittelbar und unausweichlich in den ökologischen Prozeß der ganzen Natur ein – allerdings, ohne daß es etwa mit Blick auf seine *produktive* Einbindung in den ökologischen Haushalt hergestellt worden wäre: Das industrielle Produkt bringt weder die Dauerhaftigkeit des „Weltdings" mit noch hat es etwa schon die reproduktive Qualität des „Naturdings", das sich produktiv in den Prozeß des Werdens und Vergehens der ökologischen Natur einzufügen vermag.

Entlang dieses Bruchs zwischen Produktion und Reproduktion wird sichtbar, daß die Ökonomie des Industriesystems physisch weder ihren Anfang noch ihr Ende kennt – daß sich der anthropogene Haushalt nicht *in* der Zeit zu organisieren vermag.

> „Menschliche Tätigkeiten, die der Notwendigkeit entspringen, diesen natürlichen Prozessen zu widerstehen, sind daher selbst in den Kreislauf der Natur gebunden; sie können weder Anfang noch Ende haben. Im Gegensatz zum Herstellen, das zu Ende ist, wenn der Gegenstand die ihm angemessene Gestalt erhalten hat und nun als fertiges Ding der vorhandenen Dingwelt eingefügt werden kann, ist das Arbeiten niemals ‚fertig', sondern dreht sich in unendlicher Wiederholung in dem immer wiederkehrenden Kreise, den der biologische Lebensprozeß ihm vorschreibt [...]" (S. 90).

Im Begriff der Reproduktion verbindet sich stoffwirtschaftliches Denken und Handeln mit Zeitpolitik

Die Ökonomie des Industriesystems kennt ihre Zeitlichkeit nicht – nicht die Zeit der Produktivität, die sie in Anspruch nimmt, und nicht die Zeit der Produkte, die daraus hervorgehen. Die Industrie hat den

Dingen ihre Zeit genommen. Doch was bleibt in der Zeit, ist der *Stoff,* aus dem sie gemacht sind. Denn als Stoffe gehen die industriellen Naturprodukte in den Naturhaushalt ein und verbinden sich mit dem Stoffhaushalt des ökologischen Systems, welches Ergebnis auch immer aus dieser Verbindung hervorgehen mag. Die Aufgabe, den anthropogenen und den ökologischen Haushalt in der Zeit zu synchronisieren, verlangt daher den Blick auf die „Eigenzeiten" der Stoffe, über die sich die beiden Haushalte physisch miteinander vermitteln.

Von der Natur in Sachen „Haushaltsführung" zu lernen, bedeutet zuerst einmal, Anfang und Ende zu finden – auf der *physischen* Ebene über Beginn und Abschluß eines Wirtschaftsprozesses Klarheit zu gewinnen: Der Blick auf den anthropogenen Stoffhaushalt öffnet zugleich den Blick auf den anthropogenen Haushalt in seiner Zeitlichkeit. Stoffwirtschaftliches Denken und Handeln organisiert sich *in* der Zeit – Stoffpolitik[9] ist ohne Zeitpolitik nicht denkbar.

Was das Industriesystem auf der Ebene des *Geldes* bis ins Detail versteht, Anfang und Ende einer Wirtschaft*speriode* durch Bilanzen und Jahresabschlußrechnungen zu markieren, davon versteht es auf der *physischen* Ebene, mit Blick auf die stofflichen Prozesse, die es initiiert, nichts. Jeder Buchhalter und jede Buchhalterin weiß, daß er oder sie einen Gewinn erst ausweisen darf, nachdem das in der Wirtschaftsperiode verzehrte *ökonomische* Kapital ersetzt ist (in monetären Größen) – nachdem für seine *Wieder*herstellung gesorgt ist. Von diesem Gebot aber will die industrielle Ökonomie mit Blick auf ihre physisch-ökologischen Grundlagen nichts wissen: Mit Blick auf die Physis vertraut diese Ökonomie auf die ökologische *Selbstreproduktion.* Natur gilt dieser Ökonomie als zeitlos: als konstante und ewig sprudelnde Quelle, aus der immerfort geschöpft werden kann, ohne daß für ihren Bestand und für die Bedingungen ihrer Produktivität gesorgt werden müßte.[10] Während das industrieökonomische System also bis auf den letzten Pfennig bilanziert und ersetzt, was an monetär bewertetem Kapital verlorengegangen und hinzugekommen ist, wird das *Naturvermögen* umstandslos als ein konstantes Guthaben vorausgesetzt – als ein Guthaben, das für „alle Zeiten" verfügbar ist.

In dem Bewußtsein über die Zeitlichkeit der Natur werden sich die Wirtschaftssubjekte darüber bewußt, daß die Produktivität der ökologischen Natur *keine* Konstante ist. Die Einsicht in die Veränderlichkeit des Naturhaushaltes aber ist untrennbar verbunden mit der Einsicht, daß die Natur ein *soziales* Produkt ist – daß der Naturprozeß also nicht allein Quelle des anthropogenen Wirtschaftsprozesses ist, sondern zu-

195 gleich auch schon sein *Resultat*. Ökonomischer und ökologischer Prozeß sind in der Einheit von Produktion und Reproduktion unauflöslich miteinander verbunden.

Diese Verbindung aber findet innerhalb des anthropogenen Haushaltes keine Entsprechung: Hier werden Stoffe aus ihrem ökologischen Zusammenhang herausgelöst, umgeformt und umgewandelt und schließlich wieder an den Naturhaushalt zurückgegeben – allein nach den Gesetzmäßigkeiten der abstrakten, von ihrer physischen Substanz abgelösten Wertrationalität der industriellen Ökonomie. Es gilt, die physische Einheit von anthropogenem Produktions- und Reproduktionsprozeß mit dem ökologischen Haushalt der Natur ökonomisch *bewußt* zu organisieren. In dem Maß, in dem die ökonomische Bewertungsrationalität an die physische Substanz menschlicher Wirtschaftsprozesse (wieder-)angebunden werden kann, verbindet sich zugleich der anthropogene mit dem ökologischen Haushalt in der *Zeit*.

Mit Blick auf die mit der anthropogenen Wirtschaft verbundenen *physischen* Prozesse gilt es daher, Kriterien zu entwickeln, anhand derer sich die wirtschaftliche Praxis als eine Abfolge von *Perioden* erkennen und bestimmen läßt. Diese Aufgabe nimmt uns die ökologische Natur *nicht* ab – auch dann nicht, wenn sie uns die Geheimnisse über ihre Zeiten in der diesen eigenen Komplexität preisgäbe. Es führt kein Weg darum herum, die Zeitmaße ökonomischer Prozesse mit Blick auf die Physis sozial zu organisieren – mit dem Ziel, eine Wiederannäherung der ökonomischen Zeiten an die Zeiten der Natur zu erreichen.

Doch auf welche Weise läßt sich diese Aufgabe bewältigen?

Der anthropogene Wirtschaftsprozeß ist gebunden an den Umsatz von *Stoffen*. Mit jeder ökonomischen Entscheidung über Produktionsverfahren und Produktlinien werden Stoffströme in Gang gesetzt: Stoffströme, von denen wir häufig genug *nicht* wissen, wie lang ihre „Lebensdauer" im *anthropogenen* Haushalt ist, wie lang ihre „Lebensdauer" im *ökologischen* Haushalt ist, wie lang die „Lebensdauer" ihrer *Umwandlungsprodukte* im menschlichen und ökologischen Haushalt ist und von denen wir sehr oft nicht wissen, wann die von ihnen ausgehenden *ökologischen Wirkungen* eintreten werden und über welche Zeiträume sie andauern.

Was wir aber hinreichend genau wissen, ist, wie lange der von diesen Stoffströmen ausgehende ökonomische *Nutzen* andauert, und wie lang der Zeitraum ist, innerhalb dessen diejenigen Wirtschaftssubjekte, die den Stoffstrom zu verantworten haben und den ökonomischen

Nutzen daraus realisieren, für die von diesen Stoffen ausgehenden ökologischen Folgen verantwortlich bleiben können.

Lassen sich die *Ungewißheit* über die Reproduktionszeiten der ökologischen Natur und die mit dieser Ungewißheit verbundenen sozialen und ökonomischen Risiken an die „Reproduktionszeiten" der Stoffstromverursacher und der Nutznießer aus dem Stoffumsatz koppeln? Wie könnte eine stoffwirtschaftliche Strategie, durch die die „Eigenzeiten" der mit dem anthropogenen Produktions- und Konsumtionsprozessen einhergehenden Stoffströme an die Verantwortung der Hersteller und Nutzer anthropogener Produkte gekoppelt bleibt, aussehen?

Unter dem Aspekt der Zeit erweitert sich die Herstellerverantwortung für das Produkt von der *anthropogenen* Produktlinie (von der Rohstoffentnahme bis zur Abfallbehandlung) auf die *Naturproduktlinie* – von der Inanspruchnahme ökologischer Produktivität bis zur Produktion des Naturproduktes als Produktivität. Ausgehend von der Einsicht in die Zeitlichkeit der Naturprozesse bleiben die Produzenten für die Dauerhaftigkeit der von ihnen hergestellten Produkte über den anthropogenen Haushalt hinaus in der Verantwortung. Den gesamten physischen Reproduktionsprozeß in der Zeit in die Produktentwicklung vorausschauend einzubeziehen, bedeutet in der Konsequenz nicht weniger, als die üblichen Konstruktionspläne um *Reduktionspläne* für das Produkt und seine stofflichen Bestandteile zu erweitern. Auf einer solchen Grundlage läßt sich erkennen, auf welche Weise und in welcher Zeit die verwendeten Stoffe in den anthropogenen oder in den ökologischen Haushalt wieder eingebunden werden.

Mögen Aussagen über die Nutzungsdauer eines Produktes innerhalb des anthropogenen Haushalts noch vergleichsweise problemlos zu ermitteln sein, weil die Ökonomie des Industriesystems um die Vergänglichkeit der von ihren Produkten ausgehenden Nutzen weiß, so scheint es ungleich schwieriger, den Verbleib und die Dauerhaftigkeit der stofflichen Bestandteile dieser Produkte nach Ablauf der anthropogenen Nutzungszeiten zu antizipieren: An dieser Stelle gilt es, das Wissen um die anthropogenen Zeitmaße mit dem Wissen über die Zeitmaße der ökologischen Natur zu verbinden. Die Entwicklung des geeigneten *Reduktionsverfahrens* ist – im Unterschied zur Entwicklung des Produktionsverfahrens – auf die Integration ökonomischer und ökologischer Prozesse gerichtet.

Der Nachweis über die *Dauer* der ökologischen Wirksamkeit von Stoffen in der Zeit sowie (wenn möglich) der Nachweis über die

197 Reproduktionszeiten der durch den Stoffumsatz betroffenen Ökosysteme wäre unter Umständen *stoffrechtlich* zu verankern. Die mit dem anthropogenen Stoffumsatz in Anspruch genommenen ökologischen Zeiten könnten auf diese Weise in die Entscheidungen über Produktionsverfahren und Produkte einfließen: Mit Blick auf Art und Menge wären die anthropogenen Stoffströme stoffwirtschaftlich so zu organisieren, daß die mit dem Stoffumsatz ökonomisch genutzten ökologischen Zeitmaße an die Zeiträume gebunden blieben, innerhalb derer diejenigen Wirtschaftssubjekte, die den Stoffstrom in Gang gesetzt haben und den Nutzen daraus ziehen, verantwortlich und betroffen bleiben. Auf der Grundlage einer in diesem Sinne wirksam werdenden „Reduktionsplanung" werden die mit der anthropogenen Produktion und Konsumtion verbundenen physischen Prozesse und die mit diesen einhergehenden ökologischen Risiken entlang der Naturproduktlinie *sichtbar*.

Es ist notwendig, den Blick auf die ökologische *Zukunft* anthropogener Stoffströme zu richten, weil die Haltbarkeit von Stoffen (Persistenz) einen kaum überschaubaren, eigenständigen Risikofaktor darstellt – ein Risiko, das sich in dem Maß vergrößert, in dem die Betroffenheit der Ökosysteme durch den Stoffumsatz nicht mit Gewißheit antizipiert werden kann: Je länger der anthropogene Stoff im Naturhaushalt verweilt – je größer also die Zeiträume sind, die der Stoff benötigt, um sich biologisch abzubauen und produktiv in den Naturhaushalt zu reintegrieren – desto größer wird die Gefahr, daß sich die (womöglich destruktive) Wirkung des Stoffes auf weitere Ökosysteme und Organismen in der Zeit auszudehnen vermag.

Um Kriterien mit Blick auf die Zeitlichkeit des anthropogenen Haushaltes, anhand derer das Synchronisationsniveau von anthropogenen Prozessen und Naturprozessen erkennbar wird, entwickeln zu können, gilt es, die Frage nach den ökologischen Umwandlungsprozessen bzw. nach der biologischen Abbaubarkeit anthropogener Stoffe in der Zeit, in die Projektierung anthropogener Stoffströme und in die Entwicklung von Produkten unmittelbar einzubeziehen. Zunächst lassen sich für die Stoff- und Produktentwicklung mit Blick auf die Zeit grob folgende Kriterien nennen:

Vorzugsweise wären solche Stoffe und Stoffverbindungen zu entwickeln und zu verwenden, deren ökologische Wirkungen weitgehend überschaubar sind und deren Gegenwart im anthropogenen Haushalt über möglichst *lange* Zeiträume andauert, von denen also Dauerhaftigkeit in der *anthropogenen Nutzung* erwartet werden kann („Langlebigkeit"

der Produkte, Wiederverwendbarkeit der Stoffe). In Umkehrung dazu 198
gilt es, mit Blick auf den *ökologischen* Haushalt solche Stoffe vorrangig
zu entwickeln und zu verwenden, die in möglichst *kurzen* Zeiträumen
eine produktive Verbindung mit dem Stoffhaushalt des ökologischen
Systems einzugehen vermögen, die also „kurzlebig" und in diesem
Sinne zukunftsfähig sind.

Das Wissen um die „Naturzeiten" der durch die ökonomischen
Prozesse hindurch in Gang gesetzten physischen Prozesse ist originär
Gegenstand von Stoffpolitik. Ja, Stoffpolitik ist notwendig zugleich
Zeitpolitik. Zwar können ökologische Risiken nicht ausgeschlossen wer-
den, doch die Möglichkeiten, über die die Gesellschaft verfügt, sie in
Ausmaß und Zeit zu begrenzen, könnten ausgeschöpft werden. Dort,
wo das Wissen über die Zeitlichkeit anthropogener Stoffströme nicht
ausreicht, ließe sich der Stoffumsatz nach Umfang und Qualität in der
Zeit an den Prozeß des Erkenntnisgewinns über das ökologische Verhalten der Stoffe koppeln – beispielsweise, indem der anthropogene
Umsatz risikobehafteter Stoffe der Menge nach an *Beobachtungszeiten*
geknüpft wird.[11]

Gerade weil die Reproduktionszeiten der ökologischen Natur in
ihrer Komplexität durch die menschliche Erkenntnis hindurch nur selten antizipativ umfassend überschaut werden können, gilt es, die ökonomische Inanspruchnahme der Naturzeiten vorsorgeorientiert zu begrenzen: Zeiträume, die weit über die Verantwortbarkeit derjenigen Generation von Wirtschaftsakteuren, die – als Produzenten *und* als Kon-
sumenten – Stoffströme in der Gegenwart umsetzen, hinausreichen,
sollten nach Möglichkeit von der ökonomischen Nutzung ausgenommen werden. Persistente Stoffe wären, soweit als möglich, aus den anthropogenen Wirtschaftsprozessen herauszunehmen und durch abbau-
bare Stoffe zu ersetzen. Diese Lektion könnten wir am Beispiel der
FCKW, deren ökologische Folgewirkungen (sowie in der Folge deren
soziale und ökonomische Folgewirkungen) nicht die in der Gegenwart
lebenden Kühlschranknutzer, sondern die dieser Generation nachfolgenden Generationen wirtschaftender Menschen zu spüren bekommen
und tragen müssen.

Das Gebot der *intergenerationellen* Gerechtigkeit verlangt danach,
die Verlagerung ökologischer Probleme in der Zeit, wo immer dies stoffwirtschaftlich sinnvoll und machbar ist, zu vermeiden. Die mit den anthropogenen Wirtschaftsprozessen verbundenen physischen Prozesse
an die physischen Prozesse des ökologischen Haushaltes anzukoppeln,
bedeutet konsequenterweise, die in der Gegenwart handelnden Wirt-

199 schaftssubjekte auf ihre Verantwortung für die zukünftig wirtschaftenden Menschengenerationen zu verpflichten: Zentrale Aufgabe von Stoffpolitik, soweit sich diese zugleich als *Zeitpolitik* begreift, ist es daher, die ökonomische Praxis von der physischen Seite her zu verstehen und sie entlang der Reproduktionszeiten mit Blick auf die Bedingungen der künftigen Generationen zu gestalten.

Ja, ausgehend von der Verpflichtung auf die Prinzipien einer Ökonomie der Nachhaltigkeit mag es unerläßlich sein, das Wissen und das *Nicht*-Wissen über die ökologische Zukunft der anthropogenen Stoffströme in die Stoff- und Produktentwicklung für den anthropogenen Haushalt einzubeziehen und es der Bewertung von Stoffen und Produkten zugrunde zu legen. Die Herstellerverantwortung – mit Einschränkungen auch die Konsumentenverantwortung – ist mit Blick auf die in der Gegenwart durch die physischen Prozesse ökonomischen Handelns hindurch in Anspruch genommenen Zukünfte zu erweitern. Im Sinne der Gerechtigkeit gegenüber zukünftigen Generationen gilt es, den Wirtschaftsprozeß stoffökonomisch mit dem Ziel zu gestalten, daß die mit den anthropogenen Stoffströmen verbundenen ökologischen Risiken in der Zeit bei den Verursachern und den Nutznießern belassen werden: Stoffe, deren negative ökologische Wirkungen ihre Produzenten und Nutzer über Generationen „überleben", gehören *nicht* in den Naturhaushalt.

Was die Wirtschaftssubjekte von der Zeitlichkeit der Naturprozesse lernen könnten, ist das Prinzip der *Einheit* von Produktion und Reproduktion. Doch dafür wird es notwendig, den anthropogenen Haushalt von seiner physischen Seite her in der Zeit zu organisieren. Wenn also gesagt wurde, daß Anfänge und Enden ökonomischer Praxen erkannt und markiert werden sollten, damit der menschliche Haushalt als eine Abfolge von *Perioden* sichtbar und gestaltbar wird, dann ist damit vor allem eines gemeint: Es gilt, die Zeitmaße der Natur zu verstehen *und* die Zeitmaße des anthropogenen Haushaltes in ein angemessenes, in ein „stimmiges" Verhältnis zu jenen zu bringen – dies mit dem Ziel, den dem *einen* Haushalt (der Einheit von menschlichem und ökologischem Haushalt) eigenen Rhythmus zu entfalten.

Denn der „Zug der Zeit" (Musil), der bewußt in Raum und Zeit abfährt und bewußt in Raum und Zeit ankommt – der also Anfang und Ende der Fahrt kennt –, wird sich die Schienen bewahren und Sorge dafür tragen, daß sie instand gehalten werden. Dies immer schon mit Blick auf die nächste Fahrt ...

Literatur

[1] *Musil, R.:* Der Mann ohne Eigenschaften. Reinbek bei Hamburg 1988, S. 445. – [2] *Binswanger, Chr.:* Geld und Natur. In: *Biervert, B./Held, M.* (Hg.): Das Naturverständnis der Ökonomik. Frankfurt a. M., New York 1994, S. 85. – [3] Vgl. auch *Biervert, B./Held, M.:* Money matters – Überlegungen zum Zusammenhang von Geld, Wachstum und Natur. In: *Biervert, B./Held, M.* (Hg.): Die Dynamik des Geldes – Über den Zusammenhang von Geld, Wachstum und Natur. Frankfurt a. M. 1996, S. 15 f. – [4] Vgl. auch *Hofmeister, S.:* Vom Ende des Umweltschutzes: Untergang eines Paradigmas und Entwicklung eines ökonomischen Naturverhältnisses. In: *Baumüller, B./Kuder, U./Zoglauer, T.* (Hg.): Inszenierte Natur. Landschaftskunst im 19. und 20. Jahrhundert. Stuttgart 1997, S. 132–144. – [5] Kümmerer schlägt vor, die inhärenten Systemzeiten ökologischer Systeme über die Merkmale, Regenerations- bzw. Reproduktionszeit, Reaktionszeit sowie Relaxation und Resilienz, zu beschreiben; vgl. *Kümmerer, K.:* Systemare Betrachtungen in der Ökotoxikologie. In: UWSF – Zeitschrift für Umweltchemie Ökotoxikologie 6 (1) 1–2 1994, 1–2. Vgl. auch *Kümmerer, K.:* Zeiten der Natur – Zeiten des Menschen. Ein Beitrag zur Ökologie der Zeit. In: *Held, M./Geißler, K. A.* (Hg.): Ökologie der Zeit – Vom Finden der rechten Zeitmaße. Stuttgart 1993, S. 85–104. – [6] Vgl. *Hofmeister, S.:* Der „blinde Fleck" ist das Ganze. Anmerkungen zur Bedeutung der Reproduktion in der Ökonomie. In: *Biesecker, A./Grenzdörfer, K./Heide, H./Wolf, S.* (Hg.): Neue Bewertungen in der Ökonomie. Pfaffenweiler 1995, S. 51–65. – [7] *Kuchenbuch, L.:* Abfall – eine stichwortgeschichtliche Erkundung. In: *Callies, J./Rüsen, J./Striegnitz, M.* (Hg.): Mensch und Umwelt in der Geschichte. Pfaffenweiler 1989, S. 257–276. – [8] *Arendt, H.:* Vita activa oder Vom täglichen Leben. München/Zürich 1981, S. 76 ff. – [9] Stoffpolitik entsteht im Industriesystem in Reaktion auf die systematischen Defizite des Politikkonzeptes „Umweltschutz" (vgl. *Hofmeister, S.:* Von der Abfallwirtschaft zur ökologischen Stoffwirtschaft – Wege zu einer Ökonomie der Reproduktion. Unveröff. Mskr. 1996). In der Bundesrepublik Deutschland liegt mit der Arbeit der *Enquete-Kommission* „Schutz des Menschen und der Umwelt" ein erster Entwurf für ein stoffpolitisches Konzept vor (Bundestags-Drucksache 12/5812, Bonn 1993 und Bundestags-Drucksache 12/8260, Bonn 1994). – [10] Vgl. *Skourtos, M. S.:* Vom Oikos zur Ressource – Entwicklung der Naturwahrnehmung in der Wirtschaftswissenschaft. In: *Biervert, B./Held, M.* (Hg.): Das Naturverständnis der Ökonomik – Beiträge zur Ethikdebatte in den Wirtschaftswissenschaften. Frankfurt a. M., New York 1994, S. 30–53. – [11] *Kümmerer, K.:* Zeiten der Natur – Zeiten des Menschen. Ein Beitrag zur Ökologie der Zeit. In: *Held, M./Geißler, K. A.* (Hg.): Ökologie der Zeit – Vom Finden der rechten Zeitmaße. Stuttgart 1993, S. 100 f.

Wolf-Ulrich von Osten

Natürliche Zeitmaße und Rhythmen

Zu ihrer Bedeutung für Entscheidungen in der Umweltpolitik

In der Umweltpolitik ist der Faktor Zeit, insbesondere Zeitmaße der Natur, lange Zeit vernachlässigt worden. Die vermeintliche Fähigkeit, mit Hilfe zunächst unbegrenzt scheinender Energiedepots jeden Vorgang umkehrbar und in jede beliebige Richtung steuerbar zu gestalten, hat hierzu beigetragen. In vier Beispielen aus der praktischen Umweltpolitik wird gezeigt, daß zunehmend Zeiten der Natur auch in umweltpolitische Entscheidungen Eingang finden. Dabei führt die Berücksichtigung natürlicher Zeiten und Rhythmen unmittelbar zu einer Politik der Nachhaltigkeit und Zukunftsfähigkeit.

Der unübersehbare Trend der sich fortschrittlich wähnenden Industriegesellschaft zu einer Nonstop-Gesellschaft, die scheinbar immer weniger Rücksicht auf natürliche Zeitabläufe und Rhythmen der Natur zu nehmen braucht, ist nach wie vor ungebrochen. Mehr und mehr Verantwortliche in Politik, Wirtschaft und Wis-

Dr. **Wolf-Ulrich v. Osten,** geb. 1940, 1967 Diplom i. Chemie, 1971 Promotion in Physikalischer Chemie, Universität Karlsruhe; 1975 Akad. Rat, Universität Konstanz, am Aufbau des Fachbereichs u. Studiengangs Chemie beteiligt. 1975/76 Kennedy School of Gouvernment Harvard University (USA) Energie-, Umwelt- u. Forschungspolitik; 1977–1987 Bundesministerium für Forschung u. Technologie (BMFT), Bundeskanzleramt i.d. Bereichen Energieforschung, Kernmaterialüberwachung, Technologiepolitik, ökologische Forschung tätig. 1987 a. verschiedenen Landesumweltministerien für Grundsatzfragen d. Umweltpolitik, gesundheitlichen Umweltschutz u. Landespflege (Naturschutz) zuständig; zur Zeit Abteilungsleiter Landespflege im Ministerium für Umwelt und Forsten, Mainz.

Dr. Wolf-Ulrich von Osten, Trombacher Hof, 55583 Bad Münster a. St.-Ebernburg

senschaft erkennen jedoch, daß eine rastlose und entrhythmisierte Gesellschaft ihren Preis hat, für das Individuum, unsere sozialen Beziehungen und für unser Verhältnis zu der uns umgebenden Natur. Immer deutlicher wird, daß die Entkopplung menschlichen Daseins von den Zeitmaßen der Natur keine Befreiung des Menschen bedeutet, sondern im Gegenteil die Berücksichtigung natürlicher Zeitmaße und -rhythmen erst den Weg zu einer nachhaltig tragfähigen Zukunft öffnet. So gewinnt, ob explizit oder implizit, die Ökologie der Zeit, als Gegenbewegung zu einer zukunftsunfähigen Nonstop-Gesellschaft, immer stärkere Bedeutung. Deutlich wird dies in einigen Feldern der praktischen Umweltpolitik.

Raum und Zeit

Die (Wieder-)Entdeckung der Zeitmaße und -rhythmen natürlicher Prozesse als bestimmenden Faktor unseres individuellen menschlichen und gesellschaftlichen Lebens, dem auch die moderne industrielle und informationstechnische Entwicklung Rechnung tragen muß, ist noch jüngeren Datums.

Die Illusion einer beliebigen Beherrschbarkeit und Beschleunigung der Zeit, der Entkopplung individueller und gesellschaftlicher Aktivitäten und industrieller Prozesse von natürlichen Rhythmen und Zeitmaßen ist ebenso wie der Wunsch nach einer vollständigen Durchdringung des Raums eng mit der Geschichte der Industriegesellschaft verknüpft.

Er wurde – jedenfalls teilweise – nur möglich mit dem Rückgriff auf die in Jahrmillionen von der Natur angehäuften Energie- und Stoffdepots. Sie versetzten den Menschen in die Lage, wichtige Prozesse seines Tuns auf der Erde in einem zu Beginn des Industriezeitalters unvorstellbaren Maß zu beschleunigen und mit Hilfe der Vervielfältigung seiner Körperkräfte den letzten Winkel der Erde sich untertan zu machen, ja sogar den Versuch zu wagen, seinen Planeten zu verlassen. Daß ihm dies nicht in allen Prozessen in gleichem Umfang wie in den industriellen gelang, zeigt sich u.a. in der Landwirtschaft, in der selbst ein verzehnfachter Energieeinsatz zwar Ertragssteigerungen in gewissem Umfang brachte, aber eine wesentliche Beschleunigung natürlicher Vegetationsprozesse nicht zu erreichen war.

Das Hochgefühl, mit Hilfe der ihm geschenkten Energievorräte *alles immer sofort* und an jedem Ort verfügbar machen zu können, hat jenen Lebens- und Wirtschaftsstil der Industriegesellschaft gefördert, der natur- und ressourcenverzehrend wie vor ihm in keiner Gesellschaft ist. Er stößt heute zunehmend an seine natürlichen Grenzen. Die annähernde Beliebigkeit von Zeit und Raum wird deshalb ein *relativ kurzer Abschnitt in der Menschheitsgeschichte* bleiben.

Die Begrenztheit des Raumes wurde schon verhältnismäßig früh in der Umweltpolitik erkannt. Das Raumschiff Erde kann in seiner ökologischen Begrenztheit der Ressourcen und begrenzten Aufnahmefähigkeit der Senken für umgewandelte Stoffe nur eine begrenzte Zahl von Menschen und einen begrenzten Umfang ressourcenverbrauchender und schadstoffeintragender Aktivitäten tragen. Die Umweltpolitik hat dem schon früh Rechnung getragen. Mit der Diskussion des Club of Rome zur Begrenztheit der Ressourcen 1973 und später zu der begrenzten Aufnahme- und Verarbeitungsfähigkeit natürlicher Ökosysteme wurde dieses Problem Anfang der 80er Jahre in der Umweltpolitik erkannt und es gewannen Erkenntnisse, daß Raum und Fläche nicht vermehrbar sind, wachsende Bedeutung. Die Luftreinhaltepolitik zog mit Ausbreitungsmodellen, mit denen sie Schadstoffbelastungen an unterschiedlichsten Orten ermitteln konnte, praktische Folgerungen für Genehmigungs- und Vermeidungsstrategien. Landschaftsplanung, Biotopverbundplanung oder die Raumordnungspolitik sind Beispiele aus der Umweltpolitik, die Aussagen ausschließlich über räumliche Zustände oder Zielsetzungen machen.

Dagegen hat es bisher keine systematische Bearbeitung der Dimension *Zeit* gegeben. Man gab und gibt sich der Illusion hin, jede Aktivität, *jeder Prozeß* sei wiederholbar und umkehrbar. In dieser Phase der Umweltpolitik entstand die Vorstellung, in geschlossenen Kreisläufen zu denken, die es in Wahrheit nicht gibt, oder von Gleichgewichten in Ökosystemen im Sinne statischer Erhaltung eines gerade gegebenen zufälligen Zustandes zu reden, die es in dieser Form auch nicht gibt, ist doch jedes Ökosystem einer natürlichen Dynamik unterworfen.

Man ist versucht, diese Phase der Umweltpolitik mit der Phase des ersten Hauptsatzes der Thermodynamik in der Physik zu vergleichen, der alle Vorgänge als im Prinzip reversibel, wiederkehrbar und wiederherstellbar betrachtete.

Allerdings ist dies keine Besonderheit der Umweltpolitik. In allen Politikbereichen gab und gibt es Bestrebungen, sich von den vorgegebenen natürlichen Zeitmaßen und -rhythmen zu lösen und menschengesetzte „kulturelle" Zeitmaße zum Maßstab unseres Lebens zu machen. Maschinenzeiten, Akkordzeiten, Arbeitszeiten, feste Verkehrszeiten, Verkehrssysteme immer größerer Beschleunigung sind nur einige Beispiele der Arbeits-, Sozial- und Wirtschaftspolitik für die menschlichen Versuche, sich von den Zeitmaßstäben und -rhythmen der Natur zu entkoppeln.

In vielen dieser Felder ist noch keine Trendwende, keine Rückbesinnung auf unsere Abhängigkeit von natürlichen Zeitrhythmen zu erkennen. Wir beobachten im Gegenteil mit großer Sorge, daß außer im Feld der Umweltpolitik gerade in vielen Bereichen der Sozial- und Tarifpolitik unter dem Druck der schwierigen wirtschaftlichen Lage, aber auch in der Städteplanung und der Verkehrspolitik keine ernsthaften Anstrengungen unternommen werden, ja geradezu eine Negierung von natürlichen Zeitkonstanten in der Reorganisation unserer Arbeits- und Lebensabläufe deutlich wird, wenn man die Diskussion um längere Öffnungszeiten, um stärkere Ausnutzung der Maschinenlaufzeiten u. ä. verfolgt. Gerade hier wäre meines Erachtens ein Feld, bei dem man in weit stärkerem Maß die Erkenntnisse über natürliche Eigenzeiten und -rhythmen beachten müßte.

Erst die Nachhaltigkeitsdiskussion im Gefolge der UN-Konferenz von Rio 1992 und der Agenda 21 hat zumindest ansatzweise in der Umweltpolitik, beileibe aber nicht in allen anderen Politikbereichen, ein zaghaftes Umdenken eingeleitet.

Immer deutlicher wird, daß nicht nur die räumlich-materiell vorgegebene Begrenztheit der natürlichen Ressourcen und der ökologischen Tragfähigkeit des Naturhaushaltes, sondern zusätzlich die Nichtangepaßtheit menschlicher und/oder technischer Aktivitäten an natürliche Rhythmen und Zeitmaßstäbe auf Dauer eine zukunftsfähige, naturverträgliche Entwicklung der Menschheit gefährden. Dagegen würde eine stärkere Beachtung des Faktors Zeit in verschiedenen Feldern der Politik, insbesondere aber, wie ich zeigen möchte, in der Umweltpolitik zu weitreichenden Veränderungen und zu strategischen Neuansätzen führen. Dabei reichen die zu beachtenden Zeitmaße von den biologischen Eigenzeiten der Individuen bis zu den Systemzeiten ökologischer Systeme. Interessante Ansätze sind hier durchaus zu beobachten:

- in der Arbeits- und Sozialpolitik wird über an biologische Rhythmen besser angepaßte Neuregelungen der Arbeitszeit- und Lebenszeitgestaltung nachgedacht;
- in der Wirtschaftspolitik werden neue Modelle der Öffnungszeiten und Produktionsintervalle unter Berücksichtigung biologischer Eigenzeiten in fortschrittlichen Firmen erprobt.

205   Es gibt jedoch auch immer noch gegenläufige Entwicklungen:

- in der Forschungs- und Technologiepolitik, in der eine weitere Beschleunigung der technischen Innovationsschübe als unerläßliche Voraussetzung für die globale Wettbewerbsfähigkeit angesehen wird;
- in der Verkehrspolitik, in der eine weitere Verkürzung der Fahrtzeiten und Erhöhung der Geschwindigkeiten nach wie vor (für wen?) vorrangiges Ziel ist.

Es ist das Verdienst der Evangelischen Akademie Tutzing, das Defizit heutiger Politik und Lebensweisen hinsichtlich der Berücksichtigung natürlicher Eigenzeiten thematisiert und den Versuch unternommen zu haben, in mehreren Tagungen und wichtigen Publikationen die verschiedenen Versuche des Menschen und der Gesellschaft analysiert zu haben, sich von den natürlichen Eigenzeiten zu entkoppeln.

In vielen Bereichen der Gesellschaft verstärkt sich die Einsicht, nicht zuletzt aufgrund dieser Thematisierung, daß die Berücksichtigung natürlicher Zeitmaße und -rhythmen bisher bei der Gestaltung unserer Lebensbedingungen sträflich vernachlässigt worden ist. Es wird zunehmend erkannt, daß die Zeitdimension der Ökologie bei strategischen Entscheidungen bedacht werden muß und zu ganz anderen Richtungsentscheidungen führt, wenn man das Ziel einer zukunftsfähigen und naturverträglichen Entwicklung ernst nimmt.

Dabei bietet sich für die begriffliche Klärung, was die Berücksichtigung des Faktors Zeit im konkreten Einzelfall bedeutet, ein Analogon zum Raumbereich an, das erstmals von Barbara Adam in die Diskussion gebracht wurde und das erlaubt, die vielfältigen, manchmal verwirrenden Einzelheiten natürlicher Zeitskalen sozusagen in einem Bild einzufangen und einander zuzuordnen: *timescape*.[1] Es ist meines Erachtens legitim, hierfür in Analogie zum Begriff der (räumlichen) Landschaft den Begriff *Zeitlandschaft* zu benutzen. Landschaft ist der integrierte Begriff für ein Bündel räumlicher Strukturelemente, die zueinander in vielfältigen Beziehungen stehen und häufig, aber nicht ausschließlich durch ökologische Prozesse regiert werden. Ähnlich wie in einer raumbezogenen Landschaft bestimmte Strukturelemente ihre Bedeutung für Individuen oder einzelne Arten haben, andere dagegen wesentlich für die Funktion des gesamten Naturhaushaltes oder eines Teils von ihm wie dem Wasserhaushalt sind, aber zusammen nur ein vollständiges Bild dieser Landschaft ergeben, so lassen sich verschiedene Zeitlandschaften denken, in denen unterschiedliche Naturzeiten den spezifischen Charakter dieser Zeitlandschaft ausmachen und damit auch ihre spezifische Bedeutung für die Mitgestaltung der gesellschaftlichen Organisation ergeben. Hier stehen wir erst am Anfang einer systematischen Entwicklung.

Mit diesem Beitrag soll versucht werden, anhand einiger Beispiele der praktischen Umweltpolitik aufzuzeigen, in welcher Weise in Zukunft der Faktor Zeit stärker berücksichtigt werden kann und zu welchen oft dramatisch anderen Entscheidungen über die Richtung des einzuschlagenden Weges man dabei kommen kann. Es zeigt sich dabei, daß dies durchaus kein ausschließlich pessimistisches Bild sein muß, sondern daß Vorsorgepolitik in Ansätzen bereits versucht hat, ökologische Zeitmaße in der Umweltpolitik der Bundesrepublik Deutschland und der Europäischen Union zu berücksichtigen. Auch auf internationaler globaler Ebene sind mit dem Montreal-Protokoll erste hoffnungsvolle Änsätze zu erkennen.

Von angeblich reversiblen Zeiten zum Sonnenzeit-Maß

Ich kehre zurück zu dem Vergleich mit dem ersten Hauptsatz der Thermodynamik. Die Ausblendung des Faktors Zeit aus den Entscheidungen der Umweltpolitik hat die Illusion genährt, alle Vorgänge als Folge unseres Tuns seien im Prinzip reversibel, umkehrbar oder rückholbar. Dies galt für eine kurzsichtige Abfallpolitik der 70er und 80er Jahre ebenso wie bei der atomaren Entsorgung.

Erleichtert wurde dieses Denken ohne Zeitbezug durch die Nutzung großer und konzentrierter Energiemengen aus den Energiedepots der Erdgeschichte, den Öl-, Gas- und Kohlelagerstätten. Jahrhunderte, ja Jahrtausende lang war das Zeitmaß der Sonne und der Bewegung der Erde um die Sonne das Maß, an dem sich alle menschlichen und anderen biologischen Aktivitäten ausrichteten. Wie die gesamte Natur, war auch das Spektrum der menschlichen Aktivitäten auf geringe Energieflüsse eingestellt. Dinge brauchten ihre Zeit und ließen sich nur geringfügig durch intelligente technische und organisatorische Vorkehrungen beschleunigen.

Mit der Nutzung der Energiedepots wurde die Illusion genährt, menschliche Aktivitäten ließen sich von den als zu langsam empfundenen Vorgängen in der Natur *abkoppeln*. Dieses Denken ging zeitweise so weit, sich künstliche Welten, von Menschen für Menschen geschaffen und von Menschen reguliert vorzustellen und ging einher mit der Einstellung, die Natur nach den Bedürfnissen des Menschen zu nutzen und zu gestalten. Es scheint, daß diese Phase einer abiotischen Technik- und Industriegläubigkeit allerdings mit der Ökologiedebatte überwunden werden kann. Dennoch, der ungezügelte Verbrauch der Energiedepots läßt heute noch viele in dem Irrglauben, alles sei zu jeder Zeit an jedem Ort machbar, auch wenn wir zunehmend die Grenzen dieses Verhaltens erkennen.

Just in time, ein schranken- und grenzenloser Verkehr zu Lande, zu Wasser und in der Luft, Erdbeeren zu jeder Jahreszeit und Jetset an jeden Ort der Erde entsprechen dem Wunschdenken vieler und sind ja auch tatsächlich mit immensem Energieaufwand zumindest für einen begrenzten Teil der Menschen realisierbar.

Der kurzzeitige Energieüberfluß aufgrund der raschen Nutzung des Kohlenstoffdepots, von der wir derzeit zehren, läßt uns in unserem wirtschaftlichen Handeln, um bei unserem Beispiel zu bleiben, nicht über die Erkenntnisse des ersten Hauptsatzes der Thermodynamik hinauskommen, wonach jeder Vorgang im Prinzip reversibel, d. h. umkehrbar und rückholbar ist. Praktisch werden wir für unser Wirtschaften die zeitliche Dimension der Natur und die Irreversibilität aller Vorgänge erst erfahren, wenn sich die Energiedepots dem Ende zuneigen. Dies wird noch 4 bis 5 Generationen dauern, dann wird für den Menschen wieder gelten, was in der Natur schon immer galt: das Zeit- und Energiemaß der Sonne.[2]

Unsere Nachkommen werden einmal sehr verwundert auf jene 12 bis 15 Generationen des Industriezeitalters blicken, die ihre Energievorräte, zu deren Ansammlung die Natur Jahrmillionen benötigte, in der kurzen Zeitspanne von 200 Jahren verzehrt haben. Dieses energetische Sponsoring, wie es einmal genannt wurde, hat zu einer gewissen geistigen Trägheit geführt, zu einem Verlust an notwendiger Kreativität für innovative Techniken und Organisationsformen, um Energie auf Sonnenmaßniveau zu ökologisch verträglichem Wirtschaften nutzen zu können.

Die Gewißheit, mit dem entsprechenden Aufwand an Energieeinsatz jeden Zustand wiederherstellen zu können, hat auch lange Zeit die Umweltpolitik in dem Glauben gelassen, Umweltschäden seien mit dem entsprechenden technischen Aufwand wieder reparierbar. Heute wissen wir, daß viele Schätze der Natur unwiederbringlich verloren und manche Schäden auch mit größtem Aufwand nicht mehr reparierbar sind. Deshalb lebt die Industriegesellschaft in einem (nicht nur energetischen) Ausnahmezustand und es wird langsam vielen Bürgern – eher als manchen Politikern – klar, daß grundlegende Veränderungen bevorstehen. Sie merken, daß in dem Grundmuster unseres Wirtschaftens ökologische Webfehler, nämlich Zeitfehler sind und daß diese etwas mit dem *Verhältnis des Menschen zur Natur* und zu den *Zeiten der Natur* zu tun haben. Oder, wie Jeremy Rifkin es ausdrückt:

„Die Wirtschaftskrise und die Umweltkrise der Gegenwart ist im wesentlichen eine Zeitkrise. Wenn wir unser Konto mit der Natur ausgleichen wollen, müssen wir das Tempo unserer Wirtschaftstätigkeit so drosseln, daß es sich mit den Zeitplänen der Natur verträgt."[3]

Der Faktor Zeit führt uns zur Nachhaltigkeit

Dies führt zu einer ersten wichtigen Schlußfolgerung, die für eine Umsetzung des Zeitdenkens in praktische Politik wichtig ist: Die Berücksichtigung des Faktors Zeit in Wirtschaft und Umweltschutz führt uns direkt zu dem Begriff bzw. der Handlungsanleitung der *Nachhaltigkeit*. Nachhaltigkeit in der Nutzung begrenzter Ressourcen und in der Inanspruchnahme natürlicher Senken bedeutet Zukunftsfähigkeit unseres Handelns auch über längere Zeiträume hinweg als nur das Industriezeitalter, während der Verzehr wertvoller Energiedepots innerhalb einer Zeitspanne von 200 Jahren nachfolgende Generationen weitgehend ohne Zukunft hinterläßt.

Nachhaltigkeit oder Zukunftsfähigkeit, von manchem im traditionellen Fortschrittsglauben Verhafteten rasch in nachhaltiges Wachstum (sustainable growth) umgemünzt, bedeutet aber in der Tat den Abschied von der bisherigen Form des Wirtschaftswachstums. Denn jede Umweltpolitik, die die natürlichen Lebensgrundlagen langfristig erhalten soll, ist zum Scheitern verurteilt, wenn materielles und nur mit hohem Energieaufwand bewirktes Wirtschaftswachstum weiterhin zum vorrangigen Ziel erklärt wird. Wir sehen, wie intelligente Umweltschutzmaßnahmen am Produkt, ob PKW oder Computer, durch die Dynamik massenhafter Produktion und Konsumtion überrollt werden.

Deshalb wird uns längerfristig nichts anderes übrigbleiben, als die Entkoppelung wirtschaftlicher Aktivitäten von Zeitverläufen der Natur – z. B. natürlichen Regenerationsprozessen des Grundwassers, der Böden oder ganzer Ökosysteme – zu stoppen und sie mit den verschiedensten Zeitabläufen natürlicher Zyklen zu synchronisieren. Die Synchronisation mit natürlichen Rhythmen und Zeiten ist letztlich der einzige Weg zu Nachhaltigkeit und Zukunftsfähigkeit.

Die Diskussion um Nachhaltigkeit und Zukunftsfähigkeit hat mit der UN-Konferenz in Rio an Fahrt gewonnen. Ein Symptom hierfür ist, daß neben einer durchaus bemerkenswerten internationalen Diskussion auch national der Sachverständigenrat für Umweltfragen sich dieses Themas dezidiert in seinem Umweltgutachten 1996 angenommen hat und erste Ansätze zur Operationalisierung und politischen und gesellschaftlichen Umsetzung dieses Leitbildes aufgezeigt hat.[4]

Der Sachverständigenrat bezieht sich dabei ausdrücklich auf die Ergebnisse der 1992 vom Bundestag eingesetzten Enquete-Kommission „Schutz des Menschen und der Umwelt". Mit dem Endbericht „Industriegesellschaft gestalten – Perspektiven für einen nachhaltigen Umgang mit Stoff- und Materialströmen" versuchte die Kommission Perspektiven für eine zukunftsverträgliche Entwicklung aufzuzeigen.[5] Bemerkenswert ist, daß sie dabei Regeln für die Nutzung natürlicher Ressourcen aufstellt, die neben Regeln für die Nutzungsraten von erneuerbaren und nicht erneuerbaren Ressourcen sowie zu Stoffeinträgen in die Umwelt erstmals eine auf den Zeitfaktor abzielende Regel aufstellt: „Das Zeitmaß anthropogener Einträge bzw. Eingriffe in die Umwelt muß in ausgewogenem Verhältnis zum Zeitmaß der für das Reaktionsvermögen der Umwelt relevanten natürlichen Prozesse stehen".

Der Sachverständigenrat bezeichnet die Frage, inwieweit es gelingen wird, das Nachhaltigkeitsprinzip in allen wirtschaftlichen Aktivitäten zu verankern, als die Schlüsselfrage für das wirtschaftliche, soziale und ökologische Schicksal der Industriegesellschaft. Zugleich wird festgehalten, daß die jetzige Form des Wirtschaftens und des Umgangs mit der Natur den von der Enquete-Kommission aufgestellten Kriterien nicht genügt und die Forderung erhoben, die derzeit herrschende Wirtschaftsweise müsse verändert werden.

In seinem Umweltgutachten gibt der Sachverständigenrat auch eine Bestandsanalyse der gegenwärtig sichtbaren politischen und gesellschaftlichen Ansätze eines solchen mit den Zeiten der Natur harmonisierten Leitbildes einer nachhaltig zukunftsverträglichen Entwicklung. Diese Analyse kommt zu dem Ergebnis, daß trotz einiger Ansätze in Berichten der Ressorts auf der konkreten Maßnahmenebene von Bund und Ländern und für die politische Praxis das oben genannte Leitbild noch nicht ausreichend beachtet wird. Ich kann das aus meiner Erfahrung nur bestätigen.

Am meisten fortgeschritten ist die Entwicklung von Konzepten und z.T. auch von praxisorientierten Aktionen auf der Ebene der Regionen und Kommunen. Beispiel hierfür ist die zunehmende Bedeutung der meist von gesellschaftlichen Gruppen und aufgeschlossenen Stadtverwaltungen wie Heidelberg initiierten Bündnisse zu einer lokalen Agenda 21.

Daß wir von einer generellen Trendwende jedoch noch weit entfernt sind, zeigt eine vom Ökoinstitut Darmstadt für das Bundesland Hessen durchgeführte Studie „Hessen 2010". Sie kommt zu dem Ergebnis, daß bei Fortschreibung der bisherigen Ansätze zur Arbeitsmarktpolitik und der demographischen Entwicklung sämtliche relevanten Umweltbelastungen einschließlich der Zerstörung von Naturräumen weiter zunehmen werden.[6] Dabei wurden aus methodischen Gründen die aus der landwirtschaftlichen Erzeugung von Nahrungsmitteln erwachsenden Umweltprobleme noch gar nicht eingeschlossen.

Ich habe die Enquete-Kommission, den Sachverständigenrat und die Studie Hessen 2010 erwähnt, weil sie zeigen, daß das Nachdenken über die Nachhaltigkeit in den vergangenen Jahren trotz aller wirtschaftlichen Probleme deutlich zugenommen hat, die Umsetzung in die Praxis aber noch weit davon entfernt ist, Wirkungen zu zeigen, die eine zukunftsfähige Entwicklung der Industriegesellschaft erwarten läßt.

Ich will nun an einigen umweltpolitischen Beispielen deutlich machen, welche anderen umweltpolitischen Weichenstellungen sich ergeben, wenn man die Faktoren Zeit und Rhythmus der Natur in die Entscheidungsfindung mit einbezieht.

Ich möchte hierfür weniger Umweltprobleme ansprechen, die schon in den vergangenen Tagungsbänden zur Ökologie der Zeit angesprochen wurden, wie den Klimaeffekt durch Spurengase oder die Zerstörung der Ozonschicht durch FCKWs und FKWs. Sie sind natürlich ebenso mit dem Problem bisher zu wenig beachteter Zeitfaktoren belastet. Speziell aber der Fall der Ozonschicht ist ein sehr hoffnungsfroh stimmendes Beispiel, daß wegen der langen Verweilzeiten der ozonzerstörenden Spurengase in der Stratosphäre der Faktor Zeit unmittelbar und wohl zum ersten Mal in der Menschheitsgeschichte die Weltgemeinschaft zum relativ raschen Handeln bewogen hat.

Beispiel Abfallpolitik

Das erste Beispiel, das ich heranziehen möchte, ist das der Abfallpolitik und darin die spezielle Frage, die in den vergangenen Jahren zwischen Umweltverwaltung und Bürgern und/oder Umweltverbänden so häufig umstritten war: Thermische Behandlung der Abfälle versus Deponie-

211 rung. Die Auseinandersetzung wurde zunächst nahezu ausschließlich unter Betrachtung potentieller Schadstoffbelastungen der Luft, und zwar anfangs fast nur unter dem Gesichtspunkt von klassischen, unmittelbar zu gesundheitlichen Beeinträchtigungen führenden Prozessen, geführt. Dieses Beispiel zeigt, daß auch die Umweltbewegung nicht davor gefeit war, ihre Strategie auf falschen, sprich kurzfristig und den Zeitfaktor weitgehend ausklammernden Grundlagen aufzubauen.

Denn: Die Betrachtung ausschließlich der Luftschadstoffe als kurzfristigen Belastungsfaktor ergab unter Ausblendung langfristiger Zeitfaktoren erhebliche Bedenken gegen eine thermische Behandlung von Abfallstoffen. Erst mit erheblichen Anstrengungen zur Emissionsreduzierung der Abfallverbrennung ließ sich ein Teil der Bedenken der Umweltbewegung ausräumen.

Mit der Einbeziehung der Methanemissionen aus Deponien als relevanten Beitrag zur Klimabeeinflussung in vergleichenden Ökobilanzen erhielt die Abfalldiskussion einen neuen Akzent. Die Verteufelung der Verbrennung geriet ins Wanken. Vollends verschob sich die vergleichende Bewertung von thermischer Behandlung gegenüber der Deponierung verschiedenartiger Stoffgemische auf Deponien, als deutlich wurde, daß die insgesamt erheblich zu Buche schlagenden CH_4-Emissionen aus Deponien nicht nur Klimarelevanz besitzen, sondern gleichzeitig Ausdruck langfristig wirkender chemischer Prozesse in einem Deponieaufbau sind. Deponien sind bei näherer Betrachtung unter Beachtung des langfristigen Zeitfaktors unbeherrschte chemische Reaktoren mit ungewissem Ausgang für ökologische Belastungen in der Zukunft. Deponien können deshalb so lange kein zukunftsfähiges Modell für das Wohlergehen künftiger Generationen sein, so lange nicht unsere Generation dafür sorgt, daß nur absolut inerte, d. h. für geologische Zeiträume unverändert bleibende Stoffe deponiert werden. Damit zeigt sich, daß die Einbeziehung des Zeitfaktors zu einer Verschiebung der vergleichenden ökologischen Bewertung von Deponien und Abfallverbrennungsanlagen geführt hat.

Heute ist man sich weitgehend einig, daß nur eine zu inerten Stoffen führende thermische Behandlung von Abfällen den Ansprüchen an die Langfristsicherheit von Deponien gerecht wird. Die Umweltpolitik hat dem – zum Teil auch aus anderen Überlegungen heraus – Rechnung getragen, indem die thermische Behandlung unter den heutigen hochwertigen Behandlungstechniken als die zukunftsfähigere Alternative gegenüber der Deponierung von Mischstoffen angesehen wird.

An dem Beispiel wird auch deutlich, daß unter Berücksichtigung des Faktors Zeit es nicht um die Alternative Verbrennung oder Deponierung gehen konnte, sondern um die Art der Behandlung und letztlichen Lagerung. In diesem Streit um letztlich falsche Alternativen wurden viele Energien verbraucht, die besser auf die am Ende wichtigen Fragen der Vermeidung hätten konzentriert werden müssen. Auch die Umweltverbände haben dieser veränderten Bewertung, wenn auch zögerlich, Rechnung getragen.

Beispiel landwirtschaftlicher Anbau

Als zweites Beispiel ist die landwirtschaftliche Bodenbearbeitung und ihr Einfluß auf die langfristige Erhaltung der Bodenfruchtbarkeit, die Vermeidung übermäßiger Bodenerosionen zu nennen. Die europäische Agrarpolitik war in den vergangenen 40 Jahren darauf programmiert – ausgehend von der Nahrungsmittelknappheit der Nachkriegsjahre – die Nahrungsmittelproduktion mittels produktionsmengenorientierter Subventionen um fast jeden Preis auszuweiten. Die Folgen dieser kurzfristorientierten Politik sind bekannt: Riesige Überschüsse, die zudem von der EU aufgekauft, zu riesigen Lagerhaltungskosten und schließlich weiteren ökonomischen Verlusten für die Gesamtgesellschaft führten, wenn sie zu Schleuderpreisen bei Auslaufen ihrer Haltbarkeit auf den Markt geworfen werden mußten.

Zugleich führte diese Landwirtschaftspolitik zu einer Konzentration, Spezialisierung und Intensivierung der Bodenbearbeitung, zu einer Ausräumung der Landschaft in vielen Landstrichen und nicht zuletzt durch Züchtung und neuerdings gentechnisch veränderte Nutzpflanzen und Nutztiere zu einer Einengung des genetischen Potentials und einer besorgniserregenden Artenarmut bei Nutz- und Wildarten. Damit wurde die Landwirtschaft, die heute noch bis zu 40% der Landesfläche bearbeitet, nicht nur ein ökonomisches Problem, sondern ein ökologisches Problem erster Güte.

Folge dieser verfehlten Landwirtschaftspolitik, die mit hunderten von Milliarden Mark subventioniert wird, sind gefährdete und erodierte Böden, eutrophierte Gewässer, gefährdetes Trinkwasser und eine Artenverarmung in Flora und Fauna, die eines Tages lebensbedrohend sein kann. Möglich wurde diese Landwirtschaft durch den exzessiven Einsatz von Energie und damit Kunstdünger unter Einsatz großen Kapitals.

213 Auf der Strecke blieben die kleinen Landwirte, profitiert haben die agrarischen Großbetriebe und die Nahrungsmittelverarbeiter, bezahlt hat auch der Verbraucher mit einem hohen Verlust an Nahrungsmittelqualität und gequälten Tieren in einer abstoßenden Massentierhaltung.

Bezahlen muß aber auch jede und jeder von uns als Erholungssuchende(r) mit Verlust an Lebensqualität in monotonen, artenarmen und ereignislosen „Landwirtschafts-Landschaften". In vielen mitteleuropäischen Mittelgebirgslandschaften hat diese falsche Landwirtschaftspolitik zudem dazu geführt, daß der letzte Landwirt dabei ist, das Dorf zu verlassen, weil es sich für ihn auf Grenzertragsböden nicht mehr rentiert. Damit entfällt eine wichtige und positive Funktion des vernünftig wirtschaftenden Landwirts, nämlich die Pflege der Kulturlandschaft.

Ein wichtiger Hintergrund für diese katastrophalen Folgen einer falschen Landwirtschaftspolitik ist auch hier wiederum die *Kurzfristorientierung* der maximalen Ertragssteigerung, das Ausblenden des Faktors Naturzeiten aus den ökonomischen Überlegungen.

Ein Grund dafür, daß diese Politik relativ unbeschadet und unkritisiert über Jahrzehnte betrieben werden konnte, liegt in den relativ langskaligen Zeitprozessen der Bodendegradation und Bodenerosion unter den Bedingungen des mitteleuropäischen Klimas und der vergleichsweise hervorragenden Bodenbeschaffenheiten Mitteleuropas. In den Tropen, in denen Bodendegradation unter ähnlich intensiven Bewirtschaftungsmethoden aufgrund wesentlich höherer Stoffumsätze in der vergleichbaren Zeiteinheit wesentlich schneller auftritt, kennt man die Probleme ausgelaugter Böden sehr viel besser und wird von der Zeit schneller eingeholt als in unseren Breitengraden.

In der EU hat man das Problem der falsch angelegten Landwirtschaftspolitik wenigstens ansatzweise erkannt. Mit der ersten zaghaften Agrarreform von 1992 wurden erstmals Förderprogramme für umweltschonende Landbewirtschaftung aufgelegt, allerdings nur halbherzig und nicht im großen Stil:

Nur 2% der Haushaltsmittel für Agrarförderung aus dem gesamten Topf von etwa 55 Milliarden DM pro Jahr wurden für derartige Umweltprogramme bereitgestellt. Zahlreiche Bundesländer, voran die Mittelgebirgsländer haben diese Chance zur Einrichtung von spezifischen Förderprogrammen genutzt, die zu umweltschonenden Bewirtschaftungsweisen führen. So werden z. B. in Rheinland-Pfalz in Biotopsicherungsprogrammen im Rahmen eines „Förderprogramms Umweltfreundliche Landwirtschaft" (FUL) die Anlage und Pflege von ökologisch hochwertigen Streuobstwiesen, extensivem Grünland sowie der ökologische Landbau gefördert.

Den Verantwortlichen in Bonn und Brüssel ist spätestens mit der Einbeziehung der neuen Bundesländer, aber auch mit der Möglichkeit der Erweiterung der EU um die agrarisch strukturierten Länder des früheren Ostblocks klar geworden, daß eine radikale Umkehr hin zu flächendeckendem ökologischem Landbau eine durchaus denkbare Entwicklung darstellt. Die Studie „Zukunftsfähiges Deutschland" des Wuppertal Instituts kommt zu ähnlichen Schlußfolgerungen.[7]

Gedankliche Ansätze für eine nachhaltige zukunftsfähige Landwirtschaft gibt es also, nun ist die Politik am Zuge, diese in die wirtschaftliche Praxis umzusetzen. Zunehmend wird dabei klar, daß der Druck der Verbraucher hierin ein wichtiges Politikinstrument zur Realisierung solcher politischer Zielvorstellungen sein kann.

Die bisherige Entwicklung stimmt also nicht durchweg pessimistisch. Die Landwirtschaft hat in einer nachhaltig zukunftsfähigen Gesellschaft eine große Chance, auch oder gerade unter Welternährungsgesichtspunkten. Die Anbaufläche des ökologischen Landbaus in Westeuropa hat sich in den vergangenen 10 Jahren verzehnfacht, wenn auch von einem sehr niedrigen Niveau ausgehend. Aber der Trend ist unverkennbar. Eine verstärkte Umsetzung könnte die Landschaftspflegeprobleme ebenso lösen wie den Trend zur Verringerung der Bodenfruchtbarkeit und Gefahren durch Bodenerosion stoppen.

Oder wie Franz Alt es kürzlich in einem Beitrag zum Ausdruck brachte: „Die Landwirtschaft der Zukunft muß eine nachhaltige Landwirtschaft sein. Sie wird die Kreisläufe und Rhythmen der Natur wieder entdecken und damit arbeiten. Das neue Leitbild der Landwirtschaft: Landwirte werden zu Lebenswirten, Bauern produzieren, wenn sie richtig arbeiten, Lebensqualität für alle. Sie sind Wasserschützer, Kulturträger, Landschaftspfleger, kreative Unternehmer, Rohstoff- und Energielieferanten und vielleicht eines Tages auch noch Tourismusmanager. Ökobauern gelten nicht als die Letzten von gestern, sie sind die Ersten von morgen."[8] Also auch hier eine durchaus positiv stimmende Trendwende? Soweit ist es noch nicht, doch läßt sich Vernunft so lange aufhalten?

Beispiel Nahrungsmittelherstellung

Als drittes Beispiel möchte ich eines nennen, das dem zweiten benachbart ist: Die Organisation der Nahrungsmittelbereitstellung. Ein ausgeklügeltes System der Verarbeitung landwirtschaftlicher Erzeugnisse, meist mit konservierenden Hilfsmitteln und fragwürdigen, stabilitätserhöhenden, aber nicht immer qualitätsverbessernden Beimengungen sowie ein perfektioniertes Transportsystem von Lebensmitteln und landwirtschaftlichen Produkten quer durch Europa und rund um den Globus schürt beim Verbraucher die Erwartung, jedes Produkt der Natur zu jeder Zeit an jedem Ort verfügbar zu haben.

Eine solche Organisation, losgelöst von den Faktoren jahreszeitlicher Rhythmen und regionaler Identität, ist nur möglich durch die hohe Subventionierung der Transportkosten, die nicht ihrer ökologischen Schadwirkung entsprechen. Eklatantestes Beispiel, das seit Jahren angeprangert wird, ist die fehlende Besteuerung von Flugbenzin, angeblich weil man sich international nicht darauf einigen kann.

Dieses ökologisch unsinnige System würde sofort in sich zusammenbrechen, wenn die Transportpreise zu Lande, zu Wasser und in der Luft die „ökologische Wahrheit" sprechen würden. Das würde uns zugleich wieder mehr Nahrungsmittelqualität und Unmittelbarkeit des Bezugs zwischen Erzeuger und Verbraucher vermitteln. Die Ansätze zu einer jahreszeitlich und regional bezogenen Direktvermarktung und Ausschaltung qualitätsmindernder Verarbeitungsschritte sind in manchen Regionen da. Der Direktverkauf ab Bauernhof wird immer attraktiver für beide, für den Landwirt und den Verbraucher, der unmittelbare Nahrungsmittelqualität erhält.

Auch in diesem Feld wäre mehr Beachtung der natürlichen Rhythmen und Zeiten ein Mehr an Lebensqualität.

Beispiel Wasser

Ein viertes Beispiel möchte ich nennen, den Wasserhaushalt und Grundwasserschutz. Die bisherige Politik der Wasserwirtschaft über viele Jahrzehnte war von einer Beschleunigung des Wasserabflusses gekennzeichnet. Seit Tulla den Rhein begradigte, wurde in den vergangenen 180 Jahren konsequent bis hin zu kleinen Bächen verrohrt, begradigt, wurden in Bau- und Gewerbegebieten die schnelle Regenwasser- und Schmutzwasserableitung in das Kanalsystem und die Kläranlage perfektioniert, wurden Feuchtgebiete und Wälder entwässert, Baugebiete mit weitgehender Bodenversiegelung in Auenlandschaften errichtet oder Grünland zu Ackerland im Auenbereich umgewandelt.

Landbewirtschaftung hat den Bodenspeicher vornehmlich durch schwere Maschinen verdichtet und damit den Oberflächenabfluß noch zusätzlich beschleunigt. Gewässerausbau oder übermäßige Grundwasserentnahme für Trinkwasser oder Beregnungszwecke hat Wasserstände gesenkt und viele feuchte Biotopgesellschaften vernichtet. All diese Maßnahmen haben zudem dazu beigetragen, daß Hochwasser schneller und heftiger auftreten konnten und die Schadenshöhen über die Jahre hinweg zunehmen.

Eine Folge dieser Veränderungen der Gewässer- und Landschaftsstrukturen war eine massive Artenverarmung der Gewässer und ihrer Randbereiche und zugleich ein massiver Verlust an Selbstreinigungskräften der Gewässer, die auch durch den verstärkten Bau von Kläranlagen nicht zu kompensieren waren. In vielen Ländern hat hier in den vergangenen Jahren ein Umdenken eingesetzt.

Die Berücksichtigung der Zeitfaktoren der Regenerationsprozesse, der Abflußgeschwindigkeit, hat zu einer Umkehr von der früher verfolgten Gewässerpolitik in zwei wichtigen Bereichen geführt:

- In modernen Landeswassergesetzen wird die möglichst weitgehende Versickerung des Regenwassers an Ort und Stelle vorgeschrieben. Eine Mischkanalisation wird es zumindest in ländlichen Gebieten in Zukunft nicht mehr geben. Damit wird gewährleistet, daß Regenwasser dem Boden und dem Grundwasser flächendeckend wieder zugeführt wird.
- In langfristig angelegten Programmen werden die Gewässer der II. und III. Ordnung renaturiert. Dies schließt die Schaffung geeigneter Überflutungsflächen beiderseits der Gewässer und ihre Umwandlung von landwirtschaftlichen in Naturschutzflächen ein. Zugleich werden wieder natürliche mäandrierende Gewässerverläufe hergestellt.

Diese Maßnahmenbündel, die natürlich nur langfristig wirken, werden auch positive Folgen für die Grundwasserneubildung und Grundwasserbeschaffenheit haben.

Fazit

Lassen Sie mich zum Schluß ein sicher unvollkommenes Fazit ziehen: In den vergangenen vier Jahren sind in der Umweltpolitik – oder sage ich besser: für die Umweltpolitik – eine Reihe von Ansätzen entwickelt worden, wie Zeitabläufe und Zeitskalen der Natur in umweltpolitische

217 Entscheidungen eingebracht werden können. Ich habe versucht aufzuzeigen, daß sie bisherige umweltpolitische Zielsetzungen verändern können.

Diese Ansätze sind aus dem wissenschaftlichen Bereich bereits herausgewachsen, wie die intensive Befassung des Sachverständigenrates mit dem Thema zeigt. In einigen Fällen haben sie auch schon zu veränderten Zielsetzungen der Umweltpolitik geführt, die jetzt der Umsetzung in die Praxis harren. In dem besonders kritischen Feld der Landbewirtschaftung sind für Mitteleuropa erste kleine Schritte getan; bis zu einer Umkehr werden wir noch einige Jahre brauchen. In der Forstwirtschaft wird der Weg zu einer nachhaltigen naturnahen Waldbewirtschaftung von den meisten Forstverwaltungen bereits beschritten.

Insgesamt, so meine ich, ist dies kein total pessimistisches Bild. Es sind jedoch noch etliche Anstrengungen nötig, um das Leitbild Nachhaltigkeit und Zukunftsverträglichkeit, die Zeiten und Zeitrhythmen der Natur zum *Maßstab unseres Wirtschaftens* zu machen. Aber das Samenkorn der Erkenntnis, daß wir uns an die Natur anzupassen haben und nicht umgekehrt, hat zu keimen begonnen.

Literatur

[1] *Adam, B.:* Timescapes of Modernity. London 1997. – [2] *Steiger, P.:* Bauen mit dem Sonnen-Zeit-Maß. Karlsruhe 2. Auflage 1988.– [3] *Rifkin, Jeremy:* Uhrwerk Universum. München 1988. – [4] *Der Rat von Sachverständigen für Umweltfragen:* Zur Umsetzung einer dauerhaft-umweltgerechten Entwicklung (Jahresgutachten 1996). BT-Drs. 13/41 08 vom 14. 03. 1996. – [5] *Enquete-Kommission „Schutz des Menschen und der Umwelt" des Deutschen Bundestages:* Die Industriegesellschaft gestalten. Perspektiven für einen nachhaltigen Umgang mit Stoff- und Materialströmen. Bonn 1994. – [6] *Ewen, Ch./ Schröder, H./von den Busch, U.:* Auswirkungen der demographischen und ökonomischen Entwicklung auf die Umweltbelastungen bis zum Jahre 2010. Zeitschrift für angewandte Umweltforschung, Jg. 8 H. 4, S. 505–515, 1995. – [7] *BUND/Misereor (Hg.):* Zukunftsfähiges Deutschland. Ein Beitrag zu einer global nachhaltigen Entwicklung. Studie des Wuppertal Instituts für Klima, Umwelt, Energie. Basel 1996. – [8] *Alt, F.:* Wenn Landwirte zu Lebenswirten werden. Frankfurter Rundschau, 5. 3. 1996.

Michael Müller

Öko-soziale Zeitpolitik
Grundlage für eine nachhaltige Entwicklung

Die globale Tendenz zur Nonstop-Gesellschaft führt uns in der beschleunigten Entgrenzung von Zeit und Raum immer weiter von einer langfristig sozial- und umweltverträglichen Entwicklung weg. Es ist eine kulturelle Herausforderung, zur Umsteuerung in Richtung einer dauerhaften Entwicklung einen rationaleren Umgang mit zeitlichen, räumlichen und damit verbundenen ökologischen Grenzen zu gewinnen. Um diese Herausforderung bestehen zu können, ist eine Ökologie der Zeit unabdingbar. Zeitpolitik ist eine Querschnittsaufgabe für eine erfolgreiche ökologische Modernisierung.

„In der Zeit, wo niemand Zeit hat,
sich Zeit nehmen, um eine neue Welt zu entwickeln
- eine neue Zeit.“
Motto der *NaturFreunde*

Michael Müller, geb. 1948 in Bernburg/Saale (Sachsen-Anhalt). Ausbildung als Stahlbetonbauer, Diplom-Ingenieur und Diplom-Betriebswirt; Mitglied des Deutschen Bundestages seit 1983. Sprecher der SPD in der Enquete-Kommission „Chancen und Risiken der Gentechnik“ von 1984 bis 1987. Sprecher in der Enquete-Kommission „Schutz der Erdatmosphäre“ des Deutschen Bundestages von 1988 bis 1992. Vorsitzender der Enquete-Kommission „Schutz des Menschen und der Umwelt“ von 1992 bis 1993. Seit 1993 umweltpolitischer Sprecher der SPD-Bundestagsfraktion. Bundesvorsitzender der NaturFreunde. Präsidiumsmitglied des Deutschen Naturschutzrings (DNR). Zahlreiche Aufsätze und Publikationen, u. a. „Das Ende des blauen Planets?“, mit Paul Crutzen; 1990; „Wohlstand durch Vermeiden“ (1994) und „Mehr Wohlstand mit weniger Energie“ (1995), beide mit Peter Hennicke.

Michael Müller MdB, Bundeshaus - HTA 137, 53113 Bonn

Die Entdeckung von Grenzen

Eine Kernfrage durchzieht heute wie ein roter Faden die Diskussion in Politik, Wirtschaft und Gesellschaft: *Wie sieht eine dauerhaft sozial- und umweltgerechte Entwicklung aus* und wie kann sie *verwirklicht* werden? Die Antriebskraft für diese Debatte ist die Erkenntnis, zumindest aber das sich ausbreitende Gefühl, daß eine Fortsetzung des industriellen Wachstumsmodells mit großen Gefahren verbunden und von daher auch nicht generalisierbar ist. Vieles spricht dafür, daß nach dem Ende der Systemkonkurrenz Theodor W. Adornos Prognose des Spätkapitalismus zur Realität wird:

> „Die falsche Identität zwischen der Einrichtung der Welt und ihren Bewohnern durch die totale Expansion der Technik läuft auf die Bestätigung von Produktionsverhältnissen hinaus, nach deren Nutznießern man fast vergeblich forscht. Die Verselbständigung des Systems gegenüber allen, auch gegenüber den Verfügenden, wird einen Grenzwert erreichen." [1]

Die Erkenntnis der achtziger Jahre ist, daß die moderne Zivilisation zur ökologischen Selbstzerstörung fähig ist, so wie dies der Paläontologe André Leroy-Gourhan beschrieben hat:

> „Noch kommt die Natur an einigen Küsten und in einigen Waldstücken zum Vorschein. Doch es scheint, als stünden wir heute vor den letzten freien Beziehungen, die der Mensch mit seiner natürlichen Umwelt unterhält. Befreit von seinen Werkzeugen, seinen Gesten und Muskeln, von der Programmierung seiner Handlungen und seines Gedächtnisses, befreit von der Phantasie, an deren Stelle die Perfektion des Fernsehens getreten ist, befreit auch von der Tier- und Pflanzenwelt, vom Wind, von der Kälte, von den Mikroben und dem Unbekannten der Gebirge und Meere, steht der Homo Sapiens wahrscheinlich am Ende seiner Laufbahn."

Die über Jahrhunderte entwickelte europäische Moderne ist aus der Trias von Neuzeit, Industrialismus und Kapitalismus hervorgegangen. Seit dem Mittelalter hat sich dieses Modell herausgebildet, um heute weltweit die Wirtschafts- und Lebensweisen ebenso zu dominieren wie die Vorstellungen von Wohlstand und Fortschritt. Ihren Anfang nahm diese Europäisierung der Erde in der Renaissance, der Übergangsphase vom Mittelalter zur Neuzeit. Im „Zeitalter der Entdeckungen und der

221 Eroberungen" kam Europa aus einer tiefen Krise heraus, begann der Kolonialismus, breitete sich das Bank- und Geldwesen aus, kam es mit der Ausbreitung von Pest, der Erfindung der Kanonen und den Kriegen gegen die Bauernschaft zu einer Brutalisierung der menschlichen Denk- und Verhaltensweisen.[2]

Diese Epoche ist von überragender Bedeutung für die Entstehung der europäischen Moderne. Selbst die Aufklärung hat sich im *Gegensatz zur Natur* definiert.[3] Darin liegt ein wichtiger Schlüssel, um die heutigen Fehlentwicklungen zu verstehen, die sich nicht nur im problematischen Wechselverhältnis zwischen Mensch und Natur zeigen, sondern auch in der Spaltung zwischen Nord und Süd. Die Triebkräfte für den Aufstieg Europas waren machiavellistischer Machtdrang, militärische Überlegenheit durch die Feuerwaffentechnik und die auch durch die Rüstungsspirale in Gang gesetzte Steigerung wirtschaftlicher und technischer Macht, die schließlich zur Industriellen Revolution und in den Industriekapitalismus führten.

Als im 18. Jahrhundert dieses „Wirtschaftswunder" von England aus seinen weltweiten Siegeszug antrat, der die Gesellschaften einem tiefgreifenden Wandel unterwarf, hatte sich der ökologische Kolonialismus europäischer Mächte längst etabliert. Die Herausbildung der „großen Industrie" durch räumliche und zeitliche Konzentration von Lohnarbeit und Produktionsmitteln sowie durch Arbeitsteilung und Spezialisierung für einen anonymen Markt erzwangen eine neue ökonomistische Zeitlogik: Die „Ökonomie der Zeit" (Karl Marx) mit dem Ziel der systematischen Ausbeutung und Einsparung von Zeit.

Das „Jahrhundert der Ökonomie", wie Ernst-Ulrich von Weizsäcker das 20. Jahrhundert charakterisierte,[4] hat zu einer einzigartigen und sich noch immer beschleunigenden Entgrenzung von Zeit und Raum geführt. Seine Dynamik liegt in der permanenten Auflösung tradierter Wirtschafts- und Lebensweisen und der Aushebelung vorgegebener Ordnungen. Doch je mehr die „Grenzenlosigkeit" in Produktion und Konsum wie in der Ausbeutung der Natur voranschreitet, desto deutlicher wird, daß für dieses Wachstumsmodell die Erde zu störanfällig und endlich, zu klein und ungleich ist. Mit dem Erreichen des „kritischen Quantums von Wachstum" werden tiefe Umbrüche unausweichlich.[5] Dennoch wird im Zeitalter der Globalisierung die Entgrenzung weiter beschleunigt, ja in ihr werden mehr denn je Maßstab und Voraussetzung für wirtschaftlichen Erfolg gesehen.

Damit stellt sich die Frage, wie diese Gefahren abgewendet werden können? Von allen Seiten wird die Idee der *dauerhaften Entwicklung* als Ausweg gesehen. Statt den Vorrang entweder Wirtschaftswachstum, Sozialstaat oder Umweltschutz zu geben, scheinen sich mit der dauerhaften Entwicklung soziale, ökologische und ökonomische Ziele miteinander verbinden zu lassen. Diese Hoffnung ergibt sich aus der Definition der Vereinten Nationen, die darunter eine Entwicklung verstehen, die den Bedürfnissen der heutigen Generationen entspricht, ohne die Möglichkeiten künftiger Generationen zu gefährden, ihre eigenen Bedürfnisse zu befriedigen und ihren Lebensstandard zu wählen.[6]

Bis heute gibt es jedoch keine konsensfähige Definition, was unter einer dauerhaften Entwicklung konkret zu verstehen ist. Handelt es sich um ein grundlegend neues Paradigma oder ist sie nur eine Ergänzung der bisherigen Wirtschaftsmechanismen um die Ökologisierung der Technik? Meist wird dauerhafte Entwicklung mit nachhaltigem Wachstum gleichgesetzt. Die beruhigende Formel heißt: Wachstum und Umweltschutz sind vereinbar, weil dies der technische Fortschritt ermöglichen kann. Doch diese Formel trägt nicht, weil sie viel zu kurz greift. Ohne tiefgreifende Veränderungen in Wirtschaft und Gesellschaft wird Dauerhaftigkeit nicht zu verwirklichen sein. Ihr Ziel muß es sein, Grenzen für das Wachstum von Wirtschaft und Technik festzulegen, um die natürlichen Lebensgrundlagen zu bewahren und die sozialen Lebenschancen gerecht zu verteilen. Das setzt eine politische Steuerung der Ökonomie voraus.

Heute steht die Menschheit vor einer ähnlich bedeutsamen Weichenstellung wie bei der Durchsetzung des Sozialstaates, der in den letzten Jahrzehnten die Zivilisierung des Kapitalismus ermöglicht hat. Diese „soziale Disziplinierung der Freiheit" (F. D. Roosevelt) hat durch einen Interessensausgleich zwischen Kapital und Arbeit der Gesellschaft ein Optimum an Chancen ermöglicht und der wirtschaftlichen Entwicklung mehr Rationalität gegeben. Die ökonomischen Grundlagen für diesen sozialstaatlichen Kompromiß waren Wachstum und Beschleunigung, Arbeitsteilung und Internationalisierung. Doch es gibt offensichtlich eine innere Scheidelinie des Wachstums, bei deren Überschreitung sich die ökologischen Gefahren zuspitzen und überwunden geglaubte soziale Probleme über die Peripherie in die industrialisierten Zentren zurückkehren.

Die *globale Tendenz zur Nonstop-Gesellschaft* legt die Grenzen des industrialistischen Fortschritts- und Effizienzparadigmas offen. Die dramatische Zerstörung der Natur kann nicht auf einzelne, noch so schwerwiegende Mißstände reduziert werden, die mittlerweile das Alltagsbewußtsein breiter Schichten prägen. Sie ist vielmehr die Folge ökonomisch-technischer Verwertungsinteressen und kultureller Weichenstellung und damit ein Teil der Krise des industrialistischen Modells, in dem Kapitalismus und Wachstumsdynamik zusammenkommen. Neben den großen Erfolgen des Modells für Massendemokratie und -wohlstand ist dies die andere, meist verdrängte Seite der Doppelgesichtigkeit der modernen Gesellschaft, in der Fortschritt und Rückschritt eng nebeneinander liegen. Deshalb ist ein neuer gesellschaftlicher Vertrag notwendig, der die Gewalt und die Gefahren, die mit dem technisch-ökonomischen Wachstum verbunden sind, bändigt und die Chancen der Produktivität für Fortschritt nutzt.

Doch nach dem Ende der Ost-West-Konfrontation ist eine rationale Debatte über gesellschaftliche Alternativen schwieriger geworden. Der reformpolitische Antrieb durch die Systemkonkurrenz ist weggefallen. Die vermeintlichen „Sieger" sehen den Zusammenbruch des Ostblocks nicht als kräftigen Schuß auch gegen den eigenen Bug, sondern mißverstehen ihn als Erfolg einer überlegenen Ordnung, die im Grundsatz nicht in Frage gestellt werden darf.[7]

Hinzu kommt, daß die Frage nach der Alternative nicht umfassend beantwortet werden kann, weil viele Wechselwirkungen, Unsicherheiten und Einschnitte mit der sozial-ökologischen Erneuerung der gesellschaftlichen Ordnung verbunden sind. Es wäre zudem ein Irrweg, nach dem Scheitern der Zentralverwaltungswirtschaften, die das Ergebnis einer „geschlossenen Ideologie" waren, der erneuten Entfesselung des Kapitalismus wiederum eine totale Alternative entgegenstellen zu wollen. Statt dessen müssen mehr Demokratie und gesellschaftliche Verantwortung sowie neue Leitbilder von Wohlstand und Freiheit zu Orientierungspunkten für den Strukturwandel in Richtung einer dauerhaft sozial- und umweltverträglichen Entwicklung werden. Dies kann nur ein offener, korrekturfähiger und berechenbarer Prozeß gesellschaftlicher Reformen sein.

Was jedoch bisher in der Regel unter einer dauerhaften Entwicklung verstanden wird, bleibt weit hinter der Dimension der tatsächlich anstehenden wirtschaftlichen, sozialen und ökologischen Herausforderungen zurück. Eine wesentliche Voraussetzung für Dauerhaftigkeit ist neben der Demokratisierung von Macht und Herrschaft der *rationale Umgang mit zeitlichen, räumlichen und ökologischen Grenzen.* Andernfalls wird die ökonomische Verwertungslogik schrankenlos in der Verfolgung und Steigerung partikularer Interessen. Sie treibt ständig über die vorgegebene Ordnung hinaus. Wenn es deshalb nicht zu neuen Formen „sozialer Verregelung amorpher Gewalt" kommt, um der Entwicklung von Gesellschaft Stabilität und Rationalität zu geben,[8] drohen ein Übergewicht ökonomischer Interessen einerseits sowie soziale und ökologische Desintegration durch die grenzenlose Ökonomisierung von Zeit und Raum andererseits. Die Gegenwart wird, so Alexander Kluge, zum permanenten Angriff auf die übrige Zeit. Die universelle Nonstop-Gesellschaft läßt Vergangenheit und Zukunft verschwinden, völlig losgelöst von den Zeitrhythmen der Natur.

Eine dauerhafte Entwicklung ist zuerst eine *kulturelle Herausforderung* an Vernunft und Aufklärung, an Gerechtigkeit und Freiheit. Diese Werte müssen neu bedacht und neu bestimmt werden. Der rationale Umgang mit Zeit, um das rechte Maß zu finden, ist hierbei eine Schlüsselfrage für eine friedliche und soziale Zukunft der menschlichen Zivilisation. Deshalb ist die Feststellung wichtig: Das expansive, Zeit und Raum entgrenzende industrialistische Wachstumsmodell hat mit in die heutige Krise geführt. Auch mit „Umweltschutztünche" würde eine Intensivierung der Zeitausbeutung noch tiefer in die Sackgasse führen.

Die Zukunftsgefahren sind aber nicht naturgesetzlich. Sie können abgewendet werden, wenn die ökologische Debatte über die heutigen Ansätze hinausgeht und sich als Motor einer radikalen gesellschaftspolitischen Reformbewegung versteht. *Die Einbeziehung einer Ökologie der Zeit ist hierbei unabdingbar.* Völlig zu Recht legt die Studie „Zukunftsfähiges Deutschland" einen Schwerpunkt auf das neue Leitbild „Zeitwohlstand".[9]

Die Doppelgesichtigkeit des Industriezeitalters

Die industrielle Revolution hat die Grundlagen für einen geschichtlich neuartigen Typus von Gesellschaft geschaffen. Die „Große Transformation" zur Industriegesellschaft ist neben der landwirtschaftlichen Revolution des späten Neolithikums das einschneidendste Ereignis der Zivilisationsgeschichte.[10] Durch die Nutzung von wissenschaftlichem Erkenntniszuwachs, Kapitalakkumulation, Arbeitsteilung und internationalem Warenaustausch konnte sich die Menschheit von früheren Beschränkungen und Abhängigkeiten befreien und mehr Wohlstand zumindest für die Menschen in den Industriestaaten erkämpfen. Doch die ungeregelten Folgen dieser Expansion zeigen sich in immer neuen Bedrohungen.

An der Dynamik der Produktivkräfte machten sich die Hoffnungen der sozialen Bewegungen auf eine „bessere Zukunft" fest: Durch

225 kollektives Handeln sollte es möglich werden, den bürgerlichen Staat zu überwinden, die Ausbeutung des Menschen durch den Menschen zu beenden und alle undemokratischen Formen von Herrschaft zu beseitigen. Karl Marx benutzte dafür das Begriffspaar von Produktivkräften und Produktionsverhältnissen: „Eine Gesellschaftsformation geht nie unter, bevor alle Produktivkräfte entwickelt sind, für die sie weit genug ist, und neue höhere Produktionsverhältnisse treten nie an die Stelle, bevor die materiellen Existenzbedingungen derselben im Schoß der alten Gesellschaft selbst ausgebrütet worden sind."[11]

Diese handlungstheoretische Strategie der (Höher-) Entwicklung der Gesellschaft ist die Basis des *traditionellen Fortschrittsgedankens:* Das Wachstum von Wirtschaft und Technik, die Entgrenzung von Zeit und Raum und die zunehmende Warenproduktion schaffen die materiellen Voraussetzungen, um überholte Verhältnisse umzustoßen und durch Massenwohlstand mehr Vernunft und Gerechtigkeit in eine Welt von Kriegen, Elend und Unterdrückung zu bringen. Die Kräfte des Industriezeitalters schienen diese progressive Vorwärtsbewegung der Gesellschaft möglich zu machen. Die „Selbstproduktion von Gesellschaft" durch kollektives und vernunftsgerechtes Handeln wurde deshalb zum Ausgangspunkt moderner politischer Theorien: die Reform der Gesellschaft als das Ergebnis der bewußten Nutzung der evolutionären Dynamik und Überlegenheit industrieller Systeme.[12]

Bereits einige wenige Zahlen zeigen, wie sehr die industrielle Dynamik das 20. Jahrhundert geprägt hat: Seit 1900 hat sich die industrielle Produktion weltweit um das Fünfzigfache erhöht, vier Fünftel des Wachstums entfallen allein auf die Zeit nach 1950. In der gleichen Zeit nahm der Verbrauch an fossilen Brennstoffen um das Dreißigfache zu. Die Weltbevölkerung hat sich verdreifacht. Die industrialisierten Länder, in denen knapp ein Viertel der Weltbevölkerung leben, verfügen über mehr als 80 Prozent des Weltreichtums, sie sind aber auch für Dreiviertel der globalen Umweltzerstörung verantwortlich.[13]

Das Kapital- und Geldwachstum forcierte einen „tiefgreifenden Wandel der Gesellschaften in Richtung auf Kapazitätserweiterung, Beschleunigung und Autonomie".[14] Diese „Freisetzung, Verselbständigung und Internationalisierung der Handlungssphären" wird in der Sozialwissenschaft als „Modernisierung der Gesellschaft" charakterisiert.[15] Im Unterschied zu früheren Ordnungen unterliegt die industrielle Gesellschaft einem *hohen Veränderungsdruck.* Ausschlaggebend sind drei eng miteinander verbundene Eigenschaften: Die massenhafte Nutzung fossiler Energie- und Rohstoffe, die ökonomische Bewirtschaftung von

Zeit und Raum sowie die Nutzung der Technik als ein Instrument, das weitaus mehr leistet, als Menschen es vermögen.

Dieser Prozeß von Wachstum und Ausdifferenzierung führt durch den Bedeutungszuwachs und die Verselbständigung von Technik und Wirtschaft nicht nur zu mehr Wohlstand, sondern auch zu neuen Ungleichgewichten und Instabilitäten. Einerseits wird damit zwar die Entwicklung der Gesellschaft gestaltbar, andererseits stellt die Dynamik die Gesamtrationalität von Entwicklung in Frage. Eine weitere, sozial-kulturelle Folge sind die Individualisierungsprozesse, denn der „Zuwachs an materiellen Optionen führt zu einer Auflösung von Ligaturen".[16] Ohne neue „Anschlußfähigkeit"[17] besteht die Gefahr, daß sich die Bindungen zwischen Individuum und Gesellschaft auflösen, was wiederum die Koordinations- und Integrationsprobleme verschärft.

Die in den kapitalistischen wie auch früher in den realsozialistischen Systemen vorherrschende Orientierung auf ein möglichst hohes Wachstum von Wirtschaft und Technik beruht nicht nur auf der Vorstellung eines technischen Evolutionismus, sondern auch auf einer anthropozentrischen Sichtweise der Natur. Dieses Verständnis ist geprägt vom Newtonschen Paradigma aus dem 17. Jahrhundert einer „sich selbst regulierenden Weltmaschine". Diese Naturvergessenheit sieht die Umwelt als eine durchkonstruierte Maschine, die nach exakten physikalischen Gesetzen arbeite.[18]

Doch die Vorstellung von einem absoluten Raum, einer absoluten Zeit und einer absoluten Bewegung *widerspricht den Evolutionsgesetzen* und *Zeitrhythmen der Natur*. Sie ist genauso falsch wie die theoretischen Annahmen der klassischen Nationalökonomie von der Funktionsweise des Marktes, nach denen das freie Spiel der Kräfte automatisch dem Wohl der Menschen diene.[19] Die industrielle Dynamik produziert fortlaufend komplexere Wechselwirkungen. Weltweit werden Räume vereinheitlicht, Zeit entgrenzt, Macht monopolisiert sowie Abhängigkeiten geschaffen und Prozesse vernetzt. Systeme, Organisationen und Institutionen werden arbeitsteilig spezialisiert und die Natur über alle Maßen ausgebeutet.

Einerseits hat diese Wachstumsdynamik sozialen und demokratischen Fortschritt möglich gemacht, andererseits treibt sie ständig über den vorgegebenen Ordnungsrahmen hinaus und produziert damit Desintegrationsprozesse, die letztlich die Gesellschaft selbst in Frage stellen. Die Wirkungen der industriellen Dynamik sind demnach ambivalent: Entscheidend dafür, wie sie genutzt wird, sind politische und kulturelle Rahmensetzungen. Das macht Institutionen notwendig, die den

Interessensausgleich zwischen Ökonomie, Ökologie und Sozialstaat gestalten. Demokratie braucht soziale Regeln.

Der Sozialstaat ist ein Produkt dieser Einsicht, auch wenn er „nur" auf die Verwirklichung von mehr sozialer Gerechtigkeit in der Verteilung des wirtschaftlichen Wachstums abzielt, die Lebenschancen künftiger Generationen aber nicht miteinbezieht. Angesichts der sozialen und ökologischen Grenzen des Wachstums ist diese verteilungspolitische Strategie an Grenzen geraten. Doch im Gegensatz zur konservativen Restauration, die die Krise des Sozialstaates zur Demontage zu nutzen sucht, müssen die sozialstaatlichen Institutionen reformiert werden, um den *Interessensausgleich* zwischen *Kapital* und *Arbeit* zu erneuern und dabei auch die *Interessen der Natur* und der *zukünftigen Generationen* einzubeziehen.

Statt die Begrenztheit der endlichen und störanfälligen Welt zu beachten, ist Wachstum noch unverändert der vorherrschende Maßstab für Wohlstand und Fortschritt. Als erfolgreiche Wirtschaftspolitik gilt es, Märkte und Volkswirtschaften aggressiv zu erobern und die Nutzung von Ressourcen möglichst gewinnträchtig in die internationale Arbeitsteilung einzupassen. Die beschleunigte Akkumulation und die Verschärfung der Konkurrenz durch die beschleunigte Globalisierung der Ökonomie haben dieser fatalen Sichtweise einen neuen Schub gegeben.

Zeit ist Geld

Bis zu den Anfängen der Industrialisierung ist die gesellschaftliche Entwicklung durch die Begrenzung von Geschwindigkeit gekennzeichnet. Die Beschleunigung menschlicher Aktivitäten blieb weitgehend an physische Gegebenheiten gebunden. Die Ordnung archaischer, vormoderner Ordnungen ist daher primär eine „Raum-Ordnung", die kaum zeitwirtschaftlichen Kriterien folgte. Die Zeitordnung war naturabhängig, zyklisch und ereignisorientiert. Tag-Nacht-Wechsel, der Ablauf der Jahreszeiten oder kulturelle Ereignisse wie Märkte und Feste bestimmten die Zeitstrukturierung. Die Notwendigkeit einer generellen Strukturierung und einheitlichen Messung entfiel, da die Gesellschaften weitgehend den Prinzipien von Subsistenzökonomie und dem Verteilungsdedarf folgten.[20]

Vorindustrielle Gesellschaften blieben Teil der Natur, vorrangig von ihr abhängig. Sie bewahrten ihre Lebensgrundlagen, weil sie nicht die Kenntnisse und wissenschaftlich-technischen Voraussetzungen besaßen, sich vor Naturprozessen zu schützen und ihre Ressourcen gesellschaftlich verfügbar zu machen. Erst mit der Systematisierung der Wissensproduktion und ihrer Ausrichtung auf die ökonomische Verwertung begann die gezielte Kolonialisierung der Natur und damit die Sprungkurve in einen sich stetig beschleunigenden Zeitdiebstahl.

In der Welt der Bauern und Handwerker setzten die Interessen der Kaufleute die wirtschaftlich-technische Zeit durch, um Waren kaufen, verteilen und verkaufen zu können. Das Auseinanderfallen von Kauf und Verkauf machte in einem wachsenden Umfang Transport- und Distributionsleistungen notwendig. Damit wurden *Zeit-* und *Wertrechnungen,* d.h. linear-abstrakte Maßstäbe, zur Grundlage wirtschaftlichen und gesellschaftlichen Handelns. Erster Ausdruck dieser *objektivierten Zeit* war die mechanische Räderuhr, die seit dem letzten Viertel des 14. Jahrhunderts Einzug in die mittelalterlichen Städten hielt. Sie wurde zur „Schlüsselmaschine des modernen Industriezeitalters".[21]

Beschleunigung, Linearisierung und Naturbeherrschung sind sowohl das Resultat als auch die Voraussetzung für wirtschaftliche und gesellschaftliche Austausch- und Rationalisierungsprozesse. Die Eisenbahn erschließt den bisher lokal orientierten Menschen neue Räume und verbindet sie untereinander. Die Eisenbahn hebt die lokale Zeit auf und erfordert für die Koordination des Fahrplans die „Vereinheitlichung der Zeit".[22] Die Entwicklung der Transport-, Informations- und Kommunikationstechnologien sprengt auch diesen Zeitrahmen und führt zu immer neuen Bewirtschaftungsmustern in der zuerst national, dann international und heute global konzipierten Infrastruktur.

Räumliches Zentrum dieser Beschleunigungsbewegung sind die Städte. Hier konzentrieren sich Wissen, Technik, Arbeitskräfte, Produktion und Nachfrage. So ist das rasche Anwachsen der Städte im 19. Jahrhundert vor allem auf die zeitlichen und räumlichen Organisationsvorteile des industriell-städtischen Lebens zurückzuführen. Die Städte wurden zu Zentren der Beschleunigung. Vor allem der Ausbau der Verkehrsinfrastruktur, für die rasche Warenzirkulation unabdingbar, sprengte die räumliche Geschlossenheit, koordinierte die Zeitabläufe und forcierte die Funktionstrennung von Arbeit, Wohnen, Verwalten, Kultur und Freizeit. Dieser Prozeß, der sich zuerst auf die Städte, dann auf die Regionen und Nationalstaaten bezog, erfaßt im globalen Informationszeitalter die gesamte Welt.

Mit der überörtlichen Arbeitsteilung und Mobilität erschlossen die Transport- und Kommunikationstechniken den Raum. Ein Beispiel hierfür sind die Fahrpläne der Eisenbahn oder der Flugzeuge, die eine

229   *vereinheitlichte Zeit* verlangen. Heute wird der in Nannosekunden erfolgende Austausch von Informationen in weltumspannenden Computernetzen zum Taktgeber der „Weltzeit". Raum und Natur verflüchtigen sich durch „Gleichzeitigkeit". Die „immaterielle Erreichbarkeit", so Paul Virilio, „konfrontiert alle Oberflächen des Globus unmittelbar miteinander".[23]

Die Natur wird ausgegrenzt. Stadttechniken, wie die Ver- und Entsorgungssysteme, trennen die Menschen von der Natur und schaffen für die Stadtbewohner vielfältige Erleichterungen. Sie entheben von individueller Vorsorge- und Entsorgungsarbeiten, da man Wasser aus dem Hahn und Strom aus der Steckdose bekommt. Die *Rund-um-die-Uhr-Stadt* wird zum Leitbild für die Gesellschaft mit erbitterten Schlachten um die Ladenschlußzeiten, ohne den ökologischen und kulturellen Zusammenhang zu sehen und ihn zu thematisieren. Aus der Rund-um-die-Uhr-Stadt wird die *Nonstop-Gesellschaft*. Die allumfassende Zeitökonomie fördert die soziale Vereinzelung und entfremdet den Mensch von seiner natürlichen Umwelt, solange es nicht zu neuen Formen einer bewußten Gestaltung des sozialen und ökologischen Umfeldes kommt. Das setzt *Zeitsouveränität* voraus.

Städte sind so einerseits Orte der Emanzipation, begünstigen aber andererseits Umweltprobleme und Vereinzelung in einem wachsenden Ausmaß. Die kollabierende Stadtgesellschaft schafft ihre alltäglichen Probleme auch selbst, indem ihre Bürger allmorgendlich und allabendlich vor den Folgen der selbst produzierten Funktionsentmischung durch „Wohnen im Grünen" zu entfliehen suchen. Aber gerade diese Individualisierung und die mit ihr verbundenen Pendlerströme forcieren die Ausbreitung der Umweltzerstörung.[24]

Am Beginn der mondialen Informationsgesellschaft bestimmen mehr denn je Zeitbrüche und Zeitdiebstähle ihre Entwicklung. Weltweit verschärft sich die Ungleichzeitigkeit von wirtschaftlicher Prosperität und technisch-ökonomischer Dynamik auf der einen Seite und von Stagnation, Rückfall und Niedergang auf der anderen Seite. Auch in den industriellen Zentren von Veränderungen und Beschleunigung zeigen sich immer deutlicher die ökologischen, sowie zunehmend auch wieder die sozialen Grenzen des Wachstumsmodells. Die Neben-, Folgen- und Reparaturkosten wachsen und zehren an der Substanz: Der Fortschritt verliert seinen Glanz.

Die Moderne hat die Temporalisierung der Wirklichkeit in einem nicht gekannten Maße beschleunigt. Der kapitalistische Industrialismus fußt nicht nur auf der Kolonialisierung der Vergangenheit durch den verschwenderischen Ressourcenverbrauch, er droht in seiner Schrankenlosigkeit auch die Zukunft aufzuzehren. Die beschleunigte und künstliche Zeit produziert jedoch nicht allein die Hypotheken für die nachfolgenden Generationen. Die Zukunftsvisionen selbst werden einerseits in der Vielfalt von Optionen erweitert und dynamisiert, aber andererseits durch Unsicherheit, Instabilität und Ungleichgewichte wieder in Frage gestellt. Mit der Krise des industrialistischen Fortschrittsparadigmas erscheint die Zukunft als Bedrohung.

Dies zeigt: Die ökologische Krise ist ein gewichtiger Teil einer tiefgehenden Krise der Industriegesellschaft. Die Ökologisierung von Wirtschaft und Gesellschaft muß weitergehende Zusammenhänge und Ziele einbeziehen als „nur" eine Veränderung der preislichen, gesetzlichen und technischen Rahmensetzungen. Die ökologische Revolution muß in erster Linie als eine *kulturelle Herausforderung* verstanden werden.

Die Verbindung von Effizienz und Suffizienz

In den letzten Jahren ist das Wechselverhältnis zwischen Ökonomie und Ökologie in das Zentrum der öffentlichen Diskussion gerückt. Zwar fand in den industrialisierten Ländern zum Beispiel bei Stahl, Zement, Dünger oder Wärmeenergie eine tendenzielle Entkoppelung vom Wirtschaftswachstum statt, gleichzeitig stieg jedoch der Verbrauch wichtiger Grundstoffe und von Strom stärker an. In vielen Bereichen ist das Wachstum umweltschädlicher Emissionen ungebrochen. Doch selbst Reduktionen an einigen Stellen reichen bei weitem nicht aus, denn eine einfache Entkoppelung zwischen Wirtschaftswachstum und Ressourcenverbrauch, über die in der Regel nur gesprochen wird, reicht nicht aus. Das heißt, ein nur langsameres Wachstum der Material- und Energieumsätze ist für eine dauerhaft umweltgerechte Entwicklung nicht genug.[25]

In den Industrieländern ist eine absolute Reduktion unabdingbar. Der Ressourcenverbrauch übersteigt das global Verträgliche bei weitem. Zudem macht auch der große soziale und wirtschaftliche Nachholbedarf in der Dritten Welt eine drastische Reduktion notwendig, die mit einem nur effizienteren Einsatz nicht zu erreichen sein wird. Durch die Steigerung der Ressourcen- und Energieproduktivität kann die Menschheit zwar eine Zeitlang gleichsam der Bewegung einer Rolltreppe entgegengehen. Das ist ein *gewisser Zeitgewinn*, weil am Ende der Rolltreppe der Absturz droht. Aber wenn die Rolltreppe nicht zumindest sehr

231 viel langsamer gestellt und zukünftig ganz abgeschaltet wird, ist der Absturz dennoch nicht zu vermeiden.

Eine dauerhaft umweltgerechte Entwicklung ist nur zu erreichen, wenn es in überindustrialisierten Ländern wie der Bundesrepublik zu einem Schrumpfungsprozeß der expansiven Produktions- und Konsumweisen und gleichzeitig zu einer gezielten selektiven Entwicklung der Effizienz- und Solartechnologien kommt. Die seit der Industrialisierung stattfindende gewaltige Beschleunigung (oft um den Faktor 100 bis 1.000) und als Folge davon die Knappheit der Deponien für Emissionen und Ablagerungen aus Produktion und Konsum reduzieren die Naturressourcen auf industrielle Zulieferfunktionen. Die Zeitzyklen der ökonomischen und ökologischen Reproduktion fallen immer stärker auseinander.[26]

Der *Einstieg in eine zukunftsfähige Wirtschaftsweise* muß Produktion und Konsum wieder in die natürlichen Kreisläufe zurückführen. Die Enquete-Kommission des Deutschen Bundestages „Schutz des Menschen und der Umwelt" hat hierfür Regeln aufgestellt, um die Stabilität der Öko-Systeme zu erreichen.[27] Sie charakterisieren, wenn auch auf abstraktem Niveau, die Grenzen für zulässige wirtschaftliche Aktivitäten. Erstens darf die Abbaurate erneuerbarer Ressourcen deren Erneuerungsrate nicht überschreiten. Zweitens sollen nicht-erneuerbare Ressourcen nur in dem Umfang genutzt werden, wie Ersatz in Form erneuerbarer Ressourcen gefunden wird. Drittens dürfen die Belastbarkeitsgrenzen, also die natürliche Reinigungs- und Absorptionskapazität, nicht überschritten. *Viertens* muß das Zeitmaß anthropogener Eingriffe bzw. Einträge in die Umwelt in ausgewogenem Verhältnis zum Zeitmaß der für das Reaktionsvermögen der Umwelt relevanten natürlichen Prozesse passen.

Dies erfordert nicht nur technisch-ökonomische Reformen, sondern auch eine kulturelle Neuorientierung etwa in dem einseitig materiell ausgerichteten Wohlstandsverständnis. Neue Leitbilder wie „Einordnung der Menschen in die Natur", „Seßhaftigkeit", das „Prinzip der Nähe" vor der grenzenlosen Mobilität oder Konsistenz mit den natürlichen Zeitmaßen müssen auf ihre Umsetzbarkeit geprüft werden.[28]

Damit stellen sich *zwei Hauptfragen* für die *ökologische Modernisierung der Industriegesellschaft*, die in der Umweltdebatte bislang weitgehend tabuisiert werden:

- Was sind die grundlegenden Triebkräfte im Wachstum der kapitalistischen Marktwirtschaften, zumal unter den Bedingungen einer verschärften Weltmarktkonkurrenz? Liegen sie in der „Unbegrenzbarkeit der Bedürfnisse" oder in der durch das „Verwertungsinteresse des privaten Kapitals" bestimmten schrankenlosen Dynamik von Konkurrenz und Kapitalakkumulation?

- Welche politischen und kulturellen Rahmenbedingungen sind notwendig, um zu einem neuen Wohlfahrtsverständnis zu kommen? Wie muß dafür das Verhältnis zwischen Freiheit und Gleichheit, zwischen den Interessen der Gegenwart und der Zukunft ausgestaltet werden?

Was vorrangig wirkt, der Sog der scheinbar unersättlichen Bedürfnisse oder die Expansionszwänge der Kapitalverwertung, wird im einzelnen schwer zu beurteilen sein, da beides wahrscheinlich eng zusammenhängt. Ob eine dauerhaft umweltgerechte Entwicklung möglich ist, hängt aber davon ab, ob in einem demokratischen Prozeß diese umweltzerstörerischen Trends umgestaltet werden können, ohne daß dies in eine tiefe wirtschaftliche und politische Krise der Gesellschaft führt.

Schritte in Richtung auf eine öko-soziale Zeitpolitik erfordern deshalb eine Verbindung von massiver Effizienzsteigerung in der Nutzung von Energie und Ressourcen mit dem öffentlichen Diskurs über neue Wohlstandsmodelle in einer Suffizienzstrategie.[29] In diesem Sinn gehören Effizienz (Verlangsamung) und Suffizienz (Begrenzung) zusammen.

Für dieses Ziel, „Wohlstand und Fortschritt mit weniger Natur- und Ressourcenverbrauch und mit mehr Zeit" zu erreichen, muß ein größerer Freiraum für einen offenen Zukunftsdiskurs geschaffen werden. Die Stärkung von Solidarität und Gemeinsinn ist hierbei eine wichtige Voraussetzung, die nicht nur durch eine generelle Umweltbildung, sondern auch durch die Neubelebung genossenschaftlicher Traditionen und die ökologische Vorreiterrolle des öffentlichen Sektors gefördert werden kann. Doch derartige Reformen führen heute meist nur ein Schattendasein. Trotz zahlreicher Bemühungen ist es äußerst mühsam, die Kultusminister dafür zu gewinnen, der Umweltbildung einen breiten Raum zu geben. Und der Bericht des Deutschen Städte- und Gemeindetages an die „Deutsche Kommission für nachhaltige Entwicklung" zeigt, daß sich nur 8 Prozent der kommunalen Gebietskörperschaften an der Umsetzung der vom UN-Erdgipfel in Rio beschlossenen Agenda 21 beteiligen. In der Europäischen Union liegt die Bundesrepublik damit nur im unteren Mitteldrittel.[30]

233 „*Wieviel ist genug?*", das ist die Kernfrage für die Lösung des Effizienz- und Suffizienzproblems. Sie läßt sich nicht exakt beantworten. Es wäre auch eine unsoziale und undemokratische Vorstellung, Lebensstile verordnen zu wollen. Sie sind eine Frage der Kultur und erfordern einen komplexen Prozeß von Bewußtseinsbildung, Chancengerechtigkeit und Verständigung. Gleichzeitig spielen Fragen der Sozialstruktur und Wohlstandsverteilung, der Herrschaftsverhältnisse sowie der Arbeits- und Produktionstätigkeiten eine zentrale Rolle. Und der ökologische Umbau ist eng mit Verteilungsfragen verknüpft. Die Zustimmung zu einem ökologisch ausgerichteten Wohlstand hängt entscheidend von der Verteilung von Chancen und Lasten ab.

Der *gesellschaftliche Diskurs* über wünschbare und zukunftsfähige Lebens- und Produktionsweisen ist eine *Grundbedingung*, ohne die eine dauerhaft umweltgerechte Entwicklung nicht erreicht werden kann. Hierbei geht es um die Entwicklung von Prinzipien und Zielvorstellungen, die zuerst allgemein akzeptiert und dann in konkrete Schritte umgesetzt werden müssen. Neben der Sozial- und Umweltverträglichkeit von Technik wird die Stärkung regionaler Wirtschaftskreisläufe, der Ausbau von Nahbeziehungen, die gleichberechtigte Anerkennung der Natur und die Entwicklung einer ökologischen Zeitökonomie von besonderer Bedeutung sein.

Ökologische Modernisierung und Zeitpolitik

Zeit wird angesichts drohender irreversibler Schäden an den natürlichen Lebensgrundlagen zu einer neuen und entscheidenden Determinante für die Entwicklung von Wirtschaft und Technik, kulturelle Wertorientierungen und politische Rahmensetzungen. Das Risiko einer klimasprengenden Erwärmung in den nächsten 50 bis 60 Jahren mit der realen Folge einer globalen Klimakatastrophe ist das dramatischste Beispiel dafür, daß Industrialismus und Naturvergessenheit hochbrisante Alltagsrisiken produzieren, die letztlich zur Selbstzerstörung führen.[31]

Die westlichen Industrieländer stellen zwar nur rund 15 Prozent der Weltbevölkerung, doch sie sind mit über 50 Prozent am Ausstoß der klimaändernden Leitsubstanz Kohlendioxid beteiligt. Wenn der heutige Trend anhält, werden die Eingriffe der Menschen vom Beginn der Industrialisierung um 1850 bis zum Ende des nächsten Jahrhunderts, also in nur 250 Jahren, das Klima in einer Bandbreite verändern, die in der Klimageschichte einem Zeitraum von 18.000 Jahren entspricht. Und die Hauptursachen sind so banal wie alltäglich: Es ist das Verkehrssystem, der Strom, die Wärmeversorgung, die Landwirtschaft und die Stoffumwandlung.

Ein anderes Beispiel für die „ökologische Zeitproblematik" der globalen Naturzerstörung ist die Ausdünnung des lebensschützenden Ozonmantels. Zwischen der Freisetzung ozonzerstörender Gase und den chemischen Reaktionen in der Stratosphäre liegt eine Aufstiegsphase von 12 bis 15 Jahre. Sie haben dann eine Verweildauer von ca. 100 Jahre. Das bedeutet: Der Höhepunkt der Ozonzerstörung wird erst nach der Jahrtausendwende erreicht werden.[32]

Wie dramatisch die Folgen der rücksichtslosen Eingriffe in die natürlichen Zeitrhythmen für Regeneration und Dauerhaftigkeit sind, zeigt die Entfischung der Ozeane. Nachdem bisher küstennahes Fanggebiete leergefischt wurden, wurde der Fischbestand in den Tiefseezonen in den letzten Jahrzehnten zum Teil um bis zu 90 Prozent dezimiert. Im Nordpazifik ist der Seelachs in nur 8 Jahren um 80 Prozent zurückgegangen, der Hering und Kabeljau im Atlantik um 70 Prozent in 25 Jahren und der Schellfisch sogar um über 80 Prozent. Dennoch werden die Fangmethoden auf Hochsee immer hemmungsloser.[33]

Nach Niklas Luhmann bedürfen komplexe Gesellschaften einer zukunftsorientierten Planung. Die durch Industrialisierung und Verwissenschaftlichung in Gang gesetzte Temporalisierung der Wirklichkeit erfordert Handeln *vor* dem Ereignis. Politik und Gesellschaft müssen erkennen, daß sie bereits in der Gegenwart Zukunft erzeugen bzw. umgekehrt dadurch Zukunft ausschließen. Wenn man mit Luhmann unter „Futurisierung" eine zunehmende und unter „Defuturisierung" die abnehmende Offenheit in den Zukunftsoptionen versteht, ist davon auszugehen, daß unsere „zeitwirtschaftliche Beschleunigungsgesellschaft" gegenwärtig zur Verengung und Blockade von Möglichkeitsräumen führt. Die Gegenwart raubt der Zukunft ihre Zeit. Die „Zeit-bewirtschaftende-Multioptionsgesellschaft" nimmt ihr die Spielräume und türmt ihr „Beschleunigungshypotheken" auf.[34]

Diese Dimension der Risiken ist bis heute kaum thematisiert worden und als Begründung für eine politische Rahmensetzung für Ökonomie und Technik tabuisiert. Statt dessen reagieren Politik und Öffentlichkeit vornehmlich *punktuell* auf Ereignisse, die zudem in der Regel besonders spektakulär sind, wobei sich auch hierbei die Reizschwelle ständig erhöht. Gerade aber die Zeitproblematik erfordert eine *langfristig angelegte* Politik von Strukturänderungen.

235   Der Schutz der Umwelt heißt Beachtung von Grenzen: Nicht alles, was machbar ist oder machbar erscheint, darf möglich werden. Die Rücksichtnahme auf die sozialen und ökologischen Zeitstrukturen begrenzt die Veränderungsmöglichkeiten der Gesellschaft – sei es direkt durch Vernunft und Einsicht oder indirekt durch die ökologischen Folgen „grenzüberschreitender" Aktivitäten. Zukunftsfähigkeit ist nicht ohne Zeitpolitik zu erreichen. Damit tut sich ein neues Politikfeld auf, mit dem auch Fragen wie soziale Verteilungsgerechtigkeit und Demokratisierung von Macht verbunden sind. *Zeitpolitik ist eine Querschnittsaufgabe,* bestimmt von sozialen, ökologischen und ökonomischen Interessen, die eng miteinander verbunden sind. Vermeiden, Vorsorge, Dauerhaftigkeit und Haltbarkeit müssen an die Stelle der heute vorherrschenden linearen Effizienz treten. Angesichts der Risiken der Industriegesellschaft muß sich der Mensch wieder als Teil der Natur verstehen, Zeitpolitik ist Solidarität mit Mitmensch und Mitwelt.

       Ökologische Zeitpolitik muß konzeptionell angelegt sein. Ein wichtiger Ansatzpunkt ist die Einbeziehung dieser Fragen in die Bildung, speziell in eine umfassende Umweltbildung. Dafür reichen die bisherigen Beschlüsse der Kultusministerkonferenz nicht aus. Im Gegenteil: Umweltbildung ist in der Bildungspolitik weitgehend eine „Black Box". Ein weiteres wichtiges Ziel muß die Verbindung zwischen Arbeitszeitpolitik und ökologischer Zeitbewertung werden. Hier besteht die Möglichkeit, gesundheitliche und humane Forderungen der sozialen und gewerkschaftlichen Bewegung unmittelbar mit ökologischen Zielsetzungen zu verknüpfen.

       Zeitpolitik wird zu einem wichtigen Feld der Zukunftsgestaltung, speziell der Durchsetzung ökologischer Ziele. Dies läßt sich nicht auf eine veränderte Ausrichtung von Technik beschränken. Ein neues Wohlstandsmodell wird nur zu verwirklichen sein, wenn der Durchökonomisierung von Zeit und Raum Grenzen gesetzt werden, die nicht nur aus ökologischen Gründen, sondern auch zur Bewahrung des sozialen Gleichgewichts notwendig sind.

       Ein wichtiger Hebel für eine ökologische Zeitpolitik ist neben der Schaffung einer kulturellen Infrastruktur eine gezielte Gestaltung der Produktivität, um den Wachstumsprozeß aus einem ökologischen Imperativ heraus zu senken. Das knüpft an das Konzept des qualitativen Wachstums an und erweitert es. Je mehr die Ökologie in die Produktions- und Tätigkeitsbereiche integriert wird, desto schneller kommt es zur Substitution heutiger kapitalintensiver und verschwenderischer Produkte und Märkte durch Produktinnovationen und die Erschließung solarer und ressourcenschonender Märkte. Dies ist volkswirtschaftlich rational, steht aber in einem Widerspruch zu den heutigen betrieblichen Kalkulationen und monopolisierten Konkurrenzmechanismen. Deshalb bedarf es entsprechender politischer Rahmensetzungen wie eine Integrierte Ressourcenplanung, ökologische Stoffwirtschaft, Öko-Steuern und – vor allem – die Umwandlung der volkswirtschaftlichen Gesamtrechnung in ein Ökosozialprodukt.

Der Schlüssel für die Ökologisierung von Ökonomie und Zeitstrukturierung ist das Wachstum und die Gestaltung der Arbeitsproduktivität. Die Ökologisierung von Wirtschaft und Technik, die Bewirtschaftung und Verteuerung des Naturverbrauchs, erfordert eine fortschreitende Reduktion von Naturressourcen und ihre Substitution durch Arbeit und Kapital. Entscheidend wird sein, ob sich die Veränderung der Faktorproportionen zugunsten des Kapitaleinsatzes oder in Richtung auf mehr Beschäftigung, sprich Handwerk und arbeitsintensive Dienstleistungen, verschiebt.

Die Frage nach der Umweltverträglichkeit ist auch eine Frage nach der *Zeitverträglichkeit*. Die Folgedebatten müssen im wahrsten Sinne des Wortes vorverlegt werden:

- in der Technik- und Produktentwicklung muß die Technikfolgenbewertung vor einer Vollendung der Tatsachen die möglichen Entwicklungspfade bewerten, öffnen und pluralisieren;
- in der Technikimplementation und der Normung müssen zeitkritische und zukunftsverträgliche Maßstäbe verankert werden:
- im Planungsrecht müssen reflexive und iterative Mechanismen eingebaut werden;
- die Neubelebung der Mitbestimmungskonzepte am Arbeitsplatz und im Betrieb eröffnen neue Möglichkeiten der Pluralisierung und unmittelbaren Gestaltung der Wirtschafts- und Technikprozesse.

Literatur

[1] *Adorno, T.*: Aufsätze zur Gesellschaftstheorie und Methodologie. Frankfurt/M. 1973. – [2] *Zinn, K.-G.*: Kanonen und Pest. Opladen 1989. – [3] *Locke, J.*: An Essay concerning human understanding, deutsche Veröffentlichung Berlin 1968. – [4] *Weizsäcker, E. U. von*: Erdpolitik. Darmstadt 1989. – [5] *Illich, I.*: Tools for Conviviality. New York 1973. – [6] *Hauff, V.*: Unsere Gemeinsame Zukunft. Greven 1987. – [7] *Immler, H.*: Die feindlichen Brüder waren sich einig und verloren beide. In: Frankfurter Rundschau vom 3. 7. 1990. – [8] *Elias, N.*: Über den Prozeß der Zivilisation. Frankfurt/M. 1981. – [9] *Wuppertal-Institut*: Zukunftsfähiges Deutschland. Wuppertal 1995 (Basel 1996). – [10] *Polanyi, K.*: The Great Transformation. Wien 1977. – [11] *Marx, K.*: Zur Kritik der politischen Ökonomie. Berlin 1969. – [12] *Touraine, A.*: La Production de la Societe. Paris 1972. –

237   [13] *McNeill, J.:* Strategien für eine überlebensfähige Ordnung. Heidelberg 1989. – [14] *Zapf, W.:* Theorie der Modernisierung. Göttingen 1975. – [15] *Offe, K.:* Die Utopie der Null-Option. Göttingen 1986. – [16] *Dahrendorf, R.:* Lebenschancen. Frankfurt/M. 1979. – [17] *Japp, K. P.:* Neue soziale Bewegungen und die Kontinuität der Moderne. Göttingen 1986. – [18] *Newton, I.:* Mathematische Prinzipien der Naturlehre. Darmstadt 1963. – [19] *Smith, A.:* Der Wohlstand der Nationen. Neuveröffentlichung München 1988. – [20] *Zoll, R.:* Zeiterfahrung und Gesellschaftsform. Frankfurt/M. 1988. – [21] *Mumford, L.:* Technics and Civilization. New York 1934. – [22] *Schivelbusch, W.:* Geschichte der Eisenbahn. München/Wien 1977. – [23] *Virilio, P.:* Krieg und Kino. Logistik der Wahrnehmung. München/Wien 1986. – [24] *Häußermann, H./W. Siebel:* Die Stadt war immer auch eine Maschine. In: Die Zeit vom 3. 6. 1988, Hamburg. – [25] *Schmidt-Bleek, F.:* Wieviel Umwelt braucht der Mensch? Basel 1994. – [26] Siehe Beitrag von Hofmeister in diesem Band – [27] *Deutscher Bundestag:* Enquete-Kommission „Schutz des Menschen und der Umwelt", Verantwortung für die Zukunft. – Zu einem nachhaltigen Umgang mit Stoff- und Materialströmen. Bonn 1994, S. 42 ff. – [28] *Meyer-Abich, K. M.:* Aufstand für die Natur. München 1990. – [29] *Müller, M./P. Hennicke:* Wohlstand durch Vermeiden. Darmstadt 1994. – [30] *Fiedler, K.:* Plädoyer für eine „Nachhaltige Stadtentwicklung" in Deutschland. Köln 1996. – [31] *Deutscher Bundestag:* Enquete-Kommission „Schutz der Erdatmosphäre": Schutz der Erde. Bonn 1991. – [32] *NASA:* Bericht über die Abnahme der Ozonschicht – nördliche Hemisphäre. Boulder 1996.

Martin Held und Klaus Kümmerer

Alles zu seiner Zeit und an seinem Ort

Eine andere Zeitkultur als Perspektive

Anhaltende Beschleunigung und hohe Geschwindigkeiten zusammen mit der Tendenz zur Pausenlosigkeit treiben die Entwicklung zur Nonstop-Gesellschaft voran. In Wirtschaft und allen Lebensbereichen versuchen wir, den daraus resultierenden Folgen durch eine Anpassung unseres Lebens an die neuen, von uns selbst geschaffenen Vorgaben zu kompensieren. Nicht nur im Natur- und Umweltschutz stoßen wir mit diesem Verfahren aber an Grenzen. Das Behandeln von Symptomen reicht nicht mehr aus. Vielmehr sind die Analyse der Ursachen und ihre Beseitigung eine notwendige Voraussetzung für einen kultivierten Umgang mit den Zeiten der inneren und äußeren Natur.

Immer und überall [1]

Anhaltende Beschleunigung und hohe Geschwindigkeiten sowie die Tendenz zur Pausenlosigkeit sind die zwei grundlegenden Dynamiken, die die Entwicklung zur Nonstop-Gesellschaft vorantreiben. *Beschleunigung* und *Hochgeschwindigkeit* sind in ihrer gesellschaftlich und wirtschaftlich prägenden Kraft wie auch in ihren Folgen im öffentlichen Bewußtsein bereits geläufig.[2] Dagegen wird die Tendenz zur *Pausenlosigkeit*, z. B. das Überlagern des Tag-Nacht-Rhythmus und des Jahreszeitenzyklus, die Tendenz zur permanenten Aktivität und Ruhelosigkeit bisher noch nicht in vergleichbarer Art und Weise wahrgenommen und analysiert.

Die Nonstop-Gesellschaft wird nicht allein durch das hohe Lebenstempo bestimmt. Sie würde anders empfunden und anders wirksam werden, wenn sich Phasen hoher Aktivität, hoher Geschwindigkeiten und Beschleunigung mit Zeiten der Ruhe und Muße abwechseln würden. Sie wird auch nicht dadurch bestimmt, daß Aktivitäten Tag für Tag, Woche für Woche, jahraus, jahrein das Leben bestimmen, die die

Bedeutung unseres Themas ausmacht. Das war zu allen Zeiten so, denn
ohne grundlegende Versorgungsarbeiten, die immer zu leisten waren
und sind, wären die Menschen nicht überlebensfähig.[3] Die Tendenz zur
Beschleunigung und Hochgeschwindigkeit einerseits und zur Ruhelosigkeit und Pausenlosigkeit andererseits gehören *zusammen*. Gemeinsam
ermöglichen sie den Abschied von der biblischen Maxime „Alles zu seiner Zeit und an seinem Ort".[4] An deren Stelle tritt das Motto: „Alles zu
jeder Zeit und überall"; und dies sofort und möglichst beliebig oft.

Die neuen Möglichkeiten, die die Entwicklung zur Nonstop-Gesellschaft forcieren, sind *attraktiv*. Auch wenn die Vorteile nicht gleich

Dr. **Martin Held,** geb. 1950. Studium der Wirtschafts- und Sozialwissenschaften, Promotion 1980.
1980 bis 1983 wiss. Mitarbeiter im Projekt Sozialverträglichkeit von Energiesystemen in der Arbeitsgruppe Umwelt, Energie, Gesellschaft (AUGE),
Universität Essen. Seit 1984 Studienleiter an der
Evangelischen Akademie Tutzing für den Bereich
Wirtschaft. 1992-1994 Mitglied der Enquete-Kommission „Schutz des Menschen und der Umwelt"
des Deutschen Bundestags. Mitinitiator des Tutzinger Projekts „Ökologie der Zeit". Veröffentlichungen
zu normativen Fragen der Ökonomie, Chemiepolitik sowie zur Ökologie der Zeit, u.a.: (Hg. zus. mit
Bernd Biervert) Das Naturverständnis der Ökonomik, 1994; Zeit in der Ökonomik,
1995; Die Dynamik des Geldes, 1996; (Hg. zus. mit Karlheinz Geißler) Ökologie der
Zeit, 1993; Von Rhythmen und Eigenzeiten, 1995.

Dr. Martin Held, Evangelische Akademie Tutzing, Schloßstraße 2+4, 82327 Tutzing

Dr. **Klaus Kümmerer,** geb. 1959 in Offenhausen.
Studium der Chemie in Würzburg und Tübingen;
Promotion in Tübingen. 1984 bis 1990 in der Leitung des interdisziplinären Arbeitskreises „Naturwissenschaft und Ethik" der ESG an der Fachhochschule Reutlingen sowie Mitarbeit am Wissenschaftsladen Tübingen im Bereich Chemie und Umwelt; Fernstudium Ökologie. 1990 bis 1992 Leiter
des Fachbereiches Chemie am Öko-Institut in Freiburg; seit 1992 am Institut für Umweltmedizin und
Krankenhaushygiene der Universität Freiburg, Leiter
des Ressorts Umweltmedizin; Mitglied im Tutzinger
Projekt „Ökologie der Zeit". Veröffentlichungen zu
Umweltanalytik, Ökotoxikologie, Pharmaka in der Umwelt, Ökologie der Zeit u.a..

*Dr. Klaus Kümmerer, Institut für Umweltmedizin und Krankenhaushygiene, Klinikum der
Universität Freiburg, Hugstetter Str. 55, 79106 Freiburg*

... is' natürlich ein paar Mark teurer mit dieser Power-off-Funktion! — Aber man is' ja auch mal gestresst und braucht seine Ruhe! ... da sind Sie dann absolut ungestört!! — Überall! Rund um die Uhr!!

die neue Handy-Generation'!

Gerhard Mester/Cartoon-Caricature-Contor

verteilt sind, sind sie doch so allgegenwärtig, daß sie die ganze Gesellschaft erfassen und prägen.

Die Entwicklung zur Nonstop-Gesellschaft wird vielfach ambivalent erlebt. In der Formulierung des „gehetzten Zeitsparers"[5] ist das auf den Punkt gebracht. Der Zeichner der obenstehenden Karikatur bringt diese Ambivalenz am Beispiel des Mobiltelefons zum Ausdruck, jenes Geräts, das als paradigmatisches Symbol für das „Immer und Überall" gelten kann: Selbst dann noch, wenn wir unsere Ruhe wollen, von der Rund-um-die-Uhr Gesellschaft einmal abschalten möchten, bleiben wir dieser verhaftet. Rund um die Uhr und überall wird die Ruhe mit dem vom Verkäufer angepriesenen Handy garantiert. Dies ist natürlich einen Preisaufschlag wert.

In unterschiedlichen Zugängen und an beispielhaften Bereichen wird in den Beiträgen des vorliegenden Buches beschrieben, daß die individuellen Ambivalenzen Teil des *Preises* sind, der für die Nonstop-Gesellschaft zu zahlen ist. Dieser betrifft uns Menschen ebenso wie die anderen mit uns auf diesem Planeten existierenden Lebewesen, dies betrifft die Ökosysteme und auch die nach uns lebenden Generationen.

Welche *Konsequenzen* sind aus dem Zeitmißbrauch und aus dem Preis, der dafür zu zahlen ist, zu ziehen?

Anpassung an den Trend

Naheliegend ist der Versuch, die Vorteile der Nonstop-Gesellschaft zu erhalten und gleichzeitig durch technisch-organisatorische Maßnahmen zu versuchen, den dafür zu zahlenden Preis zu vermeiden. Mit der Publikation von Moore-Ede „Die Nonstop-Gesellschaft. Risikofaktoren und Grenzen menschlicher Leistungsfähigkeit in der 24-Stunden-Welt"[6] liegt eine Arbeit vor, die die Konsequenz der bisher dominanten industriegesellschaftlichen Entwicklungsdynamik klar formuliert und ausarbeitet.

Moore-Ede geht ausführlich auf die Tendenzen zur kontinuierlichen Arbeit und die Probleme ein, die sich aus der Mißachtung menschlicher Rhythmik bei Piloten, Ärzten, Krankenschwestern, im Bereich der Energieproduktion und des Transportwesens sowie bei Entscheidungsträgern ergeben. In einer ersten Abschätzung der durch Übermüdung verursachten monetär bewerteten Folgekosten (Kosten für Unfälle und Produktionsausfall, gesundheitliche, soziale und ökologische Kosten) kommt er für die USA zu Größenordnungen von jährlichen Gesamtkosten von etwa 75 bis 80 Milliarden Dollar.[7]

Welche Konsequenzen zieht Moore-Ede aus seiner Analyse der Nonstop-Gesellschaft und deren Folgekosten? Er geht davon aus, daß die Nonstop-Gesellschaft *unvermeidlich* ist. Deshalb schlägt er eine „Anpassung an eine 24-Stunden-Gesellschaft" (S. 242) mittels Techniken zur Aufrechterhaltung des Aktivitätsniveaus vor, um die Folgeprobleme und -kosten zu vermeiden bzw. zu verringern. Eine systematische Anwendung der von ihm entwickelten „Prinzipien des am Menschen orientierten Managements (MOM)" (S. 246) soll die Vorteile der Rund-um-die-Uhr-Gesellschaft sichern helfen und zugleich deren Preis senken.

Er stellt Verbesserungsvorschläge vor, u.a. für die Organisation von Entscheidungsmechanismen. Wirtschaftlich betrachtet sind seine Vorschläge zur Auslegung von Produktionstechniken interessant: Bisher werden Produktionsanlagen, auch wenn sie für einen kontinuierlichen Rund-um-die-Uhr Betrieb ausgelegt sind, vorrangig für den Tagbetrieb optimiert. Dies bringt für die Nachtarbeit Probleme mit sich, da die Arbeitsbedingungen der menschlichen Angewohnheit, in dieser Zeit zu schlafen, damit geradezu entgegenkommen. Dadurch erhöht sich die Wahrscheinlichkeit von gefährlichen Situationen und Unfällen. Wenn aber die Faktoren der Müdigkeit bereits von Anfang an bei der Entwicklung und Auslegung von Techniken einbezogen werden, können die Folgekosten der kontinuierlichen Produktion und Schichtarbeit verringert werden.

Moore-Edes Buch ist nicht nur das am ausführlichsten erarbeitete Beispiel dafür, in welche Richtung eine technisch-organisatorische *Anpassung* an die als vorgegeben akzeptierte Nonstop-Gesellschaft gehen kann. Es ist zugleich – unbeabsichtigt – ein Beleg dafür, daß diese Art mit den Problemen der Nonstop-Gesellschaft umzugehen, nicht das halten kann, was sie verspricht. Diesen Anspruch formuliert Moore-Ede selbst folgendermaßen: „Mit Hilfe der technischen Überwachung der Munterkeit läßt sich die Aktivierung des menschlichen Gehirns steuern – nach dem Motto ‚Munterkeit wenn erforderlich, Schlaf wenn erwünscht'." (S. 197) Bemerkenswert ist, daß er demgegenüber an anderer Stelle in langen Kapiteln zugleich ausführt:

> „Wir sind nicht für die Welt geschaffen, die wir uns geschaffen haben".

Unser Körper hat Rhythmen in sich, die nicht folgenlos überspielt werden können:

> „Weil wir für die physiologischen Bedürfnisse unseres Körpers kein Verständnis mehr hatten und uns über die Grenzen des Menschen hinwegsetzten, haben wir unter dem Diktat der Technik und der Wirtschaft eine Welt errichtet, die Gefahr läuft, nicht mehr für die Menschheit geeignet zu sein." (S. 270)

Das heißt aber in seiner Konsequenz, daß die von Moore-Ede propagierte Art, Folgerungen aus dem Zeitmißbrauch der Nonstop-Gesellschaft zu ziehen, nicht aufgehen kann. Die Elastizität der Rhythmen ist nicht unbegrenzt. Wenn die Tendenz zur pausenlosen Beschleunigung als gegeben unterstellt wird, werden diese Grenzen notwendigerweise überschritten. Die negativen Konsequenzen der Pausenlosigkeit können nicht durch nachträgliche Maßnahmen ungeschehen gemacht werden. Eine Anpassung an den Trend zur pausenlosen Beschleunigung kann die Folgen des Zeitmißbrauchs nicht verhindern.

Die von Moore-Ede vorgeschlagene Strategie entspricht dem Versuch, die vorherrschende Art des Wirtschaftens unverändert zu lassen und durch rein additive Technologien (end-of-the-pipe Techniken im technischen Umweltschutz) die „Umweltprobleme in den Griff zu bekommen". Kurzfristige Erfolge dieser Strategie werden durch Problemverlagerungen in andere Umweltmedien (von Luft in Wasser, von Wasser in Boden) und in die Zukunft (Altlasten) mit sehr viel weiter reichenden Folgen erkauft. Zudem werden selbst diese Erfolge im Zeitablauf – bei ansonsten unverändert bleibender Art des Wirtschaftens – durch das Mengenwachstum in relativ kurzen Zeiträumen wieder aufgezehrt und überkompensiert (Beispiel: Reduktion der Emissionen von Stickoxiden durch den Katalysator und Folgen der weiteren Steigerung des motorisierten Verkehrs). Zusätzlich wird eine wirkliche Lösung der Probleme dadurch erschwert, daß die Ursachen der unerwünschten Folgen unberührt bleiben.

In den Ausführungen von Moore-Ede wird nicht nur die Widersprüchlichkeit zwischen dem Anspruch der von ihm vorgeschlagenen Strategie und den anthropologischen Gegebenheiten deutlich. Unmißverständlich benennt er die Voraussetzungen seiner „am Menschen orientierten Managementmethode" und die Folgen ihrer Anwendung: Erforderlich sind aus seiner Sicht extrem weitreichende Kontrolltechniken, die massiv in die Dispositionsfreiheit der Beschäftigten eingreifen, obwohl diese zugleich eigenverantwortlich tätig sein sollen. Aus seinen Ausführungen wird deutlich, daß die „am Menschen orientierte Management-Strategie" einen an die Rund-um-die-Uhr-Gesellschaft und deren Techniken *angepaßten Menschen* fordert. Die vorgeblich am Menschen orientierte Strategie richtet sich so letztlich an technischen und ökonomischen „Erfordernissen" aus.

Zusammenfassend bedeutet dies: Auf den ersten Blick mag eine Strategie attraktiv sein, die verheißt, daß wir in den industrialisierten Staaten die Vorteile der Nonstop-Gesellschaft ungeschmälert weiter nutzen können – individuell, gesellschaftlich und in den Unternehmungen –, und daß wir die unerwünschten „Begleitumstände" durch einfache Gegenmaßnahmen beseitigen können. Permanente Beschleu-

245 nigung und hohe Geschwindigkeiten ohne Pausen, eine Hochschätzung der Aktivität bei gleichzeitiger Abwertung der „unproduktiven" Pausen als (noch) nicht effizient genutzte Zeitressourcen, führen jedoch unvermeidlich zu Problemen. Der Preis ist nicht auf „einfache Weise" wegzuzaubern.

Immanent lassen sich in der Nonstop-Gesellschaft durch technisch-organisatorische Maßnahmen Detailverbesserungen erzielen, nicht jedoch grundlegend die Probleme des Zeitmißbrauchs angehen.

Was hier am Beispiel von Moore-Ede's Antwort auf die Frage nach den Konsequenzen für die menschlichen Rhythmen (innere Natur) diskutiert wurde, gilt vergleichbar für die *äußere Natur.* Auch sie soll, wo immer möglich, an den Erfordernissen von Ökonomie und Technik ausgerichtet werden, ohne daß ihre Zeiten dabei Beachtung finden. Beispiele sind unser Umgang mit Rohstoffen und die zunehmende Industrialisierung der Landwirtschaft mir ihren Monokulturen.[8]

Alles zu seiner Zeit und an seinem Ort

Aus den Folgen des Zeitmißbrauchs durch pausenlose Beschleunigung und hohe Geschwindigkeiten leiten wir als Konsequenz im Projekt „Ökologie der Zeit" ab: Es ist ein Umgang mit Zeit vorzuziehen, bei dem Rhythmen und Eigenzeiten stärker beachtet werden.[9]

Das Leben ist *rhythmisch.* Diese Erkenntnis ist grundlegend. Sie hat eine große Tragweite: Die Rhythmen sind durch Variation und Flexibilität gekennzeichnet. Nicht die *Wiederkehr des Gleichen,* wie in dem Bild von der „ewigen Wiederkehr der Kreisläufe" unterstellt, sondern die *Wiederkehr des Ähnlichen,* ist ihr Kennzeichen. Gerade die Vielfalt und Schwankungsbreite von Rhythmen ermöglichen es, Änderungen in Umgebungsbedingungen elastisch abzupuffern. Die Rhythmen geben uns Menschen Freiheitsgrade, Elastizitäten im Umgang mit der Zeit. Diese sind die *Voraussetzung* dafür, daß wir z. B. über Zeit-Zonen hinweg fliegen, nachts arbeiten und feiern und auch in der dunkleren Jahreszeit das hohe Aktivitätsniveau aufrechterhalten können.

Für die Entwicklung der Nonstop-Gesellschaft nutzen wir die damit gegebenen Freiheitsgrade gern, auch wenn dies vielfach nicht bewußt ist, ohne jedoch die Rhythmik ansonsten angemessen zu beachten. Das Überspielen der Rhythmen ist jedoch nicht grenzenlos möglich, und es bleibt nicht folgenlos. Überstrapazieren wir die Freiheitsgrade, nimmt der Preis für die Mißachtung der Rhythmen bei zu starker Inanspruchnahme („Überdehnung") der Elastizitäten schnell zu, bis hin zum irreversiblen Bruch.

Die Nonstop-Gesellschaft ist Teil der Postmoderne, die in der Zeitgestaltung weitgehende individuelle Autonomie verheißt.[10] Als Reaktion auf die Einengungen durch den (Maschinen-)Takt wirkt die Flexibilisierung von Zeiten befreiend. Die damit geweckte Hoffnung auf Freiheit der Zeitgestaltung des Lebens deckt sich mit dem Motto des „Alles immer überall sofort beliebig lange verfügbar zu haben". Maßlose Freiheit erweckt jedoch unerfüllbare Hoffnungen. Die Grundrhythmik der je eigenen Zeiten wird dabei ignoriert. Orientierungslosigkeit und Enttäuschung sind die Folgen. Das Verständnis für und die Anerkennung der *Eigenzeiten* von Menschen ebenso wie von anderen Lebewesen bis hin zu Flüssen, Landschaften etc. ist die Perspektive.

Hinzu kommt, daß die Vorstellung der völlig freien Zeitgestaltung real zugleich Eingrenzungen auf eine eindimensionale Form des Zeitverständnisses abstrakter Zeitmaße voraussetzt. Es „gilt" (entgegen dem immanenten Anspruch auf Zeitfreiheit) nur die Uhren-/Kalenderzeit und nur die Zeitlogik der Pausenlosigkeit, Beschleunigung und hohen Geschwindigkeiten. Damit werden die Realisierungschancen für einen anderen Umgang mit Zeiten, entgegen dem eigenen Anspruch, eingeengt.

Zusammenfassend läßt sich unsere Antwort so beschreiben: Zur Überwindung der Probleme der permanenten Hochgeschwindigkeits- und Beschleunigungsgesellschaft kann die Orientierung an Rhythmen und Eigenzeiten die Richtung angeben. Dies schließt die kluge Nutzung der Elastizitäten und Freiheitsgrade ein. Nicht das „Immer und überall", sondern die Maxime des Predigers Salomo „Alles zu seiner Zeit und an seinem Ort" können Orientierung für unseren Umgang mit Zeiten geben.

Wir befinden uns in einer historisch neuartigen Situation

Klingt das bisher Ausgeführte nicht (allzu) sehr nach nostalgischem *Zurück* zu den „guten alten Zeiten", in denen noch die Rhythmen des Lebens beachtet wurden? Oder nach „Mit Volldampf zurück in die Zukunft".[11] Dies ist ein naheliegendes, aber grundlegendes Mißverständnis. Unsere derzeitige Situation wird mit einer derartigen Sichtweise verkannt und noch nicht angemessen verstanden.

> **In unserem Umgang mit den Zeiten geht es nicht um ein „Zurück", sondern um die Bewältigung einer historisch völlig neuartigen, sich erstmalig stellenden Aufgabe!**

Wenn die Zeitmaße der Natur vor der industriellen Revolution weitgehend eingehalten wurden, so geschah dies deshalb, weil es gar *nicht anders möglich* war. Wenn der Tag-Nacht-Rhythmus ebenso wie die Jahreszeiten für alle Lebensbereiche prägend waren, so war dies eine Vorgabe ohne Alternative. Zwar gab es bereits vor der industriellen Revolution Techniken, die die Bindungen an die Rhythmen lockerten (z. B. einfache Arten von Beleuchtungen). Diese „Lockerungen" von den Vorgaben bewegten sich im Vergleich zur sprunghaften Überschreitung der bis dahin gültigen Grenzen zu Beginn der industriellen Revolution in ganz bescheidenem Ausmaß und entwickelten sich in vergleichsweise langen Zeiträumen.

Wir leben heute in *doppelter Weise* in einer völlig anders gearteten Welt:

(1) Wir haben die künstliche Beleuchtung. Weit höhere Geschwindigkeiten als die durch Mensch und Tier vorgegebenen sind möglich. Maschinen aller Art (weit über den „Türöffner" Dampfmaschine hinaus) ermöglichen Veränderungen in Landschaft, Architektur, Stoffwandlung etc. in weitreichender Art und Weise. Wenn wir heute Rhythmen und Eigenzeiten zu beachten suchen, dann bedeutet dies deshalb etwas völlig anderes: Es steht an – individuell, gesellschaftlich, wirtschaftlich … – zu lernen, mit diesen *Möglichkeiten umzugehen;* sie zu nutzen, ohne der Illusion anheimzufallen, wir könnten Rhythmen und Eigenzeiten als solche „außer Kraft setzen".

Die Bionik liefert für diese neuartige Aufgabenstellung ein gutes Beispiel: Bioniker versuchen, für die Entwicklung von Techniken, Organisationsformen und Produkten „von der Natur zu lernen". Im Sinne der sich uns stellenden Aufgabe des Umgangs mit Zeiten läßt sich formulieren: „Von den Zeitmaßen der Natur lernen". Dies ist aber – sowenig wie in der Bionik – in Form einer direkten Übernahme möglich. Vielmehr sind die normativen Kriterien zum Umgang mit den Zeitmaßen weiterhin dem gesellschaftlichen Kräftespiel ausgesetzt;[12] wie sollte es in einer pluralen Gesellschaft auch anders sein.

(2) Die derzeit vorherrschende Art, wie wir die Möglichkeiten der temporalen Freiheitsgrade nutzen, ist nur *befristet* realisierbar. Es ist eine Form von „Zeitdiebstahl". Der Verbrauch der in geologischen Zeiträu-

men gewachsenen Kohlenstoffdepots im Zeitraum von wenigen Lebensaltern ist nur noch im Rahmen einiger Generationen möglich.[13] In historischen Zeitskalen gedacht, ist das atemberaubend schnell. Es steht damit in den vor uns liegenden Generationen die Aufgabe an, die Möglichkeiten der Mobilität, der künstlichen Beleuchtung und all der anderen Voraussetzungen unseres Lebensstils auf eine langfristig tragfähige Grundlage zu stellen.

> **Bis zur industriellen Revolution waren die Menschen weitgehend an die Vorgaben der Naturzeiten gebunden. Zwischenzeitlich wurden mit technischen Mitteln Möglichkeiten geschaffen, darüber hinauszugehen. Zu lernen ist, mit diesen Möglichkeiten in einer Welt der Rhythmen und Eigenzeiten angemessen umzugehen.**

Die Aufgabe, vor der wir stehen, ist nicht nur neuartig, sie ist auch *weitreichend*. Ist doch die Grunddynamik, durch die die Nonstop-Gesellschaft geprägt ist, trotz aller Ambivalenzen und trotz der Folgen des Zeitmißbrauchs noch in „vollem Schwung". Ohne Maß steigern wir die Dynamik immer noch weiter, „grenzenlos". Wir versuchen, die Zeiten nahezu beliebig kontrollieren zu können.[14] Wir wollen das, was bereits sehr schnell ist, noch weiter beschleunigen. Wir schränken die noch verbliebenen Ruhezonen, die Zeiten für Reproduktion als Rationalitätsreserven immer noch weiter ein.

Umsteuern kann nicht durch abruptes Abbremsen gelingen. Die Dynamik unserer Art zu wirtschaften kann dabei genutzt werden, indem die Erkenntnisse über Rhythmen und Eigenzeiten kreativ eingesetzt werden. In der Wirtschaftssprache wird das, was gelingen soll, „sanfte Landung" genannt.

Perspektive: Eine andere Zeitkultur

Gehen wir von unserer heutigen neuartigen Situation aus und fragen: Wie können wir gesellschaftlich in allen Lebensbereichen lernen, mit den neuen temporalen Möglichkeiten in einer Welt der Rhythmik und Eigenzeiten umzugehen? Welche konkreten Umsetzungsschritte sind dazu notwendig?

In der vorangehenden Publikation[9] haben wir an Beispielen unterschiedlichster Politikbereiche illustriert, daß die derzeit implizite Zeitpolitik auf die möglichst vollständige Kontrolle der Zeiten ausgerichtet ist. Demgegenüber schlagen wir eine Orientierung am Leitbild der *öko-sozialen Zeitpolitik* vor. Die Zeitpolitik wird als Teil der umfassenderen *Zeitkultur* verstanden, die ebenso den Wirtschaftsbereich, die Gesellschaft und andere Bereiche prägt. Eine gegenüber der „Zeitkultur" der Nonstop-Gesellschaft veränderte Zeitkultur, bei der die Rhythmen und Eigenzeiten beachtet werden, kann eine Perspektive für die einzuschlagende Richtung geben.

Zu unterscheiden sind bei dem, was wir Zeitkultur nennen, konzeptionelle Fragen und deren praktische Umsetzung. Auf der *konzeptionellen Ebene* ist zu bestimmen, was unter Zeitkultur im einzelnen zu verstehen ist und in welchem Verhältnis dieses Konzept heuristisch zu anderen Konzepten des Zeitdiskurses steht.

Im Hinblick auf die *praktische Umsetzung* einer anderen Zeitkultur ist uns wichtig, daß die anstehende Umorientierung nicht als soziotechnisch machbare und gestaltbare Aufgabe gesehen wird. Vielmehr wird aus den Erkenntnissen über Rhythmen und Eigenzeiten als ein wichtiges Ergebnis gefolgert, daß die Vorstellung der vollständigen Kontrollierbarkeit von Zeiten notwendigerweise zu problematischen Folgen führt. Die Idee einer umfassenden Gestaltbarkeit der Zeiten ist Teil der Problematik. Weiterführend ist es, sich mit den Bedingungen der Möglichkeiten zu befassen, die für eine andere Zeitkultur förderlich sind.

Im folgenden stellen wir einige Überlegungen für eine andere Zeitkultur *zur Diskussion*.

Aspekte einer anderen Zeitkultur

„Wieder werden sich Menschen von Raum und Zeit befreien."[15]

Prägnant wird in dieser Formulierung, die einer Anzeige der Telebanking-Tochter einer großen deutschen Bank entnommen wurde, die vorherrschende Auffassung von Raum und Zeit auf den Punkt gebracht: Raum und Zeit werden als lästiges *Hindernis* angesehen, das dem beliebigen Austausch von Informationen und dem ungehinderten Austausch von Menschen und Gütern im Wege steht. Zeit und Raum sind *Gegner*, von denen die Menschen sich zu befreien haben. Telebanking – „24 Stunden am Tag, 7 Tage die Woche", wie die Anzeige fortfährt –

ist in diesem Verständnis ein Mittel, uns diesem „Sieg" näher zu bringen.

Wir Menschen leben jedoch – wie alle anderen Spezies – in Raum und Zeit. Diese „begrenzen" uns, so wie etwa die Schwerkraft unser Leben bestimmt. Zeit und Raum sind die Voraussetzungen des Lebens, ihr Bedingungsrahmen. Im Verlauf der Evolution wurden uns Rhythmen eingeprägt. Jedes Kind, das auf die Welt kommt, hat diese auch heute noch in sich; sie sind zusammen mit den äußeren Zeitgebern wie zu allen Zeiten wirksam.

> **Raum und Zeit sind Grundbedingungen unseres Lebens. Dies anzuerkennen, ist ein wichtiger Aspekt einer anderen Zeitkultur.**

Am Beginn der Kultur stand die Agrikultur, die gezielte Nutzung der Natur in der Landwirtschaft. Im Laufe der Zeit entwickelte sich die Kultur immer weiter von ihren Grundlagen weg, bis dahin, daß „Kultur" und „Natur" im Laufe der Zeit als *Gegensatzpaar* aufgefaßt wurden. Dies gilt auch für die Zeitvorstellungen: Lange Zeit wurde die Natur als statisch, d. h. geschichtslos, angesehen. Ihr wurde die Kultur als geschichtliches Phänomen gegenübergestellt.[16] Demgegenüber haben wir Menschen „eine Doppelnatur": Wir sind und bleiben biologische Wesen; die natürlichen Rhythmen in uns und die äußeren Zeitgeber sind nach wie vor wirksam.[17] Und zwar, wie ausgeführt, einschließlich der uns gegebenen zeitlichen Freiheitsgrade als ein wesentliches Merkmal der Rhythmen. Und zugleich werden die Zeiten in großem Maße kulturell überformt und geprägt.

In einer anderen Zeitkultur können wir von diesem Wechselspiel der natürlichen und kulturellen Zeiten ausgehen. Dann ist es gut möglich, die Rhythmen von Tag und Nacht, der Mondphasen und Jahreszeiten über die besonderen Zeiten wie Urlaub hinausgehend auch im Alltäglichen zu erleben, dies als wichtigen Teil des Alltags zu begreifen und zugleich diese natürlichen Rhythmen in ihren kulturellen Ausformungen zu leben. Beispiele hierfür sind an das Klima und Jahreszeiten angepaßte Siesta-Zeiten, die britische *tea time* sowie die jahreszeitlich geprägten Traditionen in Gegenden des Monsunregens und der nördlichen Breitengrade mit ihrem Wechsel der langen und kurzen Nächte. Nicht überall das Gleiche uniform („Alles zu jeder Zeit und überall"), sondern den Bedingungen gemäß zu leben

251 („Alles zu seiner Zeit und an seinem Ort"), dafür stehen diese Beispiele.

Ein derartiges Zeitverständnis und -erleben ist vereinbar mit der Nutzung gesellschaftlich abstrakt definierter Uhrenzeiten für Bereiche, in denen das sinnhaft ist. Diese abstrakten Uhren-/Kalenderzeiten sind dann nicht mehr die dominanten Zeiten.[18]

> **Die Zeiten der Natur einschließlich unserer eigenen, inneren Natur besser zu verstehen und zugleich die Kultur als bewußt gepflegtes, nicht einfach „naturwüchsiges" auch in unserem Umgang mit Zeiten zu begreifen,[19] ist eine weitere Voraussetzung für die Entwicklung einer anderen Zeitkultur.**

Nicht eine „Monokultur" (wenn man in diesem Zusammenhang überhaupt von „Kultur" im genuinen Wortsinn sprechen kann), die *ausschließlich* weitere Beschleunigung, hohe Geschwindkeiten und Pausenlosigkeit gelten läßt, sondern die Pluralität vielfältigster Zeitformen ist ein weiteres wichtiges Element einer anderen Zeitkultur.[20] Pausen, Anfänge, Abschlüsse, Zeiten zum Feiern, Zeiten langsamer Tempi und Zeiten schnelleren Zuschnitts, die Aufmerksamkeit für den rechten Augenblick (kairos), erfüllte Augenblicke etc.[21] haben ihre eigene Berechtigung wie Phasen der Beschleunigung und hoher Aktivität. Sie bilden nicht einfach den „Rest", der „zurückgeblieben" ist, und nur noch nicht genügend „effizient" genutzt wird. Jedes hat jeweils zu seiner Zeit und in seinen Zeitmaßen Geltung. Vergleichbares gilt in unserem Umgang mit der äußeren Natur.

Barbara Adam hat den Begriff *timescapes*[22] in die Zeitdebatte eingebracht (von uns vorläufig mit Zeitlandschaften übersetzt[23]). Wir vermuten, daß ein genaueres Verständnis dieses Konzepts erlaubt, die Vielfalt ebenso wie den Verlust an Vielfalt der zeitlichen Topographie von Ökosystemen, Gesellschaften, Städten und Wohnquartieren etc. zu erfassen und damit besser zu verstehen. Damit wird eventuell prägnanter erfaßbar, wie ein „saisonal bereinigter Lebensstil"[24] die zeitliche Vielfalt der jahreszeitlichen Rhythmen im Alltag reduziert.

Wenn man für einen kurzen Moment innehält, wird nachvollziehbar: Zeitliche Höhepunkte können nur dann zustandekommen, wenn sie von den anderen Zeiten „abgehoben" sind; so wie das Alltägliche durch die Ausstrahlung von Vorfreude und Nachhall besonderer Ereignisse gewinnen kann; permanente Völlerei ergibt keinen Lebensgenuß, sondern erzeugt über kurz oder lang Überdruß; Kreativität kann nicht „am Fließband" einer Nonstop-Produktion herbeigezwungen werden.

Dies spricht nicht gegen „*fast-food*", um welche Form von Schnell-Aktivitäten es sich immer handelt, sondern dagegen, *permanente* Hochgeschwindigkeit und Hyperaktivität als besonders gelungene „rationale" Lebens- und Wirtschaftsweise anzusehen. Nicht „die Langsamkeit" ist der Nonstop-Gesellschaft als einziger Maßstab entgegenzusetzen, sondern Lebensformen sind zu entwickeln, in denen die „rechten Zeitmaße", an die Lebensumstände angepaßte Zeiten gelebt werden können. Dies entspricht – wie aufgezeigt – nicht den aktuell noch vorherrschenden Tendenzen, aber die Erfolge von Büchern wie etwa Stan Nadolnys „Die Entdeckung der Langsamkeit" und die Ambivalenzen, die sich mit der Nonstop-Gesellschaft verbinden, deuten auf eine Offenheit vieler in dieser Richtung.

> **Die Vielfalt von Zeitformen zu ermöglichen und zu pflegen, ist ein weiterer Aspekt einer anderen Zeitkultur.**

Die Vielfalt der Zeitformen berührt unmittelbar einen weiteren Gesichtspunkt. Zeiten können ihre *eigene Wertigkeit* haben. Demgegenüber wird in der Logik der Nonstop-Gesellschaft Zeit *ausschließlich* instrumentell als Mittel zum Erreichen von Zwecken angesehen. Deshalb ist die Vielfalt der Zeitformen permanent gefährdet, da Zeit nur noch als Ressource gesehen wird.

Arbeit kann demgegenüber auch Freude in sich bergen. Wir haben nicht zwangsläufig mehr von unserer „Freizeit", wenn wir immer noch mehr „zeitsparende" Geräte im Sinne dieser rein instrumentellen Sicht einsetzen. Vielmehr ist es wichtig zu beachten, daß Aktivitäten in sich selbst als positiv erlebt werden können (Unterschied zwischen intrinsischer und extrinsischer Motivation). Wenn wir beispielsweise für das Spielen mit Kindern statt eines ganzen Nachmittags nur mehr die Hälfte der Zeit „aufwenden", sind wir damit nicht automatisch „doppelt so effizient". Zugleich ist klar, daß wir – wie übrigens zu allen Zeiten, nicht erst seit der Moderne – mit der Zeit zu haushalten haben. Hierzu sind die Arbeiten zum Konzept des *Zeitwohlstands*[25] wichtig. Zeitwohlstand wird in Zukunft als Bestandteil einer Vorstellung vom guten Leben gelten.

253   Zeitwohlstand hat zunächst mit den angesprochenen Wertigkeiten der eigenen Zeiten von uns Menschen zu tun. Zugleich steckt darin indirekt auch der Umgang mit Zeiten der äußeren Natur. Sei es, daß die Qualität unserer Lebensmittel durch die zeitliche Kompression des Lebens von Tieren, Pflanzen, Böden u.a. beeinflußt wird, sei es, daß das Ignorieren der Eigenzeiten von Ökosystemen wie Fließgewässern etc. auf uns Menschen zurückschlägt (in diesem Beispiel durch Zunahme der Hochwassergefahr). Da wir gemäß unserer „Doppelnatur" Kultur schaffen, kulturell geprägt sind und zugleich Teil der Natur bleiben, schlägt die Negierung der Systemzeiten der äußeren Natur zeitlich versetzt auf unsere eigenen Lebensgrundlagen zurück.[26]

> **Ein weiterer Aspekt einer anderen Zeitkultur ist es, Zeiten nicht nur als Mittel zum Zweck zu verstehen, sondern die eigenen Wertigkeiten von Zeiten und Zeitformen zu achten und zu nutzen.**

Eine wesentliche Voraussetzung der Nonstop-Gesellschaft sind die Elastizitäten. Das Wesen einer anderen Zeitkultur besteht nicht im Leugnen der Elastizitäten und Freiheitsgrade, sondern in deren kluger Nutzung, die ihre Grenzen versteht und beachtet. In diesem Sinne weiß eine Zeitkultur, die sich an Rhythmen und Eigenzeiten orientiert, deren Freiheitsgrade und Elastizitäten zu *beachten* und zu *nutzen*. Freude am Leben und der Vielfalt der Rhythmen des Lebens ist eines ihrer Kennzeichen.

Dies weist auch die Richtung, wie wir uns eine andere Zeitkultur vorstellen können. Das elektrische Licht wird nicht einfach „abgeschaltet", sondern es werden weiterhin zu gegebenen Anlässen in die Nächte hinein Feste gefeiert. Aber nicht alle Nächte werden permanent zum Tag gemacht, so wenig wie die Jahreszeiten nur als störend empfunden werden. In einer derartigen Zeitkultur ist es ebenso selbstverständlich, wie es menschlich ist, daß Babys, alte Menschen und Kranke nachts die erforderliche Fürsorge erfahren. Dazu gehören ebenso Entwicklungen, in denen nicht in bestimmten Berufen bzw. bei Müttern von Kleinkindern permanent über (zu) lange Zeiten hinweg der Tag-Nacht-Rhythmus gestört wird. Angesichts der weiterhin stark zunehmenden kontinuierlichen Arbeit rund um die Uhr ist dies ein nicht leicht umsetzbarer, aber zugleich wichtiger Bestandteil einer anderen Zeitkultur.

Eigenzeiten gemäß zu leben muß ebenfalls in keiner Weise den sozialen Zusammenhang des Lebens negieren. Dies ist vielmehr eher ein Zeichen für eine gestörte Entwicklung, die autonome selbstbestimmte Individualität nicht gelingen läßt. Die kulturelle Zeitordnung kann so weiterentwickelt werden, daß sie Raum für Eigenzeiten gibt und den sozialen Zusammenhang fördert.

> **Zeitkultur beinhaltet auch, die Freiheitsgrade der Rhythmen und Eigenzeiten zu nutzen, ohne sie zu überdehnen.**

In der veränderten Sicht einer anderen Zeitkultur können wir über uns selbst hinaus sehen und uns im Zusammenhang des Lebens begreifen. Leben wächst und vergeht, neues entsteht in der Kette des Lebens. Das hat weitreichende Konsequenzen für den *Zusammenhang von Produktion* und *Reproduktion.* Das Auseinanderreißen von Produktion und Reproduktion hat zur Folge, daß Zeiten der Ruhe, Zeiten für das neue Leben (die Kinder) etc. nicht in ihrer Bedeutung für die zukünftige Produktion verstanden werden[27], ebenso wie die Eigenwertigkeiten von Zeiten nicht beachtet werden.

Ein neues Verständnis für den Zusammenhang des Lebens, für Produktion und Reproduktion wird auch auf die Verdrängung unserer Endlichkeit und den Tod rückwirken, die so eng mit der Nonstop-Gesellschaft verknüpft ist.

> **Der Zusammenhang von Produktion und Reproduktion in der Kette des Lebens findet in einer anderen Zeitkultur neue Beachtung.**

Epilog

> *„Jeden Morgen wacht in Afrika eine Gazelle auf. Sie weiß, sie muß schneller laufen als der schnellste Löwe, um nicht gefressen zu werden.*
> *Jeden Morgen wacht ein Löwe auf. Er weiß, er muß schneller als die langsamste Gazelle sein, oder er würde verhungern.*
> *Es ist egal, ob man ein Löwe oder eine Gazelle ist: Wenn die Sonne aufgeht, mußt du rennen!"*

255 Rennen! Immer rennen! Dieses Zitat bringt die derzeitige Grundausrichtung der wirtschaftlichen Umwälzungsprozesse auf den Punkt. Es
wird weltweit im Zuge des *re-engineering* genannten Rationalisierungs-
und Reorganisationsschubes der Konzerne gerne verwendet (sog.
„Speed-Management"). Es wird auch im Rahmen der Begründung dieses Prozesses in deutschen Unternehmungen – beispielsweise unter
dem Stichwort „Zeitoptimierte Prozesse" – eingesetzt.[28]

Dazu ein *Gedankenexperiment:* Angenommen, die Gazellen würden sich in einer derartigen (erstaunlichen) Weise verhalten; und gleichzeitig unterstellt, die Löwinnen (bzw. die seltener jagenden Löwen) blieben ihrem normalen Verhalten treu; dann wären die Gazellen in kürzester Zeit erschöpft, und die Löwinnen könnten sie mit Leichtigkeit
ohne große Anstrengung jagen.

Und umgekehrt: Würden sich die Löwinnen so (erstaunlich) verhalten, wie es hier gefordert wird; und angenommen, die Gazellen ver-
hielten sich weiterhin normal; dann wären die Löwinnen in kürzester
Zeit so erschöpft (da sie nur Kurzzeit-Sprinterinnen sind), daß sie für
den Rest des Tages ihre Chancen für eine erfolgreiche Jagd kräftig senken würden.

Unbeabsichtigt bringt die zitierte Management-Maxime das
Problem der Nonstop-Gesellschaft auf den Punkt: Die *Permanenz*, die
Pausenlosigkeit der Hochgeschwindigkeit ist das Problem, das blinde
Drauflosrennen. Es kann, wie in diesem Beispiel, (über-)lebenswich-
tig sein, im rechten Moment Kräfte für hohe Geschwindigkeiten
mobilisieren zu können. Aber ebenso wichtig ist es, sich die Kräfte
einzuteilen, wieder zu Kräften zu kommen, den rechten Moment zu
erkennen.

Anything goes, so heißt heute die Maxime. Präziser formuliert
müßte sie der Logik unserer „Post-Moderne" entsprechend heißen:
Anything runs,[29] alles *sollte* permanent rennen. Wenn wir zwischendurch
gehen würden, Zeiten von Aktivität und Ruhe sich abwechseln würden,
dann ginge es ja. Die Alternative, die einer anderen Zeitkultur entsprechend würde, heißt dann:

> *„Jeden Morgen wacht in Afrika eine Gazelle auf. Sie weiß, daß sie sich,
> will sie nicht gefressen werden, in ihrem Verhalten nach den Jagd-Zeiten
> der Löwinnen richten muß.*
> *Jeden Morgen wacht in Afrika eine Löwin auf. Sie weiß, daß sie nur
> dann nicht verhungern wird, wenn sie die Zeiten beachtet, zu denen die
> Gazellen ihren Durst am Wasser stillen.*

Es ist egal, ob man eine Löwin oder eine Gazelle ist: Wenn die Sonne auf-
geht, muß man etwas von den Zeiten anderer Lebewesen verstehen und
sie beachten." [30]

Literatur

[1] Süddeutsche Zeitung, Nr. 207, S. VIII, 7./8. September 1996. – [2] Zusammenfassung zum aktuellen Stand siehe *Sachs, W.:* Why Speed Matters. Vortrag Konferenz „Doors of Perception 4" Speed. Amsterdam 7.-8. Nov. 1996; Übersicht über alle Beiträge dieser Veranstaltung http://www.design-inst.nl/doors4/. – [3] Zu diesem Aspekt und dessen Bedeutung für das Geschlechterverhältnis siehe den Beitrag von *Jenny Shaw* in diesem Buch. – [4] Prediger Salomo, Kapitel 3; sinngemäß erweitert um die räumliche Dimension. – [5] *Linder, St. B.:* Das Linder-Axiom oder warum wir keine Zeit mehr haben. Gütersloh 1971 (Orig.: The Harried Leisure Class. New York/London 1970). – [6] *Moore-Ede, M.:* Die Nonstop-Gesellschaft. Risikofaktoren und Grenzen menschlicher Leistungsfähigkeit in der 24-Stunden-Welt. München 1993 (Orig.: The 24-Hour Society. Understanding Human Limits in a World that Never Stops. New York 1993). – [7] Siehe den Beitrag von *Zulley* in diesem Band, sowie die Stockholmer Erklärung zur internationalen Konferenz „Arbeitszeiten, Übermüdung und Unfälle". In: Journal of Sleep Research, Vol. 3, S. 195, 1994; deutsche Übersetzung in *Held, M.:* Rhythmen und Eigenzeiten als angemessene Zeitmaße. Perspektiven einer öko-sozialen Zeitpolitik. In: *Held/Geißler, Kh.A.* (Hg.): Von Rhythmen und Eigenzeiten. Perspektiven einer Ökologie der Zeit. Stuttgart, S. 169-191, hier S. 188f. – [8] Siehe dazu ausführlich *Kümmerer, K.:* Die Vernachlässigung der Zeit in den Umweltwissenschaften. Beispiele-Folgen-Perspektiven. UWSF-Z.Umweltchem.Ökotox. 9 (1), S. 49–54, 1997; *Kümmerer, K./Held, M.:* Die Umweltwissenschaften im Kontext von Zeit – Begriffe unter dem Aspekt von Zeit. UWSF 9 (3), 1997; *Kümmerer, K./Held, M.:* Die Vielfalt der Zeit – Eine neue Perspektive für das Verständnis der Umweltwissenschaften. UWSF 9 (5) 1997, im Druck. – [9] *Held, M./Geißler, Kh. A.* (Hg.): Von Rhythmen und Eigenzeiten. Perspektiven einer Ökologie der Zeit. Stuttgart 1995; zu Eigenzeiten siehe auch *Nowotny, H.:* Eigenzeit. Entstehung und Strukturierung eines Zeitgefühls. Frankfurt am Main 1993. – [10] *Held, M.:* Rhythmen und Eigenzeiten als angemessene Zeitmaße. siehe FN 7, S. 172ff.; *Schneider, M./Geißler, Kh./Held, M.* (Hg.): Zeit-Fraß. Zur Ökologie der Zeit in Landwirtschaft und Ernährung. Politische Ökologie Sonderheft 8, München 1995. – [11] So lautete eine Überschrift in der Süddeutschen Zeitung, S. 13, Nr. 24, am 30. Januar 1997 über einem Bild der noch ältesten in Betrieb befindlichen Dampflokomotive, die vor 142 Jahren in Betrieb gegangen war. Dieses Beispiel ist interessant, da uns heute eine Dampflok aus der Mitte des 19. Jh. nostalgisch anmutet, aber doch ein Vehikel darstellt, das am *take-off* der industriellen Revolution maßgeblichen Anteil hatte. – [12] Dieser Gesichtspunkt wird betont bei *Wehrspaun, M./Wehrspaun, C.:* Zeitknappheit und Entschleunigungsutopie. Die Relevanz der Zeitdimension in der sozialwissenschaftlichen Umweltforschung. In: *Rinderspacher, J.P.* (Hg.): Zeit für die Umwelt. Handlungskonzepte für eine ökologische Zeitverwendung. Berlin, S. 17-32, 1996. – [13] Siehe hierzu die Beiträge von *Geißler/Adam* und *Held/Nutzinger* in diesem Buch. – [14] Zur Kontrolle der Zeiten und Vertaktung als weitere wichtige Momente neben Beschleunigung/Hochgeschwindigkeit und Pausenlosigkeit siehe *Geißler, Kh. A./Held, M.:* Grundbegriffe zur Ökologie der Zeit. Vom Finden der rechten Zeitmaße. In: *Held/Geißler,* siehe FN 9, S. 193-208. – [15] In überregionalen Blättern gedruckte Anzeige; Süddeutsche Zeitung, 22. September 1995. – [16] Zum folgenden *Adam, B.:* Time & Social Theory. Cambridge 1990. – [17] Siehe hierzu auch *Endres, K.-P./Schad, W.:* Biologie des Mondes. Mondperiodik und Lebensrhythmen. Stuttgart/Leipzig, S. 131ff., 1997. – [18] Siehe hierzu den Beitrag von *Westlund* in diesem Buch sowie *Adam, B.:* Timewatch. The Social Analysis of Time. Cambridge 1995. – [19] Siehe den Wortstamm *colere* = bebauen, pflegen. Dies ist im heute noch gebräuchlichen doppelten Wortsinn von „kultivieren" enthalten. Siehe hierzu die in Vorbereitung befindliche Publikation des Tutzinger Projekts „Ökologie der Zeit": *Kümmerer, K./Schneider, M./Held, M.* (Hg.): Boden-Kultur. Erscheint im November 1997 als Sonderheft der Zeitschrift Politische Ökologie. – [20] *Geißler, Kh. A.:* Zeit. Verweile doch, du bist so schön! Wein-

257   heim/Berlin 1996; *Ders.:* Eingestaubte Zeiten – Zur Produktivität diskriminierter Zeitformen. GAIA (5), no. 3-4, S. 183-186, 1996. – [21] Aus der Fülle der Literatur siehe zu Wochenrhythmen *Rinderspacher, J.P./Henckel, D./Hollbach, B.* (Hg.): Die Welt am Wochenende. Entwicklungsperspektiven der Wochenruhetage. Bochum 1994; zu Anfängen *Geißler, Kh.A.:* Anfangssituationen. Was man tun und besser lassen sollte. Weinheim/Basel 7. Auflage 1997; auch ältere Veröffentlichungen sind interessant, etwa zu Pausen *Klatt, F.:* Die schöpferische Pause. Jena 1923. – [22] *Adam, B.:* Timescapes in Modernity. London 1997. – [23] *Hofmeister, S./Spitzner, M.* (Hg.): Zeitlandschaften. Sozial-ökologische Zeitpolitik, nachhaltige Raumentwicklung und Geschlechterverhältnis (Arbeitstitel). Berlin 1997/in Vorbereitung. – [24] *Schneider, M.:* Tempodiät. Über Lebensmittel und Lebensqualität. Scheidewege 26, S. 296-312, 1996/97; sowie verschiedene Beiträge in *Schneider, M./Geißler, Kh.A./Held, M.* (Hg.) s. FN 10. – [25] *Scherhorn, G.:* Güterwohlstand versus Zeitwohlstand – Über die Unvereinbarkeit des materiellen und des immateriellen Produktivitätsbegriffs. In: *Biervert, B./Held, M.* (Hg.): Zeit in der Ökonomik. S. 147-168, Frankfurt am Main/New York 1995; sowie *Reisch, L.:* Güterwohlstand und Zeitwohlstand – Zur Ökonomie und Ökologie der Zeit. In: *Hofmeister/Spitzner* siehe FN 18; *Biervert, B./Held, M.:* Time matters – Zeit in der Ökonomik und Ökonomik in der Zeit. In: *Biervert, B./Held, M.* (Hg.): Zeit in der Ökonomik. Frankfurt am Main/New York, S. 7-32, hier S. 14ff., 1995. – [26] Siehe zum Klimawandel *Graßl, H.:* Umwelt- und Klimaforschung. Von ungewohnten Zeit- und Raumskalen für Politik und Öffentlichkeit. In: *Held, M./Geißler, K. A.* (Hg.): Ökologie der Zeit. Stuttgart, S. 75-84; *Schönwiese, C.-D.:* Klima-Rhythmen. Phänomene, Ursachen und Störungen. In: *Held, M./Geißler, K. A.* (Hg.): Von Rhythmen und Eigenzeiten. Stuttgart, S. 81-96, 1995. – [27] Hofmeister, S.: Von der Abfallwirtschaft zur ökologischen Stoffwirtschaft. Wege zu einer Ökonomie der Reproduktion. Habilitationsschrift TU Berlin 1996. – [28] Siehe z. B. Wochenpost, S. 28, 13. Juli 1995. – [29] *Schneider, M.:* Tempodiät. Siehe FN 24, S. 302. – [30] Diese alternative Fassung wurde von Karlheinz A. Geißler entwickelt.